Vivendo Salmos

Vivendo Salmos

Motivação para os desafios da vida moderna

Charles Swindoll

Traduzido por Degmar Ribas e Michael Ribas

1ª Edição

CPAD

Rio de Janeiro

2014

Título do original em inglês: *Living the Psalms*
Primeira edição em inglês: 2012
Tradução: Degmar Ribas

Preparação dos originais: Elaine Arsenio
Capa: Fábio Longo
Adaptação de projeto gráfico: Elisangela Santos
Editoração: Fagner Machado

CDD: 248 - Vida Cristã
ISBN: 978-85-263-1223-4

As citações bíblicas foram extraídas da versão Almeida Revista e Corrigida, edição de 1995, da Sociedade Bíblica do Brasil, salvo indicação em contrário.

Para maiores informações sobre livros, revistas, periódicos e os últimos lançamentos da CPAD, visite nosso site: http://www.cpad.com.br.

SAC — Serviço de Atendimento ao Cliente: 0800-021-7373

Casa Publicadora das Assembleias de Deus
Av. Brasil, 34.401 – Bangu – Rio de Janeiro – RJ
CEP 21.852-002

1ª edição: julho/2014 Tiragem: 5.000

Agradecimentos

Antes de começar, preciso fazer uma pausa e expressar a minha gratidão a Byron Williamson da Worthy Publishing. Byron tem sido muito mais que um sócio no ramo editorial. Ele é um amigo verdadeiro cuja afirmação sincera serve como um combustível para o meu fogo. Juntamente com ele, eu agradeço a Mark Gaither, meu genro, que também é o meu excelente editor. Sua cuidadosa atenção aos detalhes tem sido de valor inestimável e a minha gratidão não conhece limites. Também quero mencionar Sealy Yates, meu amigo de longa data e agente literário, um homem sem igual em termos de empenho e compromisso.

Faltam-me palavras ao tentar descrever a profundidade da minha gratidão à minha esposa, por sua compreensão, generosidade e estímulo.

Sem a sua disposição de se adaptar aos meus horários de escrever, ouvir pacientemente a leitura incessante do que escrevi, dar-me "um empurrãozinho" durante os períodos de pouca produtividade, e tolerar os momentos de inspiração (seja tarde da noite, de madrugada, ou de manhã cedo) que mantiveram a luz acesa sobre a mesa no meu escritório de casa — eu não poderia ter alcançado este marco.

Sumário

Introdução

Sem uma canção o dia jamais terminaria;
Sem uma canção a estrada jamais dobraria;
Quando as coisas dão errado, um homem jamais teria um amigo,
Se não tivesse uma canção.

Eu tenho as minhas dificuldades e aflições,
Mas tão certo quanto sei que o Jordão correrá,
Eu serei bem-sucedido desde que uma canção seja forte em minha alma...[1]

Embora esta canção tenha sido composta antes de eu nascer (o que a torna verdadeiramente antiga), com frequência deparo-me voltando para esta música. Ela flui sem querer, em lugares como o meu chuveiro, no início de um dia corrido, entre compromissos e tarefas no meio de um dia agitado, e no caminho de casa ao final de um dia cansativo. De alguma forma ela adiciona um toque de óleo na engrenagem da rotina árdua, suavizando um pouco as coisas. Willie Nelson tirou a poeira da antiga letra desta canção quando ele gravou-a. Eu ainda canto para mim mesmo...

Sem uma canção o dia jamais terminaria;
Sem uma canção a estrada jamais dobraria;
Quando as coisas dão errado, um homem jamais teria um amigo,
Se não tivesse uma canção.

Verdade, não é? A combinação certa de palavras, melodia e ritmo raramente falha em agir como mágica. E dadas as pressões e as exigências com que pessoas como nós são forçadas a lidar diariamente, poderíamos desejar usar um pouco de mágica, se fosse possível. A maioria das pessoas que eu conheço nunca está totalmente livre de um implacável trabalho árduo diário.

• A dona de casa com filhos sempre presentes aos seus pés enfrenta quatorze horas ou mais, por dia, na opressão de ter que atender os prazos, tomar decisões, competir com forças de vontade e completar uma lista interminável de tarefas domésticas.

• O profissional experimenta uma opressão de um tipo diferente: pessoas, pessoas, pessoas... especialmente pessoas insatisfeitas que preferem gritar e processar do que sorrir e resolver, o que apenas intensifica o esgotamento provocado pelas expectativas crescentes e pela diminuição da energia.

• O motorista de caminhão tem uma rotina totalmente diferente, mas igualmente exaustiva: a opressão dos rosnados do trânsito, perigos do clima, motoristas imprudentes e quilômetros monótonos.

• Então há a opressão da repetição com que o atleta deve viver: horas infindáveis de treino, musculação, atividade na estrada, assistir a filmes, aperfeiçoar a técnica, competição feroz, lesões, solidão, tédio, exaustão... só para acordar para um outro dia da mesma canção, o quinto verso.

• E quem pode negar os rigorosos requisitos das atividades acadêmicas? Alunos e faculdade igualmente devem conviver com a opressão incessante e cíclica de preparação e tarefas diárias, comparecendo às aulas, fazendo projetos, escolhendo disciplinas eletivas, tentando aprender rápido para as provas, dando notas aos trabalhos e (esperançosamente) ganhando um diploma ou a estabilidade no corpo docente.

O fato é que a opressão não irá embora! O vendedor tem que conviver com uma cota. O artista deve ensaiar constantemente. O terapeuta não pode escapar de uma alma deprimida após outra. O piloto tem que permanecer amarrado ao cinto de segurança por horas. O pregador nunca está livre da preparação do sermão. O radialista não pode se desvencilhar do relógio, da mesma forma que o burocrata não pode se desvencilhar dos aborrecimentos dos trâmites burocráticos. Os dias não terminam... as estradas não se suavizam... Socorro!

Em vez de insistir no assunto, visto que não podemos fugir da opressão, devemos achar um modo de viver além dela. A questão é: como? A resposta é uma canção. Lembra-se? "Sem uma canção o dia jamais terminaria." Mas não simplesmente qualquer canção! Certamente não alguma música sem sentido, ensurdecedora, gritada para nós por um monte de idiotas de aparência estranha com cabelos azuis e laranja, vestindo jaquetas de couro pretas com pontas de metal e microfones enfiados em suas gargantas. Não, isso não. Tenho em mente algumas canções que são realmente antigas. Estamos falando de canções realmente muito antigas. Na verdade, elas são as canções inspiradas e compostas pelo nosso Deus e Criador — a música Rock original com um R maiúsculo. Elas são chamadas de salmos.

Estas são canções atemporais que têm gerado frutos deliciosos em todas as gerações. Elas não são cantigas tolas, mas mensagens fortes e melodiosas, escritas tendo-se em mente a opressão diária da vida e especialmente criadas para nos ajudar a viver além dela. É isso mesmo, *além* dela. Tomando algumas palavras emprestadas, mais uma vez, do compositor: "Nós seremos bem-sucedidos desde que um *salmo* seja forte em nossas almas". Realmente acredito nisso. Por que mais Deus teria inspirado estas composições nos tempos antigos? Com certeza, Ele percebeu o valor duradouro de cada obra-prima musical e, portanto, as preservou para nos ajudar a perseverarmos. Elas gotejam o óleo de glória que nos capacita a viver além da opressão.

Eu poderia continuar ao longo de muitas páginas. Na verdade, é exatamente isso que eu pretendo fazer! Visto que o Livro de Deus está cheio destas canções, estou convencido de que vale a pena gastarmos algum tempo refletindo e aplicando estas palavras sábias e princípios eternos entrelaçados nos Salmos.

Para ajudar a fixá-las, não vamos tentar digerir uma refeição grande demais de uma só vez. Parece-me que estas canções são como refeições ricas que devem ser saboreadas lentamente. Uma grande quantidade, ingerida com muita rapidez, seria contraprodutivo. Quero pedir que você não tenha pressa, que leia cada seção cuidadosamente, para dar à sua mente tempo para digerir cada provisão diária lentamente, e para participar das minhas reflexões de forma metódica e significativa. Vamos cantar uma canção de Davi a cada dia da semana. Creio que estas letras, testadas pelo tempo, adicionarão exatamente o óleo suficiente aos nossos dias, permitindo que vivamos as verdades destes salmos. Do contrário, os nossos dias longos jamais terminarão, e a estrada cansativa diante de nós jamais se suavizará. Como sou grato por estas canções inspiradas!

E agora... vamos começar. As semanas estendem-se diante de nós, e as canções inspiradoras de Deus aguardam que nos apropriemos delas. O meu desejo é que esses meses de estudo e reflexão na sua Palavra permitam que façamos mais do que nos arrastar por um caminho cansativo. Se o meu plano de jogo semanal funcionar, em breve estaremos vivendo os Salmos diariamente.

Semana 1 • Salmo 1

A OPRESSÃO DA TRANSIGÊNCIA

Bem-aventurado o varão que não anda
segundo o conselho dos ímpios,
Nem se detém no caminho dos pecadores,
Nem se assenta na roda dos escarnecedores.
Antes, tem o seu prazer na lei do Senhor,
E na sua lei medita de dia e de noite.
Pois será como a árvore plantada
junto a ribeiros de águas,
A qual dá o seu fruto na estação própria,
E cujas folhas não caem,
E tudo quanto fizer prosperará.
Não são assim os ímpios;
mas são como a moinha que o vento espalha.
Pelo que os ímpios não subsistirão no juízo,
Nem os pecadores na congregação dos justos.
Porque o Senhor conhece o caminho dos justos;
Mas o caminho dos ímpios perecerá.
(Sl 1)

Dia 1: Salmo 1

TRANSIGÊNCIA E EROSÃO

O antigo hinário dos hebreus começa com uma canção que trata de uma das opressões mais comuns da vida: A transigência.

Por favor, entenda que eu não estou referindo-me àqueles momentos de dar e receber tão necessários para se viver em harmonia uns com os outros. Sem este tipo saudável de transigência, as nações jamais poderiam encontrar um local de encontro para uma coexistência pacífica, e membros de família estariam para sempre atacando uns aos outros.

Estou pensando, em vez disso, em transigir com o erro, permitindo que os tentáculos de movimento lento do mal nos envolvam, extraindo das nossas vidas as alegrias e recompensas da obediência. Isso acontece tão silenciosamente, tão sutilmente, que nós dificilmente percebemos que está ocorrendo. Como um carvalho enorme que apodreceu por dentro durante anos, e então cai de repente, aqueles que permitem a opressão corrosiva da transigência podem esperar uma queda final.

Lembro-me de ter lido, anos atrás, sobre a construção dos prédios da prefeitura e do corpo de bombeiros de uma pequena comunidade ao norte da Pensilvânia. Todos os cidadãos estavam muito orgulhosos da sua nova estrutura de tijolos vermelhos — um sonho antigo que se realizava. Não muitas semanas após se mudarem, porém, coisas estranhas começaram a acontecer. Várias portas passaram a não fechar completamente e algumas janelas a não abrir muito facilmente. Com o passar do tempo, rachaduras ameaçadoras começaram a aparecer nas paredes. Em alguns meses, a porta da frente não podia ser trancada, uma vez que o alicerce tinha se deslocado, e o telhado começou a vazar. Pouco a pouco, o pequeno prédio que uma vez foi uma fonte de grande orgulho cívico teve que ser condenado. O culpado foi um controverso processo de extração de carvão chamado "mineração contínua longwall", situado bem fundo na terra, debaixo do alicerce. Terra, rochas e carvão foram removidos às toneladas, de forma que o prédio foi construído sobre um alicerce que não tinha nenhuma sustentação própria. Em razão desta erosão, feita pelo homem, o prédio começou a afundar.

O mesmo acontece com a transigência em uma vida. Lentamente, quase que de forma imperceptível, uma argumentação leva a outra, a qual provoca uma série de alterações igualmente prejudiciais em uma vida que no passado já foi estável, forte e confiável. Esta parece ser a preocupação do salmista quando compõe a sua primeira canção, incentivando-nos a resistir até mesmo à menor tentação de transigir em relação às nossas convicções.

A Passagem e seu Padrão

O Primeiro Salmo é breve e simples, direto e profundo. Mesmo uma leitura casual destes seis versículos nos leva a perceber que ele é cheio de contrastes entre dois estilos de vida diferentes — o justo e o ímpio. Um esboço simples, mas aceitável do Salmo 1 seria:

I. A Vida Justa (vv. 1-3)

II. A Vida Ímpia (vv. 4-6)

Escrito entre as linhas desta antiga canção está a evidência da antiga batalha na qual todos nós estamos envolvidos: transigência — a erosão das nossas boas intenções.

Fortalecendo esta Lição em sua Alma

Tome apenas alguns momentos para revisar as suas prioridades. Família. Carreira, vocação ou chamado. Trabalho (não necessariamente o mesmo que carreira, vocação, ou chamado). Saúde. Finanças. Bens. Amigos. Desenvolvimento espiritual. Fique à vontade para expandir a lista. Quando os seus olhos pousaram em cada palavra, a sua consciência reagiu a alguma coisa? Você recuou ou encolheu mentalmente? A transigência ocorre quando o nosso comportamento falha em refletir sobre as nossas prioridades. De que maneiras você transigiu, e como pode voltar ao bom caminho?

Dia 2: Salmo 1

A Vida Justa

Nos primeiros três versículos do Salmo 1, o salmista descreve aquele que escolhe viver uma vida justa, aquele que conscientemente resiste às sutis incursões da transigência. Ele imagina um homem que permanece cauteloso em relação a qualquer coisa que possa corroer o compromisso com uma vida justa. Sua canção começa com três analogias negativas para ilustrar a importância de resistir à transigência em relação ao mal, para que o mal não se torne um hábito de vida. Então, no versículo 2, ele mostra o lado positivo da justiça e o meio pelo qual ela pode ser alcançada. O versículo 3 descreve os benefícios de um andar justo. Agora vamos fazer uma análise profunda.

Bem-aventurado o varão que não anda
segundo o conselho dos ímpios,
nem se detém no caminho dos pecadores,
nem se assenta na roda dos escarnecedores. (v. 1)

A primeira palavra "Bem-aventurado" é um tanto suave em nosso idioma. O termo hebraico é muito mais descritivo, especialmente com sua terminação no plural. Talvez uma tradução viável fosse: "Feliz, muitas e muitas vezes feliz..."

O que é que causa esta abundância de felicidade? É a pureza intransigente de um andar justo com Deus. Podemos ver isso analisando as três categorias nos termos restantes deste versículo.

anda .... conselho .... ímpios
detém .... caminho .... pecadores
assenta .... roda .... escarnecedores

O salmista tem a erosão espiritual em mente. As figuras de linguagem ilustram quão facilmente a velocidade das nossas intenções em relação à justiça diminui, até uma pausa ou uma parada completa, quando elas são desgastadas pela companhia que escolhemos manter.

Andar

"Andar" é um termo que sugere caminhar ou "um movimento casual ao longo do caminho". Tomando a frase como um todo, a palavra sugere a ideia de alguém que não imita ou "passa pelos movimentos casuais" de impiedade. A palavra traduzida como "conselho" vem do termo hebraico que significa "duro, firme". Aqui significa uma direção exata, firme, planejada. Considere esta paráfrase do versículo 1:

> Feliz, muitas e muitas vezes feliz... aquele que nem mesmo passa casualmente pelos movimentos ou imita o plano de vida daqueles que vivem na impiedade.

Não é incomum flertar com a vida ímpia, imitando, periodicamente, os movimentos daqueles que não têm Cristo. Nós podemos, em tom de brincadeira, referir-nos à diversão e à excitação da impiedade ou rirmos das ações questionáveis dos nossos filhos. Davi nos adverte contra isso. Ele nos diz que seremos abundantemente mais felizes se nos afastarmos de qualquer coisa que possa dar à erosão da transigência espiritual um ponto de partida.

Detém

A palavra hebraica para "detém" traz a ideia de vir e tomar posição. A palavra "caminho" vem da palavra que significa "um caminho delimitado, um modo de vida determinado e preciso". Você consegue ver a deterioração progressiva em relação a mais envolvimento em uma vida ímpia? O transeunte casual diminui o passo e, antes que se dê conta, ele se detém.

Por outro lado, se tomarmos uma posição firme em favor da justiça, seremos "como a árvore plantada junto a ribeiros de águas" — que não pode ser corroída pelos ventos da impiedade e da injustiça.

Assenta

A próxima palavra que o salmista enfatiza é "assenta". Isso sugere um assentamento permanente, uma permanência, uma habitação permanente. Ela torna-se ainda mais clara pelo uso de "roda," significando "habitação" ou "residência permanente". Não perca isto: o modo de vida está na esfera "do escarnecedor," aquele que continuamente faz pouco caso daquilo que é sagrado — a multidão blasfema.

Você consegue ver a imagem na mente do escritor? Nós seremos felizes, muitas e muitas vezes felizes se mantivermos um andar puro, livre até mesmo do menor flerte com o mal. Se começarmos a "andar" segundo "o conselho dos ímpios", será fácil deslizarmos lentamente até a habitação do escarnecedor.

Fortalecendo esta Lição em sua Alma

Reveja mentalmente os últimos doze meses, prestando especial atenção ao seu "andar". Como o seu modo de vida mudou desde os últimos anos? O seu andar é mais agradável a Deus, ou menos? Considere a sua disposição para tomar uma "posição" impopular. Você consegue ser firme? E quanto à sua atitude? Tem se assentado confortavelmente entre aqueles que não valorizam a Palavra de Deus?

Dia 3: Salmo 1

Um Andar que não Faz Concessões

Quando leio o Salmo 1, três ilustrações da Bíblia surgem em minha mente. Dois homens flertaram com o mal, e então caíram; mas houve um terceiro que se recusou a começar a "andar segundo o conselho dos ímpios". As duas primeiras ilustrações envolvem Ló e Sansão; o terceiro é José. As pessoas por todo o mundo estão familiarizadas com Sansão, cuja vida é melhor descrita em Provérbios 5.20-23:

> E por que, filho meu, andarias atraído pela estranha
> e abraçarias o seio da estrangeira?
> Porque os caminhos do homem estão perante os olhos
> do Senhor, e ele aplana todas as suas carreiras.
> Quanto ao ímpio, as suas iniquidades o prenderão,
> e, com as cordas do seu pecado, será detido.
> Ele morrerá, porque sem correção andou,
> e, pelo excesso da sua loucura, andará errado.

A maioria das pessoas não conhece tão bem a Ló, sobrinho de Abraão. Com Salmos 1.1 em mente, observe Gênesis 13: "Então, Ló escolheu para si toda a campina do Jordão e partiu Ló para o Oriente; e apartaram-se um do outro" (v. 11).

Ló "andou no caminho dos ímpios".

"Habitou Abrão na terra de Canaã, e Ló habitou nas cidades da campina e armou as suas tendas até Sodoma. Ora, eram maus os varões de Sodoma e grandes pecadores contra o Senhor." (vv. 12,13)

Ele "foi e se deteve entre os pecadores".

E em Genesis 19: "E vieram os dois anjos a Sodoma à tarde, e estava Ló assentado à porta de Sodoma" (v. 1).

Ele agora vivia entre eles, tendo a sua habitação "na roda dos escarnecedores".

Como José era diferente! Ele recusou-se a permitir que a opressão diária da transigência cobrasse o seu preço, embora a mulher de Potifar continuasse tentando seduzi-lo. Por favor, pare e leia Gênesis 39.1-12. O homem literalmente fugiu dos ataques sedutores daquela mulher. Eu acho muito significativo que toda vez que pecados sexuais são mencionados no Novo Testamento somos exortados a "fugir". O Salmo 1.1 assegura-nos de que seremos felizes, muitas e muitas vezes felizes se impedirmos os primeiros sinais de transigência com o mal. A felicidade consiste em manter a pureza moral imaculada.

A antiga canção continua: "Antes, tem o seu prazer na lei do Senhor, e na sua lei medita de dia e de noite" (v. 2).

Este versículo começa com "antes," uma palavra que conota contraste. Enquanto o primeiro versículo era negativo, este é positivo. Em contraste com a transigência e a erosão, o crente justo ocupa-se com a Palavra de Deus.

Por que Davi menciona a lei aqui? Porque para que possamos mudar o nosso caminho de vida, precisamos de uma direção padrão e clara. A Palavra de Deus dá-nos este senso de direção. Entendemos que a lei é uma referência à Palavra escrita de Deus, a Bíblia (Sl 119.9). O salmista afirma que a pessoa justa "tem prazer" na Palavra do Senhor. Ele não considera a Palavra como algo cansativo ou um fardo, ou ainda como uma interrupção em seu dia. Antes, ele medita nela de dia e de noite.

O versículo 1 do Salmo 1 dá-nos uma promessa de felicidade; o versículo 2 fornece o meio para experimentá-la. Agora o versículo 3 declara o resultado final:

> Pois será como a árvore plantada junto a ribeiros de águas,
> a qual dá o seu fruto na estação própria,
> e cujas folhas não caem,
> e tudo quanto fizer prosperará.

Fico impressionado com o fato de que nós *seremos* algo em vez de virmos a *fazer* algo como resultado de ter prazer e meditar na Palavra de Deus. Sem qualquer alarde, mas certamente como o nascer do sol da manhã, nos tornaremos como uma árvore de quatro maneiras específicas. Nós seremos:

1. Plantados – fortificados, estáveis, enraizados, sólidos e fortes
2. Frutíferos – a produção naturalmente resulta de sermos plantados e de crescermos
3. Firmes – mesmo durante dias repletos de dificuldade, a alma que é como uma árvore é destemida
4. Prósperos – cumpre os propósitos que Deus determinou para a sua vida

Tenho dito ao longo dos anos: "As raízes se aprofundam quando os ventos são fortes" (cf. Jr 17.5-8). Permita-me encorajá-lo hoje a manter um andar puro e intransigente; tenha prazer em sua Palavra, e você crescerá como uma "árvore espiritual" estável e confiável.

Não há atalho para o crescimento espiritual. Assim como o crescimento físico, ele ocorre diariamente, dependendo do alimento e do ambiente adequado. Com o tipo certo de alimentação e clima espirituais, você poderá ser "feliz, muitas e muitas vezes feliz". E o melhor de tudo, a opressão diária da transigência, e seus efeitos corrosivos, poderão ser impedidos.

Fortalecendo esta Lição em sua Alma

Quando você considera as suas próprias circunstâncias, com o que se parece "andar segundo o conselho dos ímpios", em termos práticos? Que escolhas estão envolvidas? Por outro lado, que passos práticos você pode dar para cultivar o "prazer" na Palavra de Deus? Liste-os e estabeleça alguns prazos específicos.

Dia 4: Salmo 1

A Vida Ímpia

Uma observação-chave em Salmos 1.4-6 é o contraste. Não perca as muitas coisas que são exatamente o oposto dos versículos anteriores. "Não são assim os ímpios; mas são como a moinha que o vento espalha."

"Não são assim!" É exatamente dessa maneira que o versículo 4 começa na Bíblia hebraica. É uma afirmação negativa enfática. Literalmente, ele diz: "Não são assim, os ímpios!" Isto se refere àquilo que veio antes, os três versículos anteriores descrevendo o crente justo e reto, que:

• é feliz, muitas e muitas vezes feliz (mas "não são assim os ímpios!")
• tem prazer e medita na Palavra (mas "não são assim os ímpios!")
• é como uma árvore (mas "não são assim os ímpios!")
• dá fruto e prospera (mas "não são assim os ímpios!")

Em vez disso, o salmista usa um único termo que descreve a vida dos ímpios como a "moinha", isto é a palha das sementes que se separam dos grãos no momento da debulha. A palha é completamente sem valor. Em contraste com a árvore firmemente enraizada e que dá frutos, a palha voa durante o processo de peneiração. A palavra hebraica para a expressão "que o vento espalha" significa "separar-se, disseminar, difundir, golpear, ou bater".

Depois de comparar a vida dos "justos" com a dos "ímpios", Davi considera o destino daqueles que rejeitam ao Senhor. "Pelo que os ímpios não subsistirão no juízo, nem os pecadores na congregação dos justos" (v. 5). A primeira palavra liga este versículo ao versículo anterior — "Pelo que (ou em virtude da sua inutilidade e instabilidade interior)... os ímpios não subsistirão no juízo."

O verbo hebraico traduzido como "subsistir" não é o mesmo termo que o anterior que é traduzido como "deter" (v. 1). Este termo hebraico específico significa "levantar-se ereto, ficar de pé". A ideia na mente do compositor é uma incapacidade de ficar em pé diante do juízo de Deus. Em seguida vem uma declaração paralela: "nem os pecadores na congregação dos justos".

Aquele que nunca foi ao Senhor pela fé e não confiou somente nEle para a vida eterna e para obter uma posição de justiça aos olhos de Deus, não tem lugar entre a congregação dos crentes. Novamente, deixe-me lembrá-lo ainda de outro contraste. No que diz respeito ao destino, há uma grande diferença entre os justos e os ímpios. Mas muitos incrédulos vivem vidas saudáveis e morais... até mesmo vidas sacrificiais e dedicadas. Como pode alguém dizer que eles não estarão entre a congregação eterna dos justos? O versículo 6 responde a esta pergunta: "Porque o Senhor conhece o caminho dos justos; mas o caminho dos ímpios perecerá".

Você observará que é o Senhor que faz o julgamento. Só Ele vê o coração. Apenas Ele; não o homem. Somente Deus é capaz de ser justo e correto. Mas a primeira parte deste versículo não traz uma pergunta à sua mente? Ele também não conhece o caminho dos ímpios? Ele certamente conhece! Mas este versículo 6 está explicando por que os ímpios não serão capazes de subsistir sob o juízo nem de estar na congregação dos justos (v. 5). Por quê? Porque o Senhor tem um interesse especial pelos justos. Porque o Senhor tem uma predileção pelos justos através de um amor especial. Ele não permitirá que haja uma mistura entre os justos e os ímpios. Este não é o seu plano.

O versículo termina com um severo lembrete de que o caminho dos ímpios perecerá. Que clímax chocante para o salmo! Novamente, outro contraste vívido. Em vez de prosperar, no final, os ímpios irão perecer, assim como a pequena prefeitura de tijolos vermelhos foi condenada.

Fortalecendo esta Lição em sua Alma

Deus não exige a perfeição dos crentes; todos nós falhamos, de vez em quando. Felizmente, a graça abunda. No entanto, pelo menos uma indicação de que a nossa fé é genuína é o nosso desejo sincero de obedecer. Se você não "tem prazer" em agradar a Deus obedecendo a sua Palavra, talvez agora seja um bom momento para uma busca na alma. Vá lá.

Dia 5: Salmo 1

Uma Vida além de qualquer Comparação

A lição central do Salmo 1 é esta: não há a menor similaridade entre a vida espiritualmente acelerada dos justos e a vida lentamente corrosiva dos ímpios. Reserve um tempo para refletir sobre os fortes contrastes:

Justos	Ímpios
Felicidade muitas e muitas vezes	Não assim!
Pureza intransigente	Levados pelo vento
Tem um guia — Palavra de Deus	Sem guia
Como uma árvore	Como palha
Fica de pé diante de Deus	Incapazes de ficar de pé
Objeto especial do cuidado de Deus	Sem direito de estar na congregação dos justos
Destino seguro e próspero	Perecem

Vamos trazer para perto o estudo desta semana do Salmo 1 com uma paráfrase expandida:

> Feliz, muitas e muitas vezes feliz o homem que temporariamente, ou mesmo casualmente, não imita o plano de vida daqueles que vivem na atividade de confusão pecaminosa, nem se detém em meio àqueles que erram o alvo em termos espirituais, nem se estabelece e mora na habitação da multidão blasfema. Mas (em contraste com este tipo de estilo de vida) tem grande prazer na Palavra de Deus, refletindo sobre ela e meditando nela todos os momentos em que está acordado, de dia ou de noite. O resultado: Ele tornar-se-á como uma árvore firme, frutífera, que não murcha, e cumprindo na vida os propósitos que Deus determinou para ele.
>
> Não são assim, os ímpios! Eles são como cascas sem valor batidas e castigadas pelos ventos da vida (espalhando-se e vagando sem propósito). Portanto, em razão da sua inutilidade interior sem o Senhor, os ímpios não serão capazes de se levantar no dia do juízo, nem possuem qualquer direito de serem contados entre a congregação daqueles declarados justos por Deus, porque o Senhor está inclinado na direção dos seus justos e está ligado a eles através de amor e cuidado especiais; mas o caminho daquele que vive sem o Senhor conduzirá apenas à ruína eterna.

Fortalecendo esta Lição em sua Alma

Leia o Salmo 1 novamente, desta vez em voz alta. Preste muita atenção à imagem de "anda... detém... assenta" registrada no primeiro versículo. Falando honestamente, agora você já começou a tolerar algumas transigências que certa vez rejeitou? O que será preciso para resolver este problema? Nunca duvide dos perigos provocados pela erosão espiritual, ética ou moral.

Semana 2 • Salmo 5

A OPRESSÃO DO DESÂNIMO

Salmo de Davi para o cantor-mor; sobre Neilote

Dá ouvidos às minhas palavras,
ó Senhor; atende à minha meditação.
Atende à voz do meu clamor,
Rei meu e Deus meu, pois a ti orarei.
Pela manhã, ouvirás a minha voz, ó Senhor;
pela manhã, me apresentarei a ti, e vigiarei.
Porque tu não és um Deus que tenha prazer na iniquidade,
nem contigo habitará o mal.
Os loucos não pararão à tua vista;
aborreces a todos os que praticam a maldade.
Destruirás aqueles que proferem a mentira;
o Senhor aborrecerá o homem sanguinário e fraudulento.
Mas eu entrarei em tua casa pela grandeza da tua benignidade;
e em teu temor me inclinarei para o teu santo templo.
Senhor, guia-me na tua justiça,
por causa dos meus inimigos;
aplana diante de mim o teu caminho.
Porque não há retidão na boca deles;
o seu íntimo são verdadeiras maldades;
a sua garganta é um sepulcro aberto; lisonjeiam com a sua língua.
Declara-os culpados, ó Deus;
caiam por seus próprios conselhos;
lança-os fora por causa da multidão de suas transgressões,
pois se revoltaram contra ti.
Mas alegrem-se todos os que confiam em ti;
exultem eternamente, porquanto tu os defendes;

e em ti se gloriem os que amam o teu nome.
Pois tu, Senhor, abençoarás ao justo;
circundá-lo-ás da tua benevolência como de um escudo.
(Sl 5)

Dia 1: Salmo 5

Uma Canção Circunstancial

As canções geralmente nascem das circunstâncias do ambiente, e afetam tanto o pensamento do compositor de maneira que ele não consegue deixar de se expressar com uma melodia acompanhada por conjunto de letras que descrevem a sua difícil condição. Este é certamente o caso com o blues e o jazz do passado, bem como com os antigos hinos espirituais dos dias passados e as românticas canções de amor de qualquer época. O mesmo, frequentemente, tem sido verdade quanto às canções evangélicas e hinos sagrados; os seus cenários históricos explicam as suas mensagens.

O Salmo 5 não é exceção. Quando o lemos, podemos perceber que ele surgiu de um ambiente de lutas e opressões. Davi estava deprimido... desanimado. Quaisquer que tenham sido as suas pressões, elas o levaram a compor este antigo hino em um tom menor.

Duvido muito que haja qualquer assunto mais oportuno que o desânimo. Muitas pessoas que conheço sentem que a trilha sonora de suas vidas não é nada além do blues. Um desânimo implacável e opressivo se segue a cada objetivo não alcançado ou a cada romance fracassado. Alguns tentam assobiar uma música feliz na escuridão de um casamento fracassado, um relacionamento que começou com muita promessa, mas que agora parece sem esperança. O declínio da saúde pode causar desânimo e tirar a confiança de sua vítima, especialmente quando a dor não quer passar. E quem não consegue se identificar com o indivíduo que corajosamente arriscou algo novo, apenas para sofrer a ferroada da crítica de uma galeria de pessoas que se autodenominam críticos?

O desânimo provocado por várias críticas contínuas dificilmente pode ser exagerado. Pode ser que Davi estivesse apenas tentando recuperar-se quando um outro comentário mordaz o derrubou outra vez... daí o nascimento do Salmo 5. Muitas almas desanimadas, através dos séculos, têm se identificado com esta canção. Frequentemente, as palavras exatamente acima do primeiro versículo (que inclui uma legenda) estabelecem o contexto histórico da canção.

Se você observar as palavras que estão um pouco acima do versículo 1, verá que Davi desejava que esta canção fosse tocada "sobre Neilote". O neilote era um antigo instrumento de sopro feito de madeira, que muitos associam com a flauta de nossos dias. Pelo fato de muitos dos "salmos de lamento" apresentarem o neilote, penso no oboé, um instrumento de cana dupla que produz um som triste. O tom melancólico do oboé leva muitos compositores a fazerem uso do instrumento em músicas tristes e contemplativas.

De forma interessante, Davi não tocava o *neilote*, mas antes um instrumento de corda similar à harpa (veja 1 Sm 16.23). Davi escreveu esta triste canção de desânimo para ser tocada pelo instrumento mais adequado para expressar o sentimento de desânimo que gerou esta canção.

Fortalecendo esta Lição em sua Alma

Às vezes, as palavras não são suficientes para expressar a tristeza que sentimos em meio às profundezas da dificuldade. Como você expressa-se quando as palavras não são suficientes? Consideraria o seu comportamento produtivo — algo que poderia ser útil aos outros? Ou ele é destrutivo — ações que prejudicam os outros?

Dia 2: Salmo 5

O Apelo do Salmista

Alguns salmos são difíceis de esboçar; outros se emprestam facilmente a um traçado organizado. O Salmo 5 encaixa-se na segunda categoria.

Ele começa com um *apelo* (vv. 1-3) dirigido ao Senhor, a quem Davi diz: "... ó Senhor... Rei meu... Deus meu... ó Senhor". Ele termina com uma *promessa* (v. 12). Colocado entre o apelo e a promessa estão quatro descrições. Um esboço seria algo assim:

I. Um Apelo (vv. 1-3)

II. Quatro Descrições (vv. 4-11)
  A. Como É o Senhor (vv. 4-6)
  B. Como É o Salmista (vv. 7,8)
  C. Como São os Inimigos (vv. 9,10)
  D. Como São os Justos (v. 11)
III. Uma Promessa (v. 12)

Observe o apelo introdutório de Davi:

Dá ouvidos às minhas palavras, ó Senhor;
atende à minha meditação.
Atende à voz do meu clamor,
Rei meu e Deus meu, pois a ti orarei.
Pela manhã, ouvirás a minha voz, ó Senhor;
pela manhã, me apresentarei a ti, e vigiarei. (vv. 1-3)

Observo três coisas nesse apelo.

Primeiramente, foi uma oração "matinal". Duas vezes no versículo 3 Davi menciona que foi "de manhã" que ele encontrou-se com o seu Senhor.

Em segundo lugar, vinha de alguém que estava tornando-se cada vez mais desanimado. Observe os dois primeiros versículos e note como eles crescem em intensidade: "Dá ouvidos às minhas palavras... atende à minha meditação... atende à voz do meu clamor!"

A poesia hebraica pode ser um estudo complicado, mas algumas coisas sobre ela são fáceis de entender. Uma técnica bem simples, mas significativa, usada nestes dois versículos é o que os estudiosos chamam de "paralelismo sinônimo". À medida que a linha desenvolve-se, cada pensamento reafirma a linha anterior, enquanto combina a intensidade. Se fosse uma partitura musical, a notação requereria um crescendo. Davi está rogando: "Dá ouvidos!" Em seguida, ele faz um apelo ainda mais vigoroso: "Atende!" Ele então intensifica seu apelo, pedindo ao Senhor: "Atende à voz do meu clamor!" Para começar a se envolver na profundidade deste hino, você não pode se dar ao luxo de perder o crescente desânimo que pode ser identificado no coração do escritor. Imagine o seu gemido interior. Imagine quão intensa é a sua tristeza enquanto, mentalmente, você revive a sua situação.

Em terceiro lugar, o salmista antecipa a intervenção de Deus. Pela fé, ele conta com a ajuda do Senhor. Vejo, no versículo 3, duas afirmações que revelam isso: (1) "pois a ti orarei", e (2) "vigiarei".

O verbo hebraico traduzido como "orarei" significa "fazer um pedido". A afirmação poderia ser lida da seguinte maneira: "De manhã eu farei o meu pedido a ti". Embora possa parecer presunçoso a princípio, e talvez até um pouco arrogante, isso é dito com o mesmo sentimento de alguém que segura um cardápio. Ele está meramente escolhendo algo que o Senhor ofereceu. Davi considerava a manhã como o momento de "fazer o seu pedido" do cardápio das bênçãos do Senhor.

Ele então disse: "eu vigiarei" (literalmente, "ansiarei por vigiar").

Depois de fazer o seu pedido, ele ansiosamente espera uma resposta do seu Senhor. Davi recusou-se a andar aos tropeços, de ombros caídos, carregando seus fardos durante o dia todo. Pelo contrário, ele levava as suas necessidades ao Senhor a cada manhã.

Quando pensamos em "fazer um pedido", devemos nos lembrar de algo que é essencial: temos de ser específicos. Muitas orações têm o problema de serem tímidas e vagas. Deus convida-nos a orarmos com uma expectativa corajosa, pedindo aquilo que Ele prometeu ou esperando por aquilo que sabemos ser a sua vontade.

Depois de fazer um pedido específico a cada manhã, Davi esperava por respostas. Ele esperava que Deus "atendesse o seu pedido" e então aguardava por isso com ansiedade ao longo de todo o dia. Quando a nossa perspectiva é fraca de manhã, quando o desânimo invade o nosso ser, um bom remédio é voltar a nossa atenção para cima. E que diferença isso faz no nosso dia! Ao longo de toda a Escritura, momentos espirituais decisivos ocorrem durante o período da manhã. As trevas dão lugar à luz, quando a contemplação gera inspiração. Por exemplo:

> Porque a sua ira dura só um momento;
> no seu favor está a vida;
> o choro pode durar uma noite,
> mas a alegria vem pela manhã. (Sl 30.5)

> Eu, porém, Senhor, clamo a ti,
> e de madrugada te envio a minha oração. (Sl 88.13)

> As misericórdias do Senhor
> são a causa de não sermos consumidos;
> porque as suas misericórdias não têm fim.
> Novas são cada manhã;
> grande é a tua fidelidade. (Lm 3.22,23)

E, levantando-se de manhã muito cedo, estando ainda escuro, saiu, e foi para um lugar deserto, e ali orava. (Mc 1.35)

Os clamores de Davi se tornaram mais desesperados à medida que ele continuava a sofrer e a buscar a intervenção de Deus. Então, ele orou com confiança na soberania e na bondade do Senhor. Na verdade, ele decidiu começar cada manhã dessa maneira; ele saudava cada novo dia "fazendo um pedido", "orando", e decidindo esperar a resposta de Deus com toda confiança.

Fortalecendo esta Lição em sua Alma

O que mais tem lhe desanimado nesse momento? Como o desânimo tem afetado a sua vida de oração? Talvez, como Davi, pode ser que você ore com uma expectativa confiante, e com uma completa confiança na soberania e na bondade do Senhor. Isto é difícil de ser feito a princípio, mas, no final, a sua atitude tornar-se-á semelhante às suas orações.

Dia 3: Salmo 5

Os Atributos de Deus

Depois do apelo em Salmos 5.1-3, Davi começa a pensar, ao longo do dia que se desenrola diante dele, dedicando uma consideração extra àqueles que ele encontraria. Sua canção abrange quatro esferas de interesse (vv. 4-11).

1. Davi medita sobre o Senhor (vv. 4-6).
2. Davi descreve a si mesmo (vv. 7,8).
3. Davi descreve seus inimigos (vv. 9,10).
4. Davi descreve os justos (v. 11).

Vamos examinar cada esfera de interesse, começando com a primeira: Deus.

Porque tu não és um Deus que tenha prazer na iniquidade,
nem contigo habitará o mal.

Os loucos (ou arrogantes) não pararão à tua vista;
aborreces a todos os que praticam a maldade.
Destruirás aqueles que proferem a mentira;
o Senhor aborrecerá o homem sanguinário e fraudulento.

Ele menciona sete fatos específicos sobre o seu Senhor:
a. Ele não tem prazer na iniquidade.
b. Nenhum mal "habitará" com Ele (literalmente).
c. Ostentadores arrogantes não permanecerão diante dEle.
d. Ele odeia os que praticam a iniquidade.
e. Ele destrói aqueles que proferem mentiras.
f. Ele aborrece os homicidas.
g. Ele aborrece os enganadores.

Por que Davi revê essas coisas? Porque é terapêutico rever os atributos de Deus — para nos lembrar de que Ele sempre é bom, e que está sempre certo em seus caminhos. Seu amor por nós nunca falha e o seu tempo é perfeito. Muitos dos sentimentos de ira e frustração enclausurados em nosso tanque emocional interior são difundidos quando revemos o caráter de Deus; ele nos lembra de que Ele é *por* nós, e não contra nós. Concentrar-se em seu caráter ajuda a dispersar o desânimo! Além disso, somos lembrados de que os nossos inimigos são, na verdade, inimigos de Deus. Ele é mais poderoso que qualquer mal e mais persistente que qualquer circunstância difícil. Quanto àqueles que tentam nos prejudicar, o Senhor é muito mais capaz de lidar com eles do que nós.

Fortalecendo esta Lição em sua Alma

Em meio ao desânimo, é difícil contar as bênçãos que temos recebido. Então, faça uma lista dos atributos de Deus a partir das Escrituras. (Este salmo é um bom lugar para começar.) Então, com a lista em mãos, ore louvando a Deus por cada atributo. A título de experiência, tente orar desta maneira por uma semana inteira sem fazer qualquer pedido. Registre a sua experiência em um diário para uso posterior.

Dia 4: Salmo 5

Agentes da Vontade de Deus

Tendo revisto os atributos de Deus, concentrando-se em sua soberania e bondade, Davi examina a si mesmo (vv. 7,8).

Mas eu entrarei em tua casa pela grandeza da tua benignidade;
e em teu temor me inclinarei para o teu santo templo.
Senhor, guia-me na tua justiça,
por causa dos meus inimigos;
aplana diante de mim o teu caminho.

O versículo 7 começa com um forte contraste. O idioma hebraico é especialmente forte, dizendo literalmente: "Mas eu... quanto a mim!" Em contraste com aqueles a quem o Senhor destruirá (v. 6), Davi desfrutava de uma posição espiritual, que é mencionada na segunda parte do versículo 7 como "o teu santo templo," uma referência poética a uma comunhão íntima com o Senhor.

O versículo 8 é a oração principal desta canção. Tudo antes deste versículo poderia ser considerado preliminar. Aqui está a parte central do seu pedido: "Guia-me na tua justiça, por causa dos meus inimigos; aplana diante de mim o teu caminho".

O que isso significa? Davi não queria recorrer às táticas dos seus inimigos, então ele orou para que o Senhor o conduzisse em meio a todo o conflito, fazendo com que ele fizesse as coisas à maneira de Deus. Ele queria, antes de tudo, seguir o caminho justo de Deus. Poucos anos mais tarde, o grande profeta Isaías falou a Israel em nome de Deus:

> Porque os meus pensamentos não são os vossos pensamentos, nem os vossos caminhos, os meus caminhos, diz o Senhor. Porque, assim como os céus são mais altos do que a terra, assim são os meus caminhos mais altos do que os vossos caminhos, e os meus pensamentos, mais altos do que os vossos pensamentos. (Is 55.8,9)

Quando desanimados, nós naturalmente oramos por alívio... rogamos ao Senhor que Ele aja em nosso favor. E se, em vez disso, pedíssemos a oportunidade para fazer algo por Ele? Como a nossa perspectiva poderia mudar se começássemos a nos ver como agentes da vontade de Deus, agindo em seu nome e executando os seus desejos, em vez de sempre esperarmos que Ele nos sirva?

Fortalecendo esta Lição em sua Alma

Quando foi a última vez que você pediu ao Senhor uma oportunidade para fazer algo por Ele? Talvez agora seja um bom momento, especialmente se você estiver lutando com o desânimo. Quando você orar pedindo a capacidade de executar a sua vontade, é provável que o seu senso de impotência desapareça rapidamente.

Dia 5: Salmo 5

O Escudo de Deus contra o Desânimo

Às vezes passamos por períodos de desânimo em razão das circunstâncias difíceis, que não são causadas por ninguém em particular: desastres naturais, doenças, mudanças econômicas, ferimentos. Frequentemente, porém, sofremos porque os inimigos fazem- nos o mal e se recusam a parar. Este foi o lamento de Davi no Salmo 5. Ele sabia que o desânimo pode transformar-se facilmente em ressentimento, amargura, ódio e finalmente em retaliação. Davi temia tornar-se como os seus opressores. Então, refletiu sobre o caráter do Senhor e pediu a Ele a capacidade de fazer as coisas do seu modo. Davi então considerou o caráter e as ações dos seus inimigos (Sl 5.9,10).

> Porque não há retidão na boca deles;
> O seu íntimo são verdadeiras maldades;
> A sua garganta é um sepulcro aberto;
> Lisonjeiam com a sua língua.
> Declara-os culpados, ó Deus;
> Caiam por seus próprios conselhos;
> Lança-os fora por causa da multidão de suas transgressões,
> Pois se revoltaram contra ti.

Em sua mente, Davi deliberadamente entrega os seus inimigos a Deus, que é o único que possui autoridade para distribuir justiça ou misericórdia. Ele também pede a Deus que permita que eles "caiam por seus próprios conselhos". Ao lidar com aqueles que se opõem à justiça, é útil lembrar-se de que eles estão lutando contra o Senhor, não contra você. Consequentemente, pode ter certeza de que Ele não permitirá que as más ações continuem para sempre. Ele limitará o pecado e responsabilizará os pecadores. Se forem deixados sozinhos, abandonados aos seus próprios conselhos, cairão por si mesmos!

O apóstolo Paulo diz de forma direta em Romanos 12.17-19:

A ninguém torneis mal por mal;
procurai as coisas honestas perante todos os homens.
Se for possível, quanto estiver em vós,
tende paz com todos os homens.
Não vos vingueis a vós mesmos, amados,
mas dai lugar à ira, porque está escrito:
Minha é a vingança; eu recompensarei, diz o Senhor.

A opressão diária do desânimo é diminuída quando confiamos que o Senhor lutará as nossas batalhas por nós.

Finalmente, tendo celebrado o caráter justo de Deus, tendo pedido a capacidade de permanecer do lado de dEle na questão e tendo considerado o destino final dos malfeitores, Davi imaginou a futura alegria dos justos (Sl 5.11).

Mas alegrem-se todos os que confiam em ti;
exultem eternamente, porquanto tu os defendes;
e em ti se gloriem os que amam o teu nome.

O pensamento-chave ao longo deste versículo é a alegria. Como está o seu semblante —ele está alegre? Você realmente vive acima das pressões? Há uma evidência de paz escrita no seu rosto? Se você lutar as suas próprias batalhas sem o Senhor, tornar-se-á amargo, severo, ranzinza e, no final, o seu rosto carregará as marcas da batalha.

Você já notou a resposta de Caim diante da recusa de Deus em relação à sua oferta? Uma afirmação mais significativa aparece em Gênesis 4.5: "E irou-se Caim fortemente, e descaiu-lhe o seu semblante". Uma outra maneira de traduzir o texto hebraico acrescenta um pouco mais de cor: "E Caim ardeu em uma raiva extrema, e o seu semblante caiu". Os nossos rostos mostram quando a ira e o ressentimento são abrigados. A nossa mandíbula aperta-se com dentes cerrados. Os nossos olhos estreitam-se. É impossível esconder o desânimo interior! Rostos "caídos" revelam corações desanimados. Davi queria que Deus tomasse o seu fardo interior e o substituísse pela alegria interior.

Por fim, o compositor menciona uma promessa da qual nós frequentemente nos esquecemos:

> Pois tu, Senhor, abençoarás ao justo;
> circundá-lo-ás da tua benevolência como de um escudo. (Sl 5.12)

Davi termina a sua canção com os seus olhos voltados ao Senhor, e longe das fontes do seu desânimo. Tendo entregado a Deus o seu "fardo da manhã", o desânimo de Davi fugiu. O escudo que ele menciona no final da sua canção, aqui no versículo 12, era o maior dentre os escudos utilizados pelos guerreiros, cobrindo o corpo inteiro. Então qual é a promessa? Deus abençoará aquele que olhar para Ele em busca de proteção. Como? Ele fará isso lhe concedendo o seu favor e o seu maior escudo protetor (embora este seja invisível). Vamos empunhar o escudo... e expulsar o desânimo!

Fortalecendo esta Lição em sua Alma

Quando você se encontrar com o Senhor — preferivelmente pela manhã — e orar pedindo forças para vencer o desânimo, siga as diretrizes do Salmo 5:

- Descreva a sua atitude e o quanto você sofre.
- Reveja os atributos de Deus.
- Peça oportunidades para fazer as coisas do modo dEle.
- Seja específico nas suas orações.
- Lembre a si mesmo da defesa que Ele provê.
- Lembre-se das promessas do Senhor.

E quando você estiver deprimido demais para orar por si mesmo, peça para alguém unir-se a você em oração, em seu favor.

Semana 3 • Salmo 8

A OPRESSÃO DE SENTIR-SE DESPREZADO

Salmo de Davi para o cantor-mor, sobre Gitite

Ó Senhor, Senhor nosso,
quão admirável é o teu nome em toda a terra,
pois puseste a tua glória sobre os céus!
Da boca das crianças e dos que mamam
tu suscitaste força, por causa dos teus adversários,
para fazeres calar o inimigo e vingativo.
Quando vejo os teus céus, obra dos teus dedos,
a lua e as estrelas que preparaste;
que é o homem mortal para que te lembres dele?
E o filho do homem, para que o visites?
Contudo, pouco menor o fizeste do que os anjos
e de glória e de honra o coroaste.
Fazes com que ele tenha domínio
sobre as obras das tuas mãos;
tudo puseste debaixo de seus pés:
todas as ovelhas e bois,
assim como os animais do campo;
as aves dos céus, e os peixes do mar,
e tudo o que passa pelas veredas dos mares.
Ó Senhor, Senhor nosso,
quão admirável é o teu nome sobre toda a terra!
(Sl 8)

Dia 1: Salmo 8

O Valor das Criaturas de Deus

Todos nós temos a necessidade de nos sentir necessários. Queremos que os outros nos queiram. Deus nos criou com um anseio de saber que podemos contribuir com algo valioso e causar um impacto significativo na vida de outras pessoas. Ao longo dos anos, grandes homens e mulheres desejaram deixar suas marcas no mundo, criar um legado que continuasse após terem falecido.

Em nossa juventude, tendemos a obter muito valor próprio a partir da nossa capacidade de contribuir com os outros ou ajudá-los em suas necessidades. Estando em meio a um turbilhão de atividades, sendo engenhosos e responsivos, a exuberância da nossa juventude cega-nos para o fato de que um dia isso acabará. Então, muito lentamente, através de uma cadeia de eventos, ou às vezes abruptamente, sem aviso, achamo-nos deixados de lado e não somos mais solicitados. Uma circunstância ou outra pode fazer a nossa utilidade cessar e nos deixar rodando em seu círculo devastador. A injustiça pode tomar a nossa liberdade. A calúnia pode destruir a nossa reputação. A doença pode tirar a nossa força. Os maus negócios podem tirar a nossa riqueza. A depressão pode tirar a nossa esperança. E não nos esqueçamos da firme incursão da idade contra a nossa vitalidade. O mero envelhecimento pode nos tirar da via rápida. O fato de sermos ignorados quando se trata de uma promoção, ou de sermos deixados no banco de reservas porque um jogador mais forte entrou para o time, faz com que nos sintamos desprezados. Isso machuca.

Ninguém gosta de se sentir colocado de lado.

A oitava canção no antigo hinário de Deus é ótima para aqueles momentos em nossas vidas em que nos sentimos ignorados, postos de lado e desprezados. Ela destaca o valor que Deus dá às suas criaturas. Não há nada que Ele valorize mais do que a humanidade.

Fortalecendo esta Lição em sua Alma

Como você mede o seu valor, o seu próprio valor como pessoa? Seja honesto agora; isso é somente entre você e o Senhor. Quanto o valor monetário representa em seu sentimento de valor próprio? E quanto ao seu cargo, ao seu poder ou à sua autoridade? A sua capacidade de causar impacto no mundo ou de ter influência na vida de outras pessoas aumenta o seu senso de valor?

Dia 2: Salmo 8

A Majestade de Deus

Quando vejo o Salmo 8, três observações introdutórias saltam da página. Em primeiro lugar, é um salmo de Davi, escrito sob a direção do Espírito Santo. Estas não são meramente reflexões ociosas de um artista criativo. Ele recebeu esta canção como um presente de Deus para a humanidade. Estas são as palavras de Deus.

Em segundo lugar, noto a inscrição "sobre Gitite". A etimologia deste termo hebraico tem sido um assunto de debate entre os estudiosos. Muitos acreditam que *Gitite* seja derivado de Gate, a antiga cidade filisteia e cidade natal do mais famoso inimigo de Davi, Golias. O gigante que ele matou era de Gate (1 Sm 17.4,23). O termo poderia se referir ao estilo musical associado com aquela cultura ou a um instrumento musical comumente usado em Gate. Independente disso, a expressão "sobre Gitite" ou "segundo Gitite" aparece acima de dois outros salmos de celebração (Sl 81 e 84). As Escrituras relatam que após a vitória de Davi sobre Golias o profeta de Israel cantou e dançou enquanto o povo celebrava o triunfo (1 Sm 18.6,7).

Sugiro — e quero ressaltar que se trata apenas de uma sugestão — que este salmo foi composto por Davi como um hino de louvor em honra a Deus que lhe deu este triunfo histórico sobre Golias, de Gate. Quando você ler o Salmo 8, verá que ele parece encaixar-se neste contexto histórico. Esta é uma canção de celebração, de modo que se você tiver um gigante para matar —neste caso, um gigante pessoal que o faça sentir-se insignificante — tenha coragem, anime-se! Esta canção é para você.

A minha terceira observação é que o Salmo 8 começa e termina com afirmações idênticas: "Ó Senhor, Senhor nosso, quão admirável é o teu nome em toda a terra". A repetição deste louvor oferece três implicações dignas de nota:

1. O salmista fala em favor do povo de Deus, não só de si próprio, daí o uso do termo *nosso* em vez de *meu*. Isso mostra-nos que enquanto compõe esta canção de vitória, o salmista representa um grupo de pessoas.

2. O nome YHWH é identificado com *admirável*, o qual deriva da palavra hebraica *adar*, significando "largo, grande, elevado, nobre". Davi retrata o nosso Senhor como aquEle que é gloriosamente magnífico, e absolutamente admirável!

3. As obras e os atributos do Senhor não estão limitados a Israel ou à Terra de Canaã. Eles têm alcance universal. O Senhor Deus não é uma divindade nacional ou tribal, separado de tudo e de todos.

A Passagem e seu Padrão

Pelo fato de sete versículos e meio do Salmo 8 estarem entre repetições da mesma afirmação, devemos entender que a afirmação repetida duas vezes é o tema central do salmo. Davi adora o Senhor vivo como o Senhor de todos, admirável e glorioso. Na verdade, um esboço da canção poderia lembrar um culto público de adoração a que todos nós temos comparecido:

I. Doxologia (v. 1a)
II. Adoração (vv. 1b-8)
  A. Louvor (vv. 1b,2)
  B. Mensagem (vv. 3-8)
    1. A Insignificância do Homem: "Que é o homem?"
    2. A Graça de Deus: "o coroaste".
III. Bênção (v. 9)

Seguiremos este esboço enquanto examinamos a canção de celebração de Davi, começando com a doxologia:

Ó Senhor, Senhor nosso,
Quão admirável é o teu nome em toda a terra. (v. 1)

Esta primeira palavra no texto hebraico incorpora a majestade e a glória transcendentais de Deus. Embora a maioria das Bíblias traduza a primeira palavra como "Senhor," ela é, na verdade, o seu nome hebraico, representado pelas quatro letras maiúsculas YHWH. Pelo fato de que esse nome era — e ainda é — tão santo para os hebreus, eles *nunca* pronunciavam o nome de maneira audível. Consequentemente, ninguém sabe a pronúncia correta! Os gentios normalmente aceitam *Yahweh*, *Javé* ou *Jeová*. O segundo "Senhor" é a palavra hebraica *adonai*, que é um título de respeito, em reconhecimento à autoridade ou à soberania. Os judeus normalmente pronunciam a palavra *adonai* quando leem a Escritura em voz alta e se deparam com o nome hebraico do Senhor, YHWH. A palavra traduzida como "admirável" é um superlativo, significando "mais poderoso que qualquer outra coisa".

Combinando esses três termos, Davi celebra o supremo poder de Deus sobre todas as coisas. Ele declara, desde o início, que Deus não tem rival. Ele não está sujeito a nenhum outro poder e Ele reina soberanamente.

Fortalecendo esta Lição em sua Alma

Qual é a força mais poderosa no universo? A explosão de uma estrela? Um buraco negro? Deus é, de longe, mais poderoso que qualquer um deles. Na verdade, a energia combinada de cada estrela em toda galáxia do universo não pode rivalizar com o poder do seu Criador. Quando você considera a onipotência de Deus, que efeito ela tem sobre o seu sentimento de ser desprezado?

Dia 3: Salmo 8

Uma Canção de Louvor

Tendo adorado a Deus em uma breve doxologia, Davi reflete sobre a grandiosidade do Senhor seu Deus e, ao fazer isso, o louva. Observe o rei Davi quando toma o seu lugar diante da congregação de crentes para conduzi-los em adoração.

> Pois [Tu] puseste a tua glória sobre os céus!
> Da boca das crianças e dos que mamam tu suscitaste força,
> por causa dos teus adversários,
> para fazeres calar o inimigo e vingativo. (Sl 8.1,2)

A diferença entre adoração e petição é a ausência do ego. Nesta expressão de louvor Davi retira-se da cena. Ele declara que a majestade e a glória de Deus foram "postas" nos céus. O Senhor investiu o universo físico com o extraordinário esplendor da sua majestade. O Salmo 19.1 comprova este fato: "Os céus manifestam a glória de Deus e o firmamento anuncia a obra das suas mãos". E, outra vez, Romanos 1.20:

> Porque as suas coisas invisíveis, desde a criação do mundo,
> tanto o seu eterno poder como a sua divindade,
> se entendem e claramente se veem pelas coisas que estão criadas

Davi, então, prossegue para ilustrar o seu conceito da glória de Deus através do outro extremo; ele considera a impotência dos bebês e como Deus pode usar até mesmo crianças pequenas — mesmo aquelas que ainda mamam — para calar aqueles que se colocam contra Ele. Deus mostra-se admirável e glorioso em seu amor pelos incapazes.

Tenho um amigo obstetra que testifica que mesmo antes de se tornar cristão, não podia ignorar o poder de Deus enquanto fazia os partos, e então segurava em suas mãos os pequeninos bebês gritando, um após outro. Ele testifica que isso acabou levando-o a procurar respostas na Bíblia, e finalmente a encontrar a salvação pela fé em Jesus Cristo. Em um sentido muito real, portanto, "as crianças e os que mamam" declaram o poder e a majestade de Deus. É no amor de Deus pelos incapazes que vemos a prova viva do seu poder criativo. Quando estudamos as delicadas e pequeninas características da sua condição recém-nascida, maravilhamo-nos pela atenção que o maravilhoso e bendito Senhor dá aos detalhes. O versículo 2 termina com um lembrete de que até mesmo os inimigos de Deus são calados quando os céus são observados... ou quando as criancinhas são consideradas.

Os bebês podem ser pequenos e os espaços estelares silenciosos, mas ambos transmitem um profundo significado para o observador. É assim que podemos nos sentir nos momentos em que pensamos que não somos mais tão valiosos ou necessários. Embora Deus honre-nos realizando a sua obra através de nós, isso não é a base do nosso valor. Explicando de outra maneira, nós não somos valiosos para Deus por causa da nossa utilidade. Ele valoriza-nos, quer sejamos produtivos quer não.

Há um conforto extraordinário nesta mensagem. O poder ou a capacidade humana não ganha o amor do nosso Criador como se fosse uma forma de pagamento. Ele nos ama independentemente disso. Nós somos especiais para Ele, não importa o que aconteça, ainda que nos tornemos tão fracos quanto um recém-nascido.

Fortalecendo esta Lição em sua Alma

Se Deus o ama e o valoriza independentemente dos seus atributos pessoais — força, poder, riqueza, talento, aparência, inteligência ou até mesmo moralidade — como isso afeta o seu senso de valor próprio? De que modo este conhecimento afeta as suas decisões cotidianas?

Dia 4: Salmo 8

Uma Mensagem de Deus

Dando continuidade ao seu culto de adoração, Davi abre a sua boca e compartilha uma mensagem de Deus, que é o tema principal de sua composição. Podemos imaginá-lo em pé diante do povo e pregando sobre as necessidades da humanidade e a graça de Deus.

Primeiramente ele considera a lamentável inadequação da humanidade. Leia os versículos 3,4 devagar. Reflita bem a respeito deles e visualize o quadro mental que Davi tem em mente.

> Quando vejo os teus céus, obra dos teus dedos,
> a lua e as estrelas que preparaste;
> que é o homem mortal para que te lembres dele?
> E o filho do homem, para que o visites? (Sl 8.3,4)

A palavra hebraica traduzida como "vejo" é o verbo comum que significa "ver, observar, dar uma olhada". Davi estava quase fora de si, em meio ao esplendor do fenômeno natural. Ao olhar ao seu redor foi surpreendido pela percepção da grandeza de Deus. Cada um de nós já teve esta experiência. Quando olhamos para o céu, ficamos cheios de admiração. Nós "damos uma olhada" na vastidão e, invariavelmente, ficamos impressionados!

Davi refere-se à criação de Deus como "obra dos teus dedos". Criar o universo não foi nada mais do que uma "obra dos seus dedos" para Deus; a salvação, porém, representa a "obra do seu braço" (Is 52.10; 53.1; 59.16; Sl 77.15).

Ao fazer a pergunta "Que é o homem?" Davi usa um termo bastante incomum para o homem. *Enosh* vem do verbo hebraico que significa "fraco, doente, frágil". Em outras palavras, "Em comparação com o teu esplendor e majestade, ó Senhor, o que é a humanidade insignificante, fraca, frágil?" De acordo com Davi, Deus não atenta para a nossa condição inferior e age em favor do homem de duas maneiras significativas: Ele se lembra dele e o visita.

O que estas coisas significam? A primeira afirmação — "te lembres" — significa que Deus nos tem em sua memória, enquanto a segunda frase — "visites" — significa que Ele presta atenção em nós. Que verdade incrível! Se a opressão diária de sentir-se desprezado tem dominado você, aqui está um pensamento cuja mensagem vale a pena transmitir: o Deus que criou todos os magníficos arredores do universo, na verdade se lembra e presta atenção aos indivíduos insignificantes como você e eu. É fácil acreditar que Deus tenha muitas outras coisas com que se preocupar em vez de se importar conosco. Pedro nos lembra, porém, que "[Deus] tem cuidado de vós" (1 Pe 5.7). Deus nunca despreza os que são seus!

Isso leva Davi a refletir sobre a graça de Deus.

> Contudo, pouco menor o fizeste do que os anjos
> e de glória e de honra o coroaste.
> Fazes com que ele tenha domínio sobre as obras das tuas mãos;
> tudo puseste debaixo de seus pés:
> todas as ovelhas e bois, assim como os animais do campo;
> as aves dos céus, e os peixes do mar,
> e tudo o que passa pelas veredas dos mares. (Sl 8.5-8)

Apesar da imensa diferença entre Deus e o homem, Davi declara que o Senhor colocou o seu amor sobre nós e deu à humanidade um lugar de dignidade e importância neste mundo. Somos feitos menores que os anjos em termos de poder, mas somos, no entanto, coroados de glória e majestade. Além disso, Ele deu-nos a responsabilidade e o privilégio de dominarmos sobre o mundo como seus príncipes (Gn 1.28-30). Hebreus 2.6-9 aplica estes versículos a Jesus Cristo, tornando esta seção do Salmo 8 messiânica e profética. Historicamente, porém, é aplicável a todos os homens. Embora Jesus seja o Filho de Deus, nós compartilhamos esta honra e responsabilidade com Ele. *Incrível!*

Fortalecendo esta Lição em sua Alma

Arranje um tempo hoje à noite para caminhar sob as estrelas, deite-se de costas, e olhe para cima. Enquanto você estuda os vastos espaços estrelares, lembre-se de que Deus ama você, individualmente, mais do que Ele ama o universo. Então, examine os seus hábitos e escolhas. Eles são movidos por um desejo de ganhar amor e respeito dos outros, ou de Deus?

Dia 5: Salmo 8

Frontal e Central na Mente de Deus

É humilde pensar que o Criador do universo, cujo poder, conhecimento e bondade não conhecem limites, na verdade importa-se conosco e nos ama individual e pessoalmente. Pense como seria difícil reunir-se com o diretor de uma grande empresa para discutir os problemas que você tenha com um produto. Ou imagine tentar ficar alguns momentos sozinho com o presidente dos Estados Unidos para conversar sobre as suas preocupações com a política externa. Todos nós sabemos como seria difícil isso acontecer. Não é culpa deles; com tempo e energia limitados, precisam priorizar. Além disso, nós, que temos famílias grandes, às vezes achamos difícil nos manter atualizados em relação à vida de cada um dos nossos filhos. Acompanhar a vida diária dos nossos dez netos poderia transformar-se em um trabalho de tempo integral; quase impossível para um mero homem. Assim, o fato de que o Governador do universo preocupa-se pessoalmente comigo é mais do que posso compreender. Ele tem um interesse pessoal por cada pessoa que confia nEle. Adiciona óleo à opressão de nos sentirmos desprezados, lembrando-nos do seu interesse pessoal.

Enquanto lê esse texto, talvez você sinta-se sozinho, desertado. Que vale angustiante e árido é a solidão! Mas ouça! Se você tem o Senhor Jesus Cristo como o seu Salvador pessoal, tem um Companheiro e Amigo constante. Ele nunca o deixa em apuros. Este salmo é a prova positiva de que Ele não o considera alguém sem importância, e nem o despreza. Ele não se irrita pelo fato de você levar as suas necessidades a Ele. Nunca olha para as suas orações ou pedidos como se fossem interrupções inconvenientes. Assim como Tiago nos lembra: Ele dá "liberalmente e não o lança em rosto" (1.5). Ele nos dá boas dádivas, pois nEle não há "mudança nem sombra de variação" (1.17).

Você sabe por quê? A resposta é a Graça — o favor puro, sem merecimentos, sem méritos, não adquirido. Portanto, nesse momento, lance o seu sentimento de insignificância e desespero sobre Ele. Diga-lhe que você está reivindicando o Salmo 8 como uma promessa da sua graça, preocupação e amor pessoais por você.

Lembre-se, este é um salmo "sobre Gitite". Davi o compôs talvez como um hino de vitória após derrotar o gigante Golias. Desafio-lhe a tomar este "gigante" pessoal de sentir-se desprezado e pedir a Deus para lhe dar a vitória sobre ele hoje. Quem sabe? Outro Golias poderia cair até o pôr do sol.

Davi conclui esta canção com uma bênção, utilizando as mesmas palavras que usou na doxologia: "Ó Senhor, Senhor nosso, quão admirável é o teu nome sobre toda a terra!" (v. 9). Nós acrescentamos à bênção de Davi a nossa própria resposta afirmativa: Amém.

Fortalecendo esta Lição em sua Alma

Ao chegar ao final da semana, relembre várias ocasiões recentes em que o Senhor veio em seu socorro ou ajudou-lhe, ou talvez concedeu-lhe um pedido. Pare para agradecê-lo pelo fato de Ele se importar com você. Diga-lhe quão grato você é por sua atenção aos detalhes em todas as áreas da sua vida. Então use estas lembranças para aliviar as suas feridas emocionais. Embora as circunstâncias possam colocá-lo de lado, você permanece em uma posição frontal e central na mente de Deus!

Semana 4 • Salmo 13

A OPRESSÃO DA FALTA DE ESPERANÇA

Salmo de Davi para o cantor-mor.

Até quando te esquecerás de mim, Senhor?
Para sempre? Até quando esconderás de mim o teu rosto?
Até quando consultarei com a minha alma,
tendo tristeza no meu coração cada dia?
Até quando se exaltará sobre mim o meu inimigo?
Atenta em mim, ouve-me, ó Senhor, meu Deus;
alumia os meus olhos para que eu não adormeça na morte;
para que o meu inimigo não diga:
Prevaleci contra ele; e os meus adversários se não alegrem,
vindo eu a vacilar.
Mas eu confio na tua benignidade;
na tua salvação, meu coração se alegrará.
Cantarei ao Senhor, porquanto me tem feito muito bem.
(Sl 13)

Dia 1: Salmo 13

O Desgosto da Falta de Esperança

Muitos anos atrás, quando estava morando em Dallas e estudando em um seminário, recebi um telefonema que me levou a um apartamento pequeno e sujo. Fui recebido na porta de tela por um homem com uma espingarda calibre 12. Ele convidou-me a entrar.

Nós nos sentamos, durante mais de uma hora, em uma pequena mesa de cozinha com uma lâmpada sem luminária pendurada sobre ela. Ele contou-me uma história comovente. Ele tinha acabado de receber alta do hospital, e estava recuperando-se de uma cirurgia nas costas. Ele estava sozinho; havia perdido o contato com a sua esposa (e também com o único filho), quando o seu casamento acabou, muitos anos antes. Enquanto falávamos das intensas lutas do homem, notei que aquele pequeno apartamento estava cheio de fotos — todas elas de seu filho, em vários estágios de crescimento.

Havia fotos do menino quando ele ainda usava fraudas. Outras eram com seu pai, quando o garotinho estava formando-se no jardim de infância. Ainda outras o mostravam em seu uniforme da Liga Infantil, com um taco de beisebol sobre o ombro... e assim por diante, até o Ensino Médio. Todo o foco do homem centrava-se em um casamento que havia fracassado e em um filho cuja companhia e convívio ele não podia mais desfrutar. Estas nostálgicas "lembranças nebulosas em tons de aquarela do jeito que éramos" mantinham-no cativo em uma prisão de arrependimento e desânimo. Infelizmente, as minhas tentativas de ajudá-lo a enxergar além dos muros da sua angústia mostraram-se inúteis. Em menos de uma semana, ele suicidou-se com um tiro, dentro de seu carro, depois de ter dirigido para o meio da mata no leste do Texas. Na opinião dele, não valia mais a pena lutar pela vida.

É normal entristecer-se depois de uma perda significativa. A aflição é um processo cujo ajuste a um novo conjunto de circunstâncias é muito doloroso. Quando ocorre a aceitação, a dor diminui, abrindo caminho para a alegria novamente. Às vezes, porém, a aflição pode levar à falta de esperança em vez da aceitação. É o desânimo. A perpétua falta de esperança em meio a uma queda em espiral.

Não é necessário ler o Salmo 13 muitas vezes para detectar algum desânimo em Davi. Como meu amigo solitário no pequeno apartamento, o salmista sente-se deprimido. Esquecido. Trata-se daquela velha síndrome de "ninguém parece se importar". O desespero pode não ser uma descrição muito forte da sua condição emocional. Meu avô teria dito "ele está debaixo da pilha". Nós entendemos! Estou convencido de que são estes sentimentos mútuos que fazem com que sejamos atraídos para os Salmos em nossos dias tristes. Davi sente-se muito infeliz. Ninguém sabe o motivo com certeza; o pano de fundo de muitos salmos continua sendo um mistério. No entanto, as suas palavras ressoam os nossos próprios sentimentos dolorosos quando estamos "debaixo da pilha".

Fortalecendo esta Lição em sua Alma

Se você ou alguém que conhece está ficando desanimado, qual é o problema em questão? Que circunstância provocou esta aflição? Reserve alguns momentos para descrevê-la por escrito, na terceira pessoa, como se estivesse contando uma história sobre um personagem fictício.

Dia 2: Salmo 13

DO DESÂNIMO AO ÊXTASE

A luta de Davi com o desânimo tornou-se muito intensa, talvez levando-o a escrever a canção que conhecemos hoje como o Salmo 13. Não podemos ter certeza quanto ao problema que estava atormentando o poeta-rei. Nós sabemos, porém, que alguns dos dias mais sombrios de Davi vieram antes de ele ser oficialmente promovido ao trono de Israel. Deus o estava preparando para uma tarefa imensa, e Ele usou as tribulações para lhe dar a forma de um homem cheio de maturidade e força interior. Isso pode nos ajudar a olhar para trás, para o livro de 1 Samuel, que pode retratar as circunstâncias que levaram Davi a escrever esta canção. (Veja 1 Sm 18.9-15, 28,29; 20.30-33.)

Ele havia acabado de matar Golias de Gate. Os filisteus, portanto, tinham se tornado um inimigo derrotado de Israel, e Davi (embora ainda jovem) tornou-se o mais famoso herói na terra. Como resultado, o povo cantava em sua homenagem, o que, com o passar do tempo, provocou o ciúme do rei Saul. Como ele odiava a popularidade de Davi! Como resultado, Saul teve tamanho ataque de hostilidade que ficou obcecado por matar Davi. Sai a harmonia. Entra o desânimo.

Pense nisso! A partir daquele momento, Davi tornou-se o objeto do plano diabólico de Saul. Embora inocente diante de Deus e leal ao rei Saul, Davi literalmente teve que correr para salvar a sua vida e, por mais de doze anos, viveu como um fugitivo pelos montes da Judeia. Pense nisso! Caçado e assombrado pelo louco Saul, Davi deve ter ficado com dúvidas, às vezes. Com frequência, ele não tinha ninguém além do Senhor para recorrer em seus momentos desalentadores. Ali estava ele, o rei eleito e ungido, vivendo como um animal no deserto, fugindo para salvar a sua vida. (Isso desiludiria qualquer pessoa!) Posso imaginar Davi, de cabeça baixa ao lado de vários grandes arbustos, ou escondido debaixo de um grande rochedo ao longo de alguma montanha —sujo e desanimado, querendo saber se algum dia a perseguição terminaria.

Tendo esta situação como pano de fundo, o Salmo 13 faz muito sentido. Como muitos dos "salmos de lamento," esta é uma canção endereçada a Deus, uma oração que consiste de seis versículos que se desenvolvem até um clímax. Ele começa no fosso do desânimo e termina nos picos da montanha do êxtase. Aqui está como eu esboçaria a canção de desânimo de Davi:

I. *Davi está prostrado sobre o seu rosto* — rente ao chão, focado em sua infelicidade e queixas (vv. 1,2).

A. Ele concentra-se na profundidade da tribulação.

B. Ele concentra-se na duração da tribulação.

II. *Davi está de joelhos* — levando o seu fardo ao Senhor e admitindo a sua própria dependência nEle (vv. 3,4).

III. *Davi está de pé* — regozijando-se e cantando (vv. 5,6).

Fortalecendo esta Lição em sua Alma

À medida que você revê os estágios da tristeza de Davi, expressada na canção, em que estágio você entende que se encontra agora? "prostrado sobre o seu rosto", "de joelhos", ou "de pé"? Baseado em sua resposta, o que você diria para alguém que está em outro estágio?

Dia 3: Salmo 13

Percorrendo Sozinho

O Salmo 13 começa com a pessoa desanimada passando a maior parte do seu tempo rente ao chão, esmagada sob o peso da tristeza. Na primeira seção da canção, nós vemos...

Davi sobre o seu Rosto

Até quando te esquecerás de mim, Senhor? Para sempre?

Até quando esconderás de mim o teu rosto?
Até quando consultarei com a minha alma,
tendo tristeza no meu coração cada dia?
Até quando se exaltará sobre mim o meu inimigo? (vv. 1,2)

Inundado pelas tribulações avassaladoras da vida, Davi recorre a quatro maneiras comuns e humanas de lidar com o desânimo. Nestes dois versículos ele lembra-nos da nossa própria vida e atitudes, e de quatro rotas de fuga mental que, com frequência, tomamos quando estamos sob pressão.

1. Deus se esqueceu de mim — para sempre. Você lembra-se da última vez que se sentiu abandonado? "Até quando te esquecerás de mim, Senhor? Para sempre?" Visto que a provação tinha continuado por muito tempo, sem esperança de alívio, Davi finalmente sentiu-se emocionalmente esmagado sob a carga. Ele se perguntava se Deus o abandonara.

2. Deus não se importa comigo. Isso não passa de uma autopiedade gritante. "Até quando esconderás de mim o teu rosto?" Isso inevitavelmente acompanha sentimentos de abandono, que sussurram mentiras: "Deus simplesmente perdeu interesse. Ele disse que cuidaria de mim e que levaria os meus fardos e levantaria a minha carga, mas esse não é o caso!" (Soa um pouco familiar?) A Palavra de Deus é dolorosamente honesta. Com que frequência vemo-nos refletidos nas páginas da Bíblia!

3. Terei que resolver as coisas por mim mesmo. Isso é duvidar das promessas de Deus, sugerindo que Ele não é digno de confiança. "Até quando consultarei com a minha alma?" O termo hebraico traduzido como "consultar" significa "planejar". Davi tinha começado a planejar uma saída para acertar as questões sozinho. "Afinal", ele poderia ter dito: "Deus deu-me uma mente e Ele espera que eu a use. Deus ajuda aqueles que ajudam a si mesmos!"

Espere aí! Isso é verdade? Você pode ficar surpreso em saber que esta afirmação nunca aparece na Escritura! Vamos fazer uma pausa e nos lembrar de várias palavras de Salomão:

Confia no Senhor de todo o teu coração
e não te estribes no teu próprio entendimento.
Reconhece-o em todos os teus caminhos,
e ele endireitará as tuas veredas. (Pv 3.5,6)

Confia ao Senhor as tuas obras,
e teus pensamentos serão estabelecidos. (Pv 16.3)

Sendo os caminhos do homem agradáveis ao Senhor,
até a seus inimigos faz que tenham paz com ele. (Pv 16.7)

A sorte se lança no regaço, mas do Senhor
procede toda a sua disposição. (Pv 16.33)

O que acontece quando tentamos resolver as coisas de acordo com a nossa própria carne? Exatamente o que aconteceu com Davi. E o que foi isso? Observe a próxima parte do Salmo 13.2: "Tendo tristeza no meu coração cada dia?"

Tristeza, tensão, frustração e preocupação por causa dos seus companheiros constantes. Estes são os subprodutos das atitudes do tipo faça você mesmo. Quando aprenderemos a deixar os nossos fardos com o Senhor e permitiremos que Ele resolva os detalhes?

4. Esta tribulação deixa-me ressentido! É humilhante resistir sendo pisado. Agora, como o orgulho foi ferido, então ele retalia. "Até quando se exaltará sobre mim o meu inimigo?"

Essa não é uma queixa típica? Novamente, quero lembrar a você que ela vem do orgulho. Ele diz, com efeito, que eu tenho o direito de defender a verdade, especialmente quando algum inimigo esteja tentando tirar vantagem de mim. Como lutamos para manter o nosso orgulho! Como desejamos ser apreciados e que pensem bem a nosso respeito! Davi estava tendo que aprender que a verdade defenderá a si mesma. Ela emergirá como um campeão na ocasião que foi designada por Deus.

Fortalecendo esta Lição em sua Alma

Quais são as respostas de Davi que ressoam mais profundamente em você nesse momento?

1. Deus se esqueceu de mim — para sempre.

2. Deus não se importa comigo.

3. Terei que resolver as coisas por mim mesmo.

4. Esta tribulação deixa-me ressentido!

Qual tem sido a sua resposta? Como essa resposta tem funcionado para você?

Dia 4: Salmo 13

Olhando para Deus

Quando leio o Salmo 13 e reflito sobre a seção que descreve Davi prostrado sobre o seu rosto, oprimido pela aflição e a falta de esperança, vejo duas áreas práticas de aplicação:

1. Foi a duração da provação que começou a cansar Davi. A expressão "Até quando" ocorre quatro vezes em dois breves versículos. Devemos nos lembrar de que Deus não apenas cria a profundidade das nossas provações, mas também a sua duração. Em algum momento, se possível agora, leia as palavras do antigo profeta Habacuque, expressas no capítulo 1. Ele também perguntou: "Até quando?"

2. Nos dois primeiros versículos do Salmo 13 Davi volta-se contra tudo e todos, exceto contra si mesmo. O que aprendo com isso é que quando tento lidar com uma provação com as minhas próprias forças, volto-me contra Deus, ou contra o meu inimigo, ou ainda contra as minhas circunstâncias, em vez de primeiro perguntar ao Senhor o que Ele está tentando ensinar-me em meio a essa situação. Que lições maravilhosas Deus deseja ensinar-nos desde que os nossos corações orgulhosos estejam dispostos a ser derretidos na fornalha da aflição!

Em meio à sua dor e tristeza, Davi faz uma escolha crítica. Em vez de continuar descendo a espiral de tristeza, ele mudou a sua postura. Isso nos leva para a segunda seção da canção.

Davi de Joelhos

Atenta em mim, ouve-me, ó Senhor, meu Deus;
alumia os meus olhos para que eu não adormeça na morte;
para que o meu inimigo não diga: Prevaleci contra ele;
e os meus adversários se não alegrem, vindo eu a vacilar. (vv. 3,4)

Algo aconteceu com Davi entre as estrofes 2 e 3 deste hino. Talvez ele tenha escutado as suas próprias queixas e tenha percebido que eram autopiedade. Eu já agi dessa forma, você não? Talvez ele tenha feito uma pausa em sua composição e olhado para trás, para aquilo que havia acabado de escrever... e ficou alarmado com a descrença que havia começado a surgir diante de seus olhos. Observamos uma diferença genuína e evidente agora. Ele levantou o seu rosto. O seu desânimo está começando a diminuir e seu ânimo a se elevar. Nós o encontramos, finalmente, de joelhos — o lugar da vitória. O missionário martirizado, Jim Elliot, certa vez escreveu: "O santo que avança de joelhos jamais recua".

Por favor, observe como os versículos 3 e 4 conectam-se rigorosamente com os versículos 1 e 2. Davi parece recordar e redirecionar as suas queixas quando fala com o Senhor sobre elas. Três mudanças tornam-se aparentes.

Em primeiro lugar, em vez de ver o Senhor como estando afastado e desinteressado (v. 1), Davi pede a Ele: "Atenta e ouve" (v. 3). E não perca de vista a maneira como ele chama o Senhor no versículo 3 — "meu Deus!" A distância agora se foi na mente de Davi. Ele está abraçando uma perspectiva totalmente diferente.

Em segundo lugar, em vez do desânimo e da aflição que tinham se tornado a atitude do seu coração, em razão das suas tentativas de resolver as coisas (v. 2), ele agora pede ao Senhor: "Alumia os meus olhos".

Novamente, o idioma hebraico dá-nos um entendimento mais claro desse fato. A palavra traduzida como "alumia", no versículo 3, está no radical causal, significando "fazer brilhar". Em Números 6.24-26 o termo idêntico ocorre em uma bênção que já ouvimos muitas vezes:

> O Senhor te abençoe e te guarde;
> O Senhor *faça* resplandecer *o seu rosto* sobre ti;
> E tenha misericórdia de ti;
> O Senhor sobre ti levante o seu rosto
> E te dê a paz.
> (A ênfase é minha)

A fisionomia de Davi tinha perdido o seu "brilho". O seu rosto, e especialmente os seus olhos, tinham se tornado duros, rasos e opacos. Ele desejava que os seus olhos refletissem, uma vez mais, o brilho de Deus — o seu semblante havia descaído.

Quero afirmar, uma vez mais, que quando lidamos com as nossas provações usando as nossas próprias forças, os olhos carregam as marcas deste fato. Não podemos esconder. Todo o nosso semblante torna-se rígido e inflexível, carecendo da "centelha" e da "luz" que uma vez manifestou-se em nosso coração. Quando a alegria interior parte, o "brilho" dos nossos olhos também parte.

Em terceiro lugar, em vez de se preocupar com seu inimigo exaltado (v. 2), Davi agora entrega mentalmente o seu inimigo ao Senhor, e deixa que Ele cuide dos resultados (vv. 3,4).

Noto que essa mudança acentuada em Davi ocorreu quando decidiu colocar tudo diante de Deus em oração. Embora pareça um clichê, a nossa petição fervorosa ainda é o óleo mais eficaz para reduzir o atrito da opressão diária do desânimo.

Fortalecendo esta Lição em sua Alma

Se você parasse de pedir que Deus mudasse as suas circunstâncias externas e, em vez disso, fizesse uma oração de entrega, pedindo que Ele mude *você*, o que acha que aconteceria? O que impede você de fazer esse tipo de oração?

Dia 5: Salmo 13

A Canção de uma Nova Esperança

Quando a canção de Davi — preservada para nós no Salmo 13 — atinge o seu clímax, a postura de Davi muda mais uma vez.

Davi de Pé

Mas eu confio na tua benignidade;
na tua salvação, meu coração se alegrará.
Cantarei ao Senhor,
porquanto me tem feito muito bem. (vv. 5,6)

A primeira palavra do versículo 5 é "mas". Essa pequena palavra geralmente apresenta um contraste ao leitor. É como se Davi estivesse dizendo: "Em contraste com as minhas prévias queixas e medos, meus olhos opacos e coração orgulhoso... Tenho confiado!... Meu coração se alegrará! ... Eu cantarei!"

Notou as suas exclamações de louvor? Que diferença encantadora! Esse parece ser mais o Davi que conhecemos, não é? Ousamos não desprezar a última parte do versículo final: "Porquanto me tem feito muito bem".

Que significativo! Leia novamente, então pare e pense. As circunstâncias de Davi não tinham mudado. Saul ainda o caçava. As encostas áridas da Judeia ainda estavam áridas. Sua fome, se presente antes de ele ter escrito o salmo, continuava a corroer o seu estômago. As suas circunstâncias externas não tinham mudado, no entanto, as conclusões de Davi haviam girado 180 graus em relação aos seus pensamentos originais. Por quê? Porque *Davi* tinha mudado. Deus havia "feito muito bem" a ele.

Então, o que isso significa para nós? Que estímulo podemos extrair da canção de Davi? Como podemos imitar Davi e nos elevarmos acima das nossas próprias tristes circunstâncias?

Primeiramente, devemos reconhecer que Deus usa as tribulações para transformar *a nós* mesmos, não aos nossos ambientes. Deus deseja treinar-nos, moldar-nos. Ele usa as circunstâncias angustiantes causadas pelo mal para nos beneficiar e não para nos destruir. Os males planejados pelo mundo tornam-se os seus instrumentos. Ao fazer isso, Ele nos faz muito bem... bem no fundo onde ninguém mais pode ver ou tocar.

Nós não aprendemos as lições mais básicas e essenciais que Deus criou para nós em qualquer provação, até que possamos dizer: "Ele me tem feito muito bem".

No magnífico Salmo 119, Davi declara esta mesma conclusão nos versículos 71 e 75. Na verdade, ele diz que estas provações são benéficas para nós!

Foi-me bom ter sido afligido,
Para que aprendesse os teus estatutos...
Bem sei eu, ó Senhor, que os teus juízos são justos
E que em tua fidelidade me afligiste.

Foi isto que o apóstolo Paulo percebeu sobre o seu "espinho na carne", quando escreveu as seguintes palavras em 2 Coríntios 12.9:

> E disse-me: A minha graça te basta, porque o meu poder se aperfeiçoa na fraqueza. De boa vontade, pois, me gloriarei nas minhas fraquezas, para que em mim habite o poder de Cristo.

A fraqueza não é um sintoma de uma doença terminal. Ela é, simplesmente, a prova tangível da nossa humanidade. Melhor ainda, ela é a plataforma sobre a qual Deus realiza algumas das suas obras mais magníficas. Se a opressão diária do desânimo já começou a envolver os seus dedos pegajosos ao seu redor, e a arrastar você para baixo, permita que eu encoraje você a se tornar mais familiarizado com esta incomparável canção de esperança renovada. Ela pode ser não apenas um conforto para a sua alma; é muito provável que ela levante o seu rosto e coloque-o novamente de pé.

Fortalecendo esta Lição em sua Alma

Este tipo de oração requer uma incrível confiança em Deus e em seu caráter. Ela exige mais fé do que crer que Ele pode mudar ou que mudará as suas circunstâncias. Você está disposto a exercitar este tipo de confiança? Explique a sua resposta a um amigo.

Semana 5 • Salmo 15

A OPRESSÃO DA INTEGRIDADE ENFRAQUECIDA

Um Salmo de Davi

Senhor, quem habitará no teu tabernáculo?
Quem morará no teu santo monte?
Aquele que anda em sinceridade, e pratica a justiça,
e fala verazmente segundo o seu coração;
aquele que não difama com a sua língua,
nem faz mal ao seu próximo,
nem aceita nenhuma afronta contra o seu próximo;
aquele a cujos olhos o réprobo é desprezado;
mas honra os que temem ao Senhor;
aquele que, mesmo que jure com dano seu, não muda.
Aquele que não empresta o seu dinheiro com usura,
nem recebe subornos contra o inocente;
quem faz isto nunca será abalado.
(Sl 15)

Dia 1: Salmo 15

O Padrão de Deus para a Vida

Benjamim Franklin certa vez classificou o Salmo 15 como o "Salmo do Cavalheiro". Para ele, o salmo representava o padrão de vida segundo o qual um cavalheiro deveria padronizar o seu andar. Por melhor que seja esta descrição, a canção de Davi vai ainda mais fundo do que isso — é certamente o "Salmo do Cristão". Ele apresenta não tanto a maneira como uma pessoa encontra o Senhor, mas a maneira como devemos viver depois que o Senhor entrou na nossa vida. Em outras palavras, não se trata da maneira como alguém torna-se cristão, mas, antes, como um cristão deve viver uma vida de integridade. Ele apresenta muitas das características morais e éticas que Deus deseja no estilo de vida diário de seus filhos, tanto em público como em particular.

Não deveria ser surpresa para ninguém o fato de que os nossos dias são dias de integridade enfraquecida. Faça uma pausa por um momento e pense em alguns dos exemplos mais proeminentes:

• Oficiais militares designados em uma embaixada em outro continente, com a responsabilidade de proteger documentos confidenciais, trocaram os nossos segredos por gratificação sexual.

• Escândalos sexuais na política têm se tornado comuns, mesmo entre aqueles que defendem os "valores da família".

• Muitos homens e mulheres que dirigem as nossas maiores instituições financeiras têm enganado os seus clientes, e até mesmo o governo dos Estados Unidos, em prol de seu próprio ganho financeiro.

• Nem mesmo o mundo religioso tem escapado de uma falha de integridade. Escândalos sexuais e o mau uso dos fundos ministeriais têm colocado um olho roxo no rosto de vários tele-evangelistas que não conseguem deixar de prejudicar o testemunho de outros ministérios que usam a mídia, e que estão completamente limpos. Quando uma nuvem de desconfiança aparece sobre vários famosos, até os pouco conhecidos são afetados pela sombra.

Como muitas das canções de Davi, nós não podemos determinar, a partir da letra deste salmo, o que levou o salmista a escrevê-lo. Talvez isso seja intencional. Deixando de lado os seus próprios detalhes pessoais, ele permite que nós escrevamos os nossos. As suas palavras, então, se tornam as nossas palavras, quando lamentamos a opressão diária da integridade enfraquecida.

Fora as preocupações específicas de Davi, e as nossas, há um contexto bíblico mais amplo que dá ao salmo um significado real. Deixe-me explicar.

No momento em que um pecador que crê entrega o seu coração a Jesus Cristo, ele é declarado o destinatário de numerosas bênçãos espirituais. Estas coisas compõem a nossa herança eterna, que nunca muda. Tornamo-nos filhos de Deus (Jo 1.12), somos adotados em sua família para sempre (Rm 8.14-17), selados e seguros (Ef 1.13), tirados das trevas e transportados para o Reino do Filho do seu amor (Cl 1.13), tornamo-nos membros do sacerdócio (1 Pe 2.9), e assim por diante! Estas coisas *nunca* mudam, independentemente do nosso andar. Elas tornam-se a nossa herança permanente. Dessa forma, representam a nossa posição eterna, imutável aos olhos de Deus.

Porém algo mais também é verdade: Temos uma comunhão *temporal* com o nosso Senhor. A partir do momento da salvação, nós, como filhos de Deus, passamos a ter o privilégio de viver sob o controle do Espírito Santo. O outro lado da moeda desta aliança apresenta uma possibilidade: podemos, em vez disso, escolher pecar e andar na energia de nossa própria carne, e assim romper esta comunhão temporal que é nossa e que podemos reivindicar. Quando a pessoa faz esta escolha, decide rejeitar o poder e a bênção de Deus, e então sai imediatamente da esfera da comunhão e entra na esfera da disciplina divina. Devo apressar-me para acrescentar que a sua perda trágica da comunhão temporal não precisa ser estendida. Se o crente confessar os seus pecados (1 Jo 1.9) e voltar a andar na dependência do Espírito Santo (Gl 5.16; Ef 5.18), a comunhão temporal será restaurada imediatamente.

Deixe-me explicar isso de uma outra forma, para ser mais claro. Se você tem confiado em Cristo, o seu destino eterno está seguro, apesar dos seus fracassos pessoais. Contudo, você pode ser excluído dos benefícios da comunhão nesta vida. Pode pedir licença da mesa do banquete da comunhão com Deus e escolher comer as cascas do pecado. E você colherá as consequências das suas escolhas enquanto estiver nesta vida: desnutrição espiritual, solidão, tristeza, arrependimentos...

Como tudo isso combina com o Salmo 15? Simplesmente mostrando que esta canção divina tem a ver com o nosso andar na esfera da comunhão temporal. Na verdade, o salmo menciona algumas das coisas que deveríamos estar fazendo dentro do âmbito desta comunhão. Ele lida com aquelas obras de justiça que são trazidas pelo Espírito Santo enquanto estamos andando na dependência do Senhor nosso Deus. Quando estas coisas começam a desaparecer das nossas vidas, a nossa integridade fica inevitavelmente enfraquecida — e, no final, o nosso testemunho fica prejudicado.

Fortalecendo esta Lição em sua Alma

A integridade enfraquecida é um processo semelhante à erosão, tão gradual que com frequência falha em ser detectada, até que cause um dano catastrófico. Ninguém está imune; todos nós devemos estar atentos. Em que áreas você nota que os seus próprios padrões estão começando a se enfraquecer? Este é o resultado de se tornar uma pessoa mais cheia da graça, ou o sinal que indica que a lassidão moral está nos dominando?

Dia 2: Salmo 15

A Comunhão com Deus

Se você ler o Salmo 15 cuidadosamente, descobrirá que a canção inteira depende do primeiro versículo. O versículo 1 é crucial porque faz uma pergunta penetrante. A resposta de Davi forma o restante do salmo. Ele então chega a uma promessa maravilhosa. Um esboço simples seria:

I. Pergunta: "Quem habitará no teu tabernáculo?" (v. 1)
II. Resposta: "Aquele que anda em sinceridade". (vv. 2,3)
III. Promessa: "Nunca será abalado". (v. 5)

A Pergunta

O salmo de Davi começa com uma pergunta penetrante, colocada na forma de uma metáfora.

> Senhor, quem habitará no teu tabernáculo?
> Quem morará no teu santo monte? (v. 1)

A canção é uma oração dirigida a Deus, cujo nome aparece em hebraico, representado pelas quatro consoantes YHWH. Usando o nome sagrado do Senhor, Davi faz duas perguntas que parecem diferentes, mas que na verdade procuram uma única resposta. A poesia hebraica, como vimos anteriormente, usa frequentemente um dispositivo gramatical chamado "paralelismo sinônimo," no qual duas linhas expressam o mesmo pensamento usando palavras ou frases diferentes. Literalmente, pode-se ler: "YHWH, quem morará no teu tabernáculo? Quem se estabelecerá no teu santo monte?"

As referências a "Tabernáculo" e "santo monte" são, ambas, símbolos da presença de Deus — expressões descritivas de íntima comunhão. Na época, o Templo ainda não havia sido construído; os israelitas adoravam a Deus no Tabernáculo, que era uma grande estrutura em forma de tenda. A arca do concerto era mantida no centro do Tabernáculo, no Santo dos Santos, onde a glória *shekinah* de Deus podia ser encontrada. A luz transcendental da *shekinah* representava a presença especial de Deus entre os israelitas, estabelecendo-os como uma nação, protegendo-os do mal e abençoando-os segundo a fidelidade deles.

A expressão "Teu santo monte" relembra o episódio no Êxodo, quando Moisés encontrou-se com Deus no Monte Sinai para receber a sua lei (Êx 24.12-18). Naquela ocasião, uma nuvem ardente e incandescente cobria o cume do monte. A expressão também se refere ao cume de Jerusalém, o futuro lugar do Templo, onde a presença de Deus habitaria e onde todas as pessoas foram convidadas a adorá-lo.

Davi perguntou: "Quais são as qualidades necessárias para que uma pessoa possa manter e desfrutar uma comunhão íntima contigo, Senhor?"

Fortalecendo esta Lição em sua Alma

Lembre-se de que isto tem a ver com o nosso relacionamento com Deus, aqui e agora, e não somente na vida futura. Que tipo de pessoa é capaz de ter uma alegre comunhão com Deus? Como os pecados contínuos, ou os pecados dos quais não nos arrependemos, afetam a nossa experiência de comunhão com Deus? Você tem, atualmente, este tipo de experiência com Ele?

Dia 3: Salmo 15

As Facetas da Sinceridade

Esta canção de Davi, o Salmo 15, começa com uma pergunta penetrante sobre a nossa experiência de comunhão com Deus na esfera temporal, o nosso relacionamento com Ele na vida cotidiana. Ele queria saber quais são as características necessárias para que uma pessoa possa desfrutar uma comunhão livre e desinibida com o poderoso Criador do universo. Tendo sido inspirado pelo Espírito Santo ao escrever, Davi recebeu e então registrou a resposta do Senhor.

A Resposta

Aquele que anda em sinceridade, e pratica a justiça,
e fala verazmente segundo o seu coração;
aquele que não difama com a sua língua,
nem faz mal ao seu próximo,
nem aceita nenhuma afronta contra o seu próximo;
aquele a cujos olhos o réprobo é desprezado;
mas honra os que temem ao Senhor;
aquele que, mesmo que jure com dano seu, não muda.
Aquele que não empresta o seu dinheiro com usura,
nem recebe subornos contra o inocente. (vv. 2-5)

A resposta de Davi descreve várias facetas da mesma gema, chamada de sinceridade (v. 1). Ele vislumbra um homem que "anda em sinceridade". A palavra hebraica significa "ser sólido, saudável, completo". O crente que está interessado em manter uma comunhão temporal é cuidadoso quanto à maneira como ele vive, aonde vai, e o que ele diz. A pessoa "sólida" anda na esfera da verdade, recusando-se a viver uma mentira.

Enxergo dez características específicas da sinceridade, e cada uma delas merece a nossa atenção.

1. *Aquele que pratica a justiça.*

Isso tem a ver com o que nós fazemos. Praticar a justiça deve ser um hábito consciente em nossa vida. A nossa conduta deve ser honesta, e as nossas atividades devem ser livres da transigência. Devemos obedecer às leis da terra e deixar que a lei de Deus guie todas as nossas decisões. Não meramente obedecer às leis e à moral, mas viver acima de qualquer reprovação. Fazer menos é enfraquecer a nossa sinceridade.

2. *Aquele que fala verazmente segundo o seu coração.*

Isso tem a ver com a maneira como nós pensamos. Note que a verdade mencionada aqui é falada "segundo o coração" da pessoa — atitudes, reações, planos e motivos estão na mente de Davi. A fonte destas coisas (o coração — Pv 23.7) deve ser um alicerce da verdade, onde não haja lugar para o engano, mentiras ou atitudes ocultas!

3. *Aquele que não difama com a sua língua.*

Esta e as próximas duas características têm a ver com o que nós dizemos. A palavra hebraica traduzida como "difamar" significa literalmente "circular, caminhar" —poderíamos até dizer "andar a pé". A ideia incluiria alguém que anda aqui e ali espalhando calúnias maliciosas, derramando um veneno verbal, e ferindo a reputação dos outros pelas costas.

Este é um excelente momento para que eu faça uma pergunta direta. Isso descreve você? Você é fofoqueiro? Intimamente gosta de ouvir ou de passar adiante alguma história picante que mancha a reputação de outra pessoa? É interessante notar que na lista das sete coisas que Deus odeia (Pv 6.16-19) três têm a ver com a língua.

Muitos anos atrás, eu estava dando sábios conselhos a respeito do uso da língua. Espero que isso o ajude tanto quanto tem ajudado a mim. Antes de passar adiante informações ou comentários sobre outra pessoa, primeiramente passe por quatro portões para ter a devida aprovação. Se todos os quatro lhe derem uma luz verde, compartilhe a informação sem hesitação:

Portão 1: É confidencial? Se sim, nunca a mencione.
Portão 2: É verdade? A questão pode precisar de alguma investigação.
Portão 3: É necessária? Palavras demais são inúteis.
Portão 4: É bondosa? Ela serve a um propósito saudável?

Aqui está outro bom conselho: Se alguma vez você tiver que dizer, "Eu odeio dizer isso, mas..." ou "Eu realmente não deveria dizer isso, mas..." então não diga nada! Poucas afirmações das Escrituras são mais contundentes sobre este assunto do que Efésios 4.29. Observe como isto é registrado na paráfrase de Eugene Peterson: Cuidado com a maneira como você fala. Não permita que nada desagradável ou vil saia da sua boca. Só diga algo que beneficie, fazendo de cada palavra uma dádiva.

Fortalecendo esta Lição em sua Alma

Duas destas três primeiras facetas da sinceridade envolvem a língua. Você já foi prejudicado por conversas irresponsáveis ou maliciosas? Já prejudicou outras pessoas com a sua fala? O que você pode fazer para ajudar a reparar o dano que causou?

Dia 4: Salmo 15

A Integridade nos Relacionamentos

A canção de Davi explora as características de uma pessoa que desfruta a comunhão com o Senhor nesta vida, com mais sete facetas da integridade. Enquanto você considera cada uma delas, observe a ênfase que o Senhor dá aos relacionamentos.

Quem desfruta a comunhão com Deus?

4. *Aquele que... não faz mal ao seu próximo.*

O crente cheio do Espírito Santo é leal e coerente — não é inconstante, não é instável. Ele não traz, conscientemente, alguma dificuldade sobre os outros.

5. *Nem aceita nenhuma afronta contra o seu próximo.*

A palavra hebraica traduzida como "afronta" refere-se a falar dos outros de forma astuta, incisiva e desdenhosa, seja na ausência da pessoa ou na presença dela. Quando se depara com pessoas que começam esse tipo de conversa, o indivíduo que possui a integridade recusa-se a juntar-se a elas. Há honestidade, também gentileza (Gl 5.22,23) em seu caráter.

6. *Aquele a cujos olhos o réprobo é desprezado.*

O réprobo mencionado aqui é literalmente um "réprobo sem valor", alguém totalmente desinteressado pelas coisas espirituais. O crente genuíno, que possui forte integridade, discernirá o impacto que tal pessoa pode causar em seu próprio andar com o Senhor, e será cauteloso no que diz respeito a cultivar qualquer associação próxima com ela. "Não vos enganeis: as más conversações corrompem os bons costumes" (1 Co 15.33). Se uma amizade for cultivada, que o seja por causa do evangelismo.

7. *Ele "honra os que temem ao Senhor".*

Como a frase anterior, esta se refere à nossa escolha de amigos; esta frase refere-se àqueles com quem *devemos* ter comunhão. A escala de valores do crente que anda com o Senhor é determinada pelos princípios bíblicos. Pelo fato de termos a tendência de imitar aqueles com quem passamos mais tempo, precisamos de amigos parecidos com Cristo.

8. *Aquele que, mesmo que jure com dano seu, não muda.*

Isto significa que devemos fazer o que prometemos, mesmo quando manter a nossa palavra for algo difícil de cumprir. A nossa palavra deve ser a nossa garantia. O objetivo do cristão íntegro é cumprir todos os compromissos, mesmo quando não for mais conveniente... mesmo que isto o faça sofrer.

9. *Aquele que não empresta o seu dinheiro com usura.*

De acordo com Deuteronômio 23.19,20 e Levítico 25.35-38, os judeus receberam a ordem de não cobrar juros dos empréstimos em dinheiro feitos a um irmão judeu necessitado. Eles deveriam ajudar generosamente e de forma abnegada. O crente em Cristo deve agir assim, sem interesse — tendo o amor como o seu único motivo. (Não é preciso dizer que o discernimento deve acompanhar o amor... ou que teremos mais amor do que dinheiro!). Nem toda necessidade financeira entre os crentes é realmente uma "necessidade". Algumas "necessidades" derivam de gastos negligentes.

10. *Nem recebe subornos contra o inocente.*

O meu dicionário Webster define um suborno como "dinheiro ou qualquer favor concedido ou prometido a uma pessoa que ocupe uma posição de confiança, com a finalidade de perverter o seu julgamento ou corromper a sua conduta". Todos nós já lemos a respeito do que passou a ser conhecido como "tráfico de influência". Nem mesmo Wall Street está livre destes esquemas. O ponto principal do salmista: uma pessoa íntegra não se rebaixará a este nível.

Fortalecendo esta Lição em sua Alma

Você notou a ênfase consistente nos relacionamentos? Indiscutivelmente, todas as dez características são relacionais. Isso sugere a correlação entre a maneira como tratamos os outros e a maneira como nos relacionamos com Deus?

Dia 5: Salmo 15

SEGURO EM DEUS

Embora a salvação seja inteiramente uma obra de Deus — um compromisso incondicional da parte dEle para preservar aqueles que Ele salvou (Jo 10.28,29; Rm 8.28-39; 2 Tm 1.12) — Ele nos dá uma participação genuína para mantermos a qualidade da nossa vida espiritual. Aqueles que levam uma vida íntegra recebem algo valioso por sua fidelidade.

A Promessa

... quem faz isto nunca será abalado (v. 5).

O termo hebraico traduzido como "abalado" é uma figura de linguagem que descreve grande insegurança. Pense em uma vara usada por duas pessoas com a finalidade de carregar algo pesado, oscilando e balançando para cima e para baixo a cada passo. Esta é a figura da palavra da instabilidade.

Aqueles que submetem estas áreas ao controle do Espírito Santo desfrutarão um senso de estabilidade, apesar do mundo incerto e caótico ao seu redor. Eles vivem vidas estáveis, sólidas e confiáveis. Não se perguntam se Deus está irado com eles quando coisas ruins acontecem. Não questionam a bondade de Deus nem duvidam da sua presença durante tempos de aflição. Não são sacudidos pelos ventos e ondas das circunstâncias. Os seus pensamentos permanecem solidamente ancorados na Palavra de Deus, que eles obedecem com consistência.

Talvez seja por isso que Ben Franklin pensou nessa pessoa como um cavalheiro. Tais pessoas são raras, com certeza. Não é de admirar que não sejam abaladas facilmente! A integridade reforça uma vida com aço.

Fortalecendo esta Lição em sua Alma

O fato de levar uma vida íntegra afeta o seu sentimento de segurança em seu relacionamento com Deus? O fato de você sentir-se seguro em seu relacionamento com Deus interfere no seu relacionamento com os outros? Se você se sente firme em sua comunhão com Deus, como isso influencia as escolhas que faz em relação aos dilemas morais?

Semana 6 • Salmo 19

A OPRESSÃO DO SILÊNCIO DIVINO

Salmo de Davi para o cantor-mor

Os céus manifestam a glória de Deus
e o firmamento anuncia a obra das suas mãos.
Um dia faz declaração a outro dia,
e uma noite mostra sabedoria a outra noite.
Sem linguagem, sem fala,
ouvem-se as suas vozes
em toda a extensão da terra,
e as suas palavras, até ao fim do mundo.
Neles pôs uma tenda para o sol,
que é qual noivo que sai do seu tálamo
e se alegra como um herói a correr o seu caminho.
A sua saída é desde uma extremidade dos céus,
e o seu curso, até à outra extremidade deles;
e nada se furta ao seu calor.
A lei do Senhor é perfeita e refrigera a alma;
o testemunho do Senhor é fiel e dá sabedoria aos símplices.
Os preceitos do Senhor são retos e alegram o coração;
o mandamento do Senhor é puro e alumia os olhos.
O temor do Senhor é limpo e permanece eternamente;
os juízos do Senhor são verdadeiros e justos juntamente.
Mais desejáveis são do que o ouro, sim, do que muito ouro fino;
e mais doces do que o mel e o licor dos favos.
Também por eles é admoestado o teu servo;
e em os guardar há grande recompensa.
Quem pode entender os próprios erros?
Expurga-me tu dos que me são ocultos.

Também da soberba guarda o teu servo,
para que se não assenhoreie de mim;
então, serei sincero e ficarei limpo de grande transgressão.
Sejam agradáveis as palavras da minha boca
e a meditação do meu coração perante a tua face,
Senhor, rocha minha e libertador meu!
(Sl 19)

Dia 1: Salmo 19

Um Silêncio Ensurdecedor

Você já se sentiu completamente distante da consciência de Deus? É quase como se estivesse na parte de baixo de uma longa escada olhando para cima, não é? A luz está apagada, e embora bata ou clame por uma resposta, nada acontece. Nenhuma resposta é ouvida. Nem mesmo um movimento.

Você não está sozinho. Neste exato momento, muitas almas lutam com o silêncio divino. E para piorar as coisas, a opressão estende-se por dias, semanas, e até meses. Depois da calamidade, a vítima rasteja, grita, e espera alívio, um dia após outro... e este não vem. Um companheiro (a) que esteve presente durante anos, de repente faz as malas e vai embora. Aquele que é deixado sozinho para enfrentar o que parecem ser responsabilidades intermináveis, busca a Deus para ter uma intervenção divina, a sua palavra de tranquilização confortadora, a sua provisão miraculosa, e muitas vezes só encontra o silêncio. Aquele silêncio terrível! Igualmente difícil é uma doença prolongada. Nenhuma quantidade de oração parece mudar nada. Enquanto o silêncio ensurdecedor do alto continua, a febre aumenta e a dor intensifica-se aqui embaixo.

Acredite ou não, o Salmo 19 — uma ótima canção que dirige a nossa atenção aos céus — tem algo a dizer sobre aqueles angustiantes momentos de silêncio na terra. A letra deste salmo de Davi recai naturalmente em duas seções com uma linha de divisão bem definida no meio. A linha divisória é tão óbvia que alguns já sugeriram que a canção foi composta por duas pessoas diferentes, cada uma enfatizando um assunto específico. Acredito, porém, que Davi compôs toda a canção e que a sua súbita mudança na ênfase é intencional.

A linha divisória cai entre os versículos 6 e 7. A primeira seção (vv. 1-6) trata do *mundo que Deus criou*. Ela descreve, de um modo vívido, o fato de que a sua obra criadora mostra o seu poder e a sua glória. A segunda seção (vv. 7-13) trata da *verdade que Deus transmitiu*. Ela descreve alguns dos benefícios provenientes das Escrituras, assim como o discernimento que ela pode trazer à vida de uma pessoa. A canção termina com uma oração (v. 14). A composição como um todo trouxe a Davi um alívio muito necessário durante o longo silêncio do Senhor, e tem dado esperança a muitas gerações de pessoas que lutam em meio à opressão do silêncio divino. Ao longo de toda a canção Davi lembra-nos de que o Senhor não está apenas perto das suas criaturas, mas que Ele também cuida de nós. Aqui está um esboço do salmo.

I. O Mundo que Deus Criou (vv. 1-6)
  A. Declaração Geral (vv. 1-4)
    1. Consistência (vv. 1,2)
    2. Silêncio (v. 3)
    3. Universal (v. 4)
  B. Ilustração Específica — o Sol (vv. 4-6)
    1. Aparência Descrita (vv. 4,5)
      a. "tenda"
      b. "noivo"
      c. "herói"
    2. Atividade Descrita (v. 6)
      a. "sua saída"
      b. "seu curso"
      c. "seu calor"
II. A Verdade que Deus Transmitiu (vv. 7-13)
  A. Sua Presença entre nós (vv. 7-9)
    1. Títulos (cinco são dados)
    2. Características (seis são dadas)
    3. Benefícios (quatro são dados)
  B. Seu Valor a nós (v. 10)
    1. Ouro... ouro fino
    2. Mel... favos
  C. Sua Obra em nós (vv. 11-13)
    1. Advertindo

2. Recompensando
3. Discernindo
4. Revelando
III. Oração de Encerramento (v. 14)

Fortalecendo esta Lição em sua Alma
Pense em um momento do passado quando parecia que Deus afastara-se de sua vida, deixando você para sofrer durante o silêncio divino. Quais eram as circunstâncias? Que conselho ou palavra de conforto as pessoas ofereceram? Ao refletir sobre aquele momento do passado, como a sua perspectiva daquele período difícil mudou?

Dia 2: Salmo 19

Deus Fala através da sua Palavra

No Salmo 19, Davi conseguiu colocar uma grande quantidade de excelente teologia em um espaço curto. Infelizmente, só poderemos atingir os pontos altos destes catorze versículos porque nem o tempo nem o espaço permitem-nos entrar nas profundezas de cada um. No entanto, peço que você lance mão do esboço e o use como um guia no seu próprio estudo pessoal desta magnífica composição. É um verdadeiro tesouro da verdade.

Em seis versículos, Davi olha na direção do céu. Ele reflete sobre o vasto universo que cerca o nosso pequeno globo, o reino que chamamos de espaço sideral.

O Mundo que Deus Criou
Os céus manifestam a glória de Deus
e o firmamento anuncia a obra das suas mãos.
Um dia faz declaração a outro dia,
e uma noite mostra sabedoria a outra noite.
Sem linguagem, sem fala, ouvem-se as suas vozes
em toda a extensão da terra,
e as suas palavras, até ao fim do mundo.
Neles pôs uma tenda para o sol,

> que é qual noivo que sai do seu tálamo
> e se alegra como um herói a correr o seu caminho.
> A sua saída é desde uma extremidade dos céus,
> e o seu curso, até à outra extremidade deles;
> e nada se furta ao seu calor. (vv. 1-6)

Davi celebra o poder e a majestade de Deus, dizendo que Ele usa "os céus" e "o firmamento" para anunciar a sua grandeza (v. 1). Então, o poeta rei lembra-nos que esta declaração é (1) *constante* — "um dia... a outro dia... uma noite... a outra noite; (2) *silenciosa* — "Sem linguagem, sem fala, ouvem-se as suas vozes"; e (3) *universal* — "toda a terra, ... até o fim do mundo". Segundo esta canção, o majestoso universo de Deus contém uma mensagem. Ela é, na verdade, uma proclamação ousada! Independente da hora do dia, local, ou do nosso idioma nativo, se olhamos para cima, podemos "ouvir" a sua mensagem! Temos um Criador cujo poder ultrapassa todo o poder de quaisquer reis ou governos humanos. Pelo fato da autoridade implicar em responsabilidade, podemos ter uma certeza razoável de que este governante final exigirá que todos coloquem-se de pé diante dEle para serem julgados.

Como o apóstolo Paulo escreveu:

> Porque do céu se manifesta a ira de Deus sobre toda impiedade e injustiça dos homens que detêm a verdade em injustiça; porquanto o que de Deus se pode conhecer neles se manifesta, porque Deus lho manifestou. Porque as suas coisas invisíveis, desde a criação do mundo, tanto o seu eterno poder como a sua divindade, se entendem e claramente se veem pelas coisas que estão criadas, para que eles fiquem inescusáveis. (Rm 1.18-20)

Você entendeu isso? Deus revela "tanto o seu eterno poder como a sua divindade", e o faz tão claramente que todos são deixados "inescusáveis". Não permita que ninguém lhe diga que Deus escondeu-se do mundo! Todo ser inteligente vive cada momento, desde que acorda, sob o lembrete constante da presença, da soberania e do poder de Deus. A descrença obstinada faz com que a humanidade perca a mensagem persistente de Deus. Qualquer pessoa que lute com o mistério do silêncio divino — seja enquanto junta os pedaços depois de um desastre, seja recuperando-se da perda de um ente querido, seja tentando encontrar um sopro de esperança para continuar depois de um divórcio — precisa apenas olhar para cima. Deus está falando!

Mais especificamente, considere o simbolismo do sol em Salmos 19.4-6: tanto o seu aparecimento quanto a sua atividade fornecem ampla informação a qualquer que perguntar: "Há um Deus?" Ninguém além do nosso Deus poderia criar, sustentar e empregar um corpo celeste como o sol. A sua dimensão, a sua temperatura e a sua distância de nós (graças ao perfeito sistema de filtração da nossa atmosfera) concede-nos exatamente o nível certo de calor e luz.

Fortalecendo esta Lição em sua Alma

Que parte da natureza você acha mais admirável? Pelo fato de todas as coisas criadas no universo testificarem a respeito do seu Criador, talvez seja uma boa ideia gastar algum tempo observando ou aprendendo sobre a obra das suas mãos. Como e quando você pode começar?

Dia 3: Salmo 19

Deus não Está em Silêncio

Os céus podem declarar o poder e a glória de Deus, mas eles não declaram a sua vontade ou o seu plano e promessa de salvação. Deus comunicou estas verdades maravilhosas apenas em sua Palavra — as Escrituras vivas, a Bíblia. Em uma repentina mudança de perspectiva, Davi muda da evidência geral do poder criativo de Deus para a evidência específica do desejo que Deus tem de desfrutar um relacionamento com as pessoas.

A Verdade que Deus Comunicou

A lei do Senhor é perfeita e refrigera a alma;
o testemunho do Senhor é fiel e dá sabedoria aos símplices.
Os preceitos do Senhor são retos e alegram o coração;
o mandamento do Senhor é puro e alumia os olhos.
O temor do Senhor é limpo e permanece eternamente;
os juízos do Senhor são verdadeiros e justos juntamente.
Mais desejáveis são do que o ouro, sim, do que muito ouro fino;
e mais doces do que o mel e o licor dos favos.
Também por eles é admoestado o teu servo;
e em os guardar há grande recompensa.
Quem pode entender os próprios erros?
Expurga-me tu dos que me são ocultos.
Também da soberba guarda o teu servo,

para que se não assenhoreie de mim;
então, serei sincero e ficarei limpo de grande transgressão. (Sl 19.7-13)

Note a mudança de "Deus" (vv. 1-6) para "Senhor" (vv. 7-14). Na primeira seção do Salmo, Davi usa a palavra hebraica *El*, que é o título genérico de Deus. Significa "Deus, poderoso, força". Na segunda seção, porém, Davi usa o nome de Deus, representado pelas quatro consoantes YHWH, e normalmente traduzido como "Senhor" no Antigo Testamento. Deus não é meramente uma força criativa poderosa; Ele é uma pessoa com quem podemos ter um relacionamento. Portanto, em sua segunda parte da canção Davi inclui um exemplo mais pessoal da presença de Deus.

Observe, em primeiro lugar, os títulos que Deus dá à sua Palavra — "lei... testemunho... preceitos... mandamentos... juízos". Em seguida, observe as características das Escrituras — "perfeita... fiel... retas... pura... verdadeiras... justas". Então, observe os benefícios que ela concede — "refrigera a alma... dá sabedoria aos símplices... alegra o coração... alumia os olhos". Isto é que é comunicar algo com eficiência! Ninguém poderia citar outro livro ou obra de literatura que fosse capaz de realizar uma obra tão eficiente na vida da humanidade. Embora não seja provável que o Senhor fale audivelmente com você, Ele *não* está em silêncio! Ele disse — e continua a dizer — mais do que podemos absorver e aplicar.

Fortalecendo esta Lição em sua Alma

Quanto tempo você dedica, a cada semana, para ler a mensagem que Deus tem para você? Como esta quantidade de tempo se compara com o tempo que dedica a outras atividades, tais como assistir televisão, praticar um hobby ou estar envolvido em outras formas de entretenimento? Você já pensou em ouvir uma versão em áudio da Bíblia em seu carro ou em seu MP3?

Dia 4: Salmo 19

A Palavra Incomparável de Deus

Enquanto Davi considera o impacto da comunicação escrita de Deus na segunda seção do Salmo 19, ele é levado a avaliar o valor da Escritura. Ele usa duas ilustrações com o propósito de comparação:

1. Ouro... ouro fino (v. 10). Como rei de Israel, Davi conhecia o valor do ouro. Ele tinha uma grande quantidade dele! E, como em nossos dias, o ouro era considerado um dos bens mais preciosos que alguém pode ter. O poder de um rei — a sua capacidade de governar e de mandar fazer as coisas — era medido, em parte, pela quantidade de ouro que havia em seu tesouro. A frase "ouro fino" refere-se ao ouro purificado em oposição às joias, moedas ou ainda ao ouro em pó. Ao longo de toda a história, este metal precioso tem sido derretido para remover quaisquer impurezas, incluindo outros metais. O resultado é uma riqueza e poder concentrados e sem mistura na forma de barras de ouro.

2. Mel... favos (v. 10). Davi declara que a Palavra de Deus é mais doce que as comidas mais deliciosas. Note que ele não menciona apenas o mel, mas o mel fluindo dos favos. Durante um bom tempo, no início de sua vida, Davi viveu no deserto e aprendeu a viver da terra. Pergunte a qualquer especialista em sobrevivência hoje, e ele lhe dirá que encontrar um favo de mel é como encontrar um tesouro. Pura energia calórica, na forma mais deliciosa. (Faz a minha boca encher-se de água!) Além do mais, há várias metáforas a considerar a respeito do mel:

- É fornecido através do trabalho de outros; a abelha virtualmente o coloca no nosso prato.
- É um alimento natural que não precisa de um longo período de digestão antes de entrar em ação. O mel fornece uma energia instantânea.
- É de um sabor inigualável. Nada tem uma doçura semelhante à do rico sabor do mel.

Mel — que analogia apropriada! Leia estas três verdades novamente, desta vez tendo a Palavra de Deus em mente.

Através dos esforços de outros, temos a sua Palavra. Ela passa a fazer efeito imediatamente ao entrar no nosso sistema espiritual. E nenhuma outra obra de literatura pode sequer comparar-se com a sua singularidade.

Finalmente, os versículos 11-13 nos falam, de maneiras específicas, que as verdades de Deus operam em nós. Através das Escrituras somos avisados do mal e dos perigos potenciais. O indivíduo que realmente conhece (e aplica!) a sua Bíblia é guardado de vários pecados simplesmente porque crê nos sinais das advertências de Deus. Então, as verdades bíblicas asseguram-nos da recompensa pessoal — "da grande recompensa". Além disso, ela concede-nos discernimento — a capacidade de saber o que é certo e o que é errado. Embora isso possa parecer simples, é um dos sinais mais confiáveis de maturidade, de acordo com Hebreus 5.14. "Mas o mantimento sólido é para os perfeitos, os quais, em razão do costume, têm os sentidos exercitados para discernir tanto o bem como o mal."

A Palavra de Deus também revela o erro, o pecado, a presunção e a transgressão àqueles que ponderam sobre as páginas das Escrituras.

Fortalecendo esta Lição em sua Alma

Você tem se beneficiado do seu conhecimento da Bíblia? Pense em termos práticos, tais como casamento, família, carreira, ética e tomada de decisões. Reveja o Salmo 19 para considerar os "erros" e os pecados "que me são ocultos" (v. 12) assim como a "soberba" (v. 13). Peça ao Senhor que os revele a você esta semana.

Dia 5: Salmo 19

Ouvir com Ouvidos Afinados

Davi resume os seus sentimentos no Salmo 19 com uma breve oração. Na verdade, estas três linhas são umas das mais familiares em todo o livro de Salmos.

> Sejam agradáveis as palavras da minha boca
> E a meditação do meu coração perante a tua face,
> Senhor, rocha minha e libertador meu! (v. 14)

Embora, às vezes, Deus possa parecer calado, a verdade não é que Ele não esteja comunicando-se; é que nós não estamos ouvindo. O fato de nos eximirmos da dor da vida pode ter nos separado das muitas maneiras que Deus usa para expressar o seu amor: através da transformação interior realizada pelo Espírito Santo, através da natureza, através de familiares e amigos atenciosos, através de oportunidades para servir. Ou pode ser que os nossos ouvidos estejam entupidos pela autocompaixão. Ou, em razão de uma fé vacilante, podemos recusar-nos a crer que Deus cuida, ou que continua a demonstrar o seu amor.

O fato é que Deus tem se revelado tão completamente através da sua criação e através das Escrituras, que Ele não precisa falar novamente. No entanto, permanece constantemente envolvido com o seu mundo e com as pessoas que Ele criou. Quando aceitamos o que parece ser verdade, escolhendo crer que Ele não está em silêncio, os nossos ouvidos tornam-se afinados com a sua comunicação constante. Sei que isso é verdade por experiência própria. Quando me vejo sendo vítima da mentira de que Deus está em silêncio, imediatamente volto-me para onde sei, com certeza, que Deus fala: a sua Palavra. Respondo à mentira do mundo posicionando-me ao lado da verdade. Então, com o meu ouvido afinado para ouvir a voz de Deus, eu o encontro comunicando-se de mais maneiras do que eu havia percebido.

Permaneça na Palavra esta semana, meu amigo. Reivindique as bênçãos nelas prometidas — diga a Deus que você deseja ser beneficiado pelo cumprimento das suas promessas. As "palavras da sua boca" e a "meditação do seu coração" assumirão um novo padrão de retidão e poder. Além disso, o Senhor não parecerá mais estar distante de você ou em silêncio em relação à sua vida.

Fortalecendo esta Lição em sua Alma

Ao longo de toda esta semana, procure exemplos da comunicação não verbal de Deus. O Espírito Santo nos dá clareza interior, sempre em conformidade com a Escritura. A natureza carrega as impressões digitais do seu Criador. Os seguidores fiéis de Cristo refletem as seguintes qualidades em suas vidas: "caridade, gozo, paz, longanimidade, benignidade, bondade, fé, mansidão e temperança" (Gl 5.22,23), que são os atributos pessoais de Deus. Mantenha uma mente aberta. Esteja alerta para o que o Senhor deseja mostrar-lhe.

Semana 7 • Salmo 23

A OPRESSÃO DA INCERTEZA

Salmo de Davi

O Senhor é o meu pastor; nada me faltará.
Deitar-me faz em verdes pastos,
guia-me mansamente a águas tranquilas.
Refrigera a minha alma;
guia-me pelas veredas da justiça por amor do seu nome.
Ainda que eu andasse pelo vale da sombra da morte,
não temeria mal algum, porque tu estás comigo;
a tua vara e o teu cajado me consolam.
Preparas uma mesa perante mim na presença dos meus inimigos,
unges a minha cabeça com óleo, o meu cálice transborda.
Certamente que a bondade e a misericórdia
me seguirão todos os dias da minha vida;
e habitarei na Casa do Senhor por longos dias.
(Sl 23)

Dia 1: Salmo 23

A Canção Aflita das Ovelhas Assustadas

Tenho observado que poucas batalhas interiores são mais ferozes que a opressão diária da incerteza. Sem dúvida você também já se deparou com uma ou mais de suas muitas faces ao lutar com a escolha de uma carreira, nova direção na vida, propósito na dor, estabilidade de emprego, pressões financeiras, incapacidades físicas, empecilhos por parte de parentes e uma dezena de outros problemas confusos, não resolvidos rapidamente ou facilmente. Foi para as horas sombrias de incerteza que Davi escreveu uma canção que nós conhecemos como o Salmo 23. Esta breve canção, composta por um ex-pastor de ovelhas, tem conquistado a estima das pessoas em todas as circunstâncias da vida:

- O soldado em batalha, temendo o ferimento e a possível morte
- A viúva em luto, em pé diante de uma sepultura recente, perguntando como poderá dar continuidade à sua vida
- O andarilho culpado buscando perdão e direção
- O estranho solitário ansiando por amor e comunhão
- O santo sofredor amarrado a um leito de dor
- O necessitado e o esquecido
- O deprimido e o desempregado
- O presidiário e o perseguido
- O pródigo e o órfão

Todos têm suportado a opressão diária da incerteza. Quando as provações da vida nos empurram para o limite, e os nossos corações estão muito pesados, este magnífico "Salmo do Pastor de Ovelhas" oferece conforto e tranquilidade, especialmente para aqueles que carecem do sentimento seguro da presença permanente de Deus.

Em razão da popularidade desta canção e das inúmeras verdades que estão escondidas nela, desejaremos passar mais tempo com ela do que temos passado com as outras. Portanto, escolhi não fornecer um esboço formal. Em vez disso, iremos considerar a analogia das ovelhas com os filhos de Deus, o tema de provisão constante do nosso Pastor-Senhor, e uma explicação de cada versículo.

Assim, então, vamos começar com a analogia que está no centro da canção de Davi. O salmo 23 é a canção aflita de uma ovelha assustada, como se ela estivesse analisando a sua vida na companhia de seu pastor, e registrando as suas experiências.

Considere algumas das similaridades entre as ovelhas desamparadas e os fracos filhos de Deus:

1. As ovelhas carecem de um senso de direção. Diferente de gatos e cães, as ovelhas podem se perder facilmente — mesmo no ambiente familiar de seu próprio território. O mesmo acontece com os crentes — não podemos guiar a nós mesmos. Devemos confiar completamente na Palavra de Deus e na voz do nosso Pastor-Salvador.

2. As ovelhas são praticamente indefesas. A maioria dos animais possui um meio de defesa bastante eficiente — garras afiadas; dentes; velocidade; habilidade para se esconder; faro, visão e audição aguçados; grande força; ferocidade. Mas as ovelhas são desajeitadas, fracas e ingênuas; elas têm pernas finas e cascos pequenos, e são lamentavelmente lentas, e nem mesmo possuem um rosnado feroz. Indefesas! A única proteção certa para as ovelhas é o pastor sempre vigilante. O mesmo se aplica ao crente, que é admoestado a ser forte — "no Senhor" (Ef 6.10).

3. As ovelhas são facilmente assustadas. Sendo ingênuas, inexpressivas em estatura, e muito conscientes de sua fraqueza, as ovelhas só encontram conforto na presença de seu pastor, incluindo as suas canções tranquilizadoras à noite. O Salmo 27.1 também se refere a este tipo de relacionamento de Pastor-Senhor que nós temos com Deus.

4. As ovelhas, por natureza, não são limpas. Outros animais lambem-se, raspam-se e rolam na grama para se limparem — mas as ovelhas não. Elas permanecerão indefinidamente sujas a menos que o pastor limpe-as. Nós também somos, por natureza, impuros e sujos. Longe da limpeza do nosso terno Pastor (1 Jo 1.7-9), permaneceríamos perpetuamente sujos.

5. As ovelhas não conseguem encontrar alimento ou água. Enquanto a maioria dos animais possui um aguçado sentido de olfato, as ovelhas dependem completamente de seu pastor. Se deixadas por sua própria conta, elas comerão ervas venenosas e morrerão — e quando uma faz isso, as outras a seguem como líder. Outra vez, como filhos de Deus, somos igualmente dependentes.

6. A lã das ovelhas não pertence às ovelhas. Embora as ovelhas produzam lã, o pastor é o dono da sua lã. Toda produção espiritual genuína na vida dos cristãos pertence ao Senhor. O Senhor, por meio do Espírito Santo, provê toda esta produção. Em todos os sentidos, como você pode ver, somos certamente "povo seu e ovelhas do seu pasto" (Sl 100.3).

Fortalecendo esta Lição em sua Alma

Pouquíssimos de nós, na cultura urbana do século 21, possuem qualquer experiência com ovelhas. Para tirar o máximo desta figura de linguagem, procure localizar algum material educacional — livros, vídeos, recursos da internet, etc. — e aprenda tudo o que puder sobre cuidar de ovelhas. Eu quero lhe avisar, porém, que a analogia não é lisonjeira!

Dia 2: Salmo 23

Sob o Cuidado do Pastor

Como muitas das canções encontradas na Bíblia, o Salmo 23 declara o seu caso no primeiro versículo e simplesmente o confirma no lembrete da canção. O pensamento-chave é o seguinte: Pelo fato do Senhor ser o meu Pastor, não terei falta de nada! Nenhuma incerteza deve assustar-me. Esta é a maneira como o tema do Salmo 23 desenrola-se no equilíbrio da famosa canção de Davi:

Eu não terei falta de descanso ou provisão — por quê?
Deitar-me faz em verdes pastos.
Eu não terei falta de paz — por quê?
Guia-me mansamente a águas tranquilas.
Não terei falta de restauração ou incentivo quando enfraquecer, falhar ou cair — por quê?
Refrigera a minha alma.
Não terei falta de direção ou amizade — por quê?
Guia-me pelas veredas da justiça.
Não terei falta de coragem quando o meu caminho estiver escuro — por quê?
Ainda que eu andasse pelo vale da sombra da morte, não temeria mal algum.
Eu não terei falta de companhia — por quê?
Porque tu estás comigo.
Eu não terei falta de conforto constante — por quê?
A tua vara e o teu cajado me consolam.
Eu não terei falta de proteção ou honra — por quê?
Preparas uma mesa perante mim na presença dos meus inimigos.
Eu não terei falta de poder — por quê?
Unges a minha cabeça com óleo.
Eu não terei falta de abundância — por quê?
O meu cálice transborda.
Eu não terei falta da presença permanente de Deus — por quê?
Certamente que a bondade e a misericórdia me seguirão todos os dias da minha vida.

Eu não terei falta de segurança — por quê?
Habitarei na Casa do Senhor por longos dias.

Versículo 1

O primeiro versículo estabelece o tema da canção. Mas por enquanto quero chamar a sua atenção para duas coisas nesta sentença:

1. Davi refere-se a Deus como "o Senhor". Este nome divino é baseado no verbo hebraico "ser" e deriva da identificação do próprio Deus a Moisés. Ele disse: "EU SOU O QUE SOU" e "Assim dirás aos filhos de Israel: EU SOU me enviou a vós" (Êx 3.14). A ideia aqui é que YHWH é o ser autoexistente, o Deus que realmente existe, em oposição a todos aqueles que não existem.

2. Davi chama YHWH de *"meu Pastor".* Para Davi (a ovelha), Deus era o seu próprio Pastor pessoal. Não meramente o pastor do grande rebanho compreendido por toda a humanidade, mas o pastor que o chama pelo nome e cuida dele como um indivíduo.

Versículo 2

Tendo estabelecido o tema, o compositor começa a desenvolver a figura de linguagem. Ele começa com a figura pastoral da ovelha sob o cuidado do pastor. Tenho aprendido que as ovelhas, sendo animais irracionais, frequentemente ficam alarmadas e, na verdade, atropelam umas às outras, fugindo em disparada de algo que as assusta. O pastor corrige o problema apanhando uma ovelha e, gentilmente, porém, de modo firme, forçando-a a se deitar e se alimentar tranquilamente da relva sob os seus pés. Davi recorda-se de uma ocasião assim ao escrever: "Deitar-me faz".

Em nossa era agitada, apressada e assediada, na qual remédios para dor de cabeça e tranquilizantes tornaram-se os produtos mais vendidos, devemos, de vez em quando, ser levados pelo nosso Pastor-Salvador a nos deitar. Quando entra em nosso mundo de confusão Ele deve, com frequência, forçar-nos a descansar. Se isso tem ocorrido, agradeça — os pastos estão verdes!

Este versículo termina com uma outra figura agradável: "Guia-me mansamente a águas tranquilas". Observe a frase. Literalmente, ela refere-se a águas que foram acalmadas. Mentalmente, capture a cena de paz. As ovelhas estão exaustas. Precisam passar um bom tempo bebendo do rio que corre nas proximidades para se revigorarem. Mas, instintivamente, elas têm medo da água que corre rapidamente. Talvez pensem que se a água atingisse os seus pesados casacos de lã, elas tornar-se-iam encharcadas e afundariam sob a superfície da correnteza. Como resultado, embora cansadas e sob o calor de um dia alucinante, as ovelhas sedentas apenas ficarão de pé e olharão para o rio que corre rapidamente, mas nunca beberão. A incerteza as impede de se refrescarem com o que tanto precisam. O pastor as conduz para águas calmas e pacíficas, onde podem beber sem medo.

Fortalecendo esta Lição em sua Alma

Quem é o seu pastor? Em quem você confia quando se sente apanhado na opressão diária da incerteza? A quem recorre em busca de direção? Um pastor da igreja? Um psicólogo? Um amigo íntimo? O seu treinador? Um sacerdote, um professor ou o líder de um pequeno grupo? Já parou para pensar que eles são meramente ovelhas, assim como você?

Dia 3: Salmo 23

O Pastor Refrigera

Sendo um ex-pastor que outrora mantinha vigilância sobre os rebanhos no deserto, o compositor do Salmo 23 compreendia a natureza das ovelhas, incluindo os seus maus hábitos de vagarem sem direção. Quando uma é atraída por uma vegetação que está longe do rebanho, ela distancia-se e, às vezes, é seguida por várias outras ovelhas desgarradas. Logo a noite cai. Espreitando na escuridão estão lobos famintos, selvagens de quatro patas procurando um jantar de carne de cordeiro! O pastor conta as suas ovelhas, chamando cada uma pelo nome.

Versículo 3

A canção inclui a seguinte frase: Ele "refrigera a minha alma". Isso diz respeito à restauração. O termo é livremente baseado na ideia de arrependimento — um "retorno" — que não é realizado pela ovelha, mas pelo Pastor. Percebendo a falta de uma ovelha, o pastor sai para "restaurar" ou "trazer de volta" aquele membro de seu rebanho que está vagando sem direção, chamando-o pelo seu nome e aguardando, em resposta, um balido vindo do deserto. A ovelha desgarrada é restaurada ao grupo, mesmo contra a sua vontade.

Às vezes, uma jovem ovelha em particular adquire o hábito de vagar sem direção. Por diversas vezes o pastor terá que sair para procurar a ovelha desgarrada. Se isso acontecer com muita frequência, o pastor arrebatará o cordeiro do meio dos cardos e cactos, segurando-o bem junto a si, e de forma abrupta quebrará uma de suas pernas. Ele fará uma tala para a perna quebrada e carregará a ovelha — antes desobediente — sobre os seus ombros. O que se espera é que, durante o período de recuperação, a ovelha aprenda a não se afastar e a depender completamente do seu pastor.

Finalmente, o versículo 3 promete direção. Observe a última parte deste versículo. Literalmente, significa: "Ele guia-me nas trilhas corretas por amor do seu nome".

O pastor palestino era um mestre em identificar trilhas. Muitas marcas e trilhas espalhavam-se pelo terreno acidentado. Algumas eram feitas por animais do deserto; outras por ladrões que ficavam deitados à espreita. O vento também deixava a sua "marca" sutil na areia. Para os olhos não treinados das ovelhas, todas elas pareciam iguais — como trilhas reais. Mas não levavam a lugar algum. As ovelhas eram suficientemente sábias para seguirem apenas o seu pastor, que sempre as guiava pelas "veredas da justiça". Afinal, era a reputação do pastor que estava em jogo: "por amor do seu nome".

Versículo 4

O tom muda na segunda metade do Salmo 23, mas não o Pastor! Das encostas verdejantes e férteis e dos ribeiros borbulhantes dos versículos 2 e 3, somos mergulhados imediatamente no "vale da sombra da morte" — literalmente traduzido como o "vale da escuridão profunda". Como isso combina com o versículo 3? Observe que o versículo 3 promete que o nosso Pastor-Salvador nos guia pelas "veredas da justiça". O versículo 4 está simplesmente dizendo que uma destas veredas ou caminhos leva para baixo, terminando em um vale íngreme. Há uma razão para isso.

No início do ano, os rebanhos pastam calmamente nas planícies, mas quando o sol de verão começa a derreter a neve das altas montanhas, o pastor conduz o seu rebanho para uma pastagem melhor, acima. Este trajeto inevitavelmente inclui alguns caminhos perigosos, cheios de incertezas e paisagens temerosas. O caminho é escuro, desconhecido e difícil. As árvores periodicamente eclipsam a luz do sol, e há serpentes enroladas esperando para atacar, bem como lobos famintos espreitando nas sombras. Mas as ovelhas, caminhando ao lado do seu pastor, estão seguras porque o pastor está perto, mostrando o caminho, completamente ciente do caminho situado ao longo do vale. Tal cenário era tão familiar para Davi quanto uma partitura para o maestro de uma orquestra. O antigo pastor que se tornou rei examina mentalmente aqueles dias do passado quando era um jovem no deserto, cuidando do rebanho de seu pai, e se imagina como uma ovelha dizendo algo como: "Ainda que eu andasse pelo vale da escuridão profunda..."

Como ovelhas de Deus, às vezes somos guiados por Ele pelo vale da escuridão, onde há medo, perigos, incertezas e o inesperado... até mesmo a morte. Ele sabe que a única maneira de podermos alcançar os lugares mais elevados da experiência e da maturidade cristãs não é estarmos no *playground* da prosperidade, mas na sala de aula do sofrimento. Ao longo dos vales escuros, estreitos, apertados e desconfortáveis da dificuldade nós aprendemos muito! Mantemos a nossa coragem simplesmente porque o nosso Pastor está nos guiando ao longo do caminho. Talvez fosse isto que o escritor tinha em mente quando nos exortou a nos mantermos "... olhando para Jesus... Considerai, pois, aquele... para que não enfraqueçais, desfalecendo em vossos ânimos" (Hb 12.2,3).

Note que o salmista diz que, porque "Tu estás comigo", ele é impedido de sentir medo. Anote isso, meu amigo. Não há experiência, ou vale (não importa quão severo ou incerto seja) que devamos percorrer sozinhos.

Observe o que dá conforto a Davi. Ele lembrou-se das ferramentas do seu antigo trabalho: a vara e o cajado. A vara do pastor era um símbolo de seu poder. Na verdade, era um bastão de carvalho com cerca de sessenta centímetros de comprimento. Era usada para defender o rebanho contra os animais selvagens. A ponta desta vara era redonda, geralmente talhada a partir do nó de uma árvore — na qual o pastor fixava pedaços afiados de metal. Este bastão pesado poderia matar facilmente um leão ou um urso, ou mesmo um ladrão escondido que ameaçaria a segurança das ovelhas.

O cajado do pastor era o seu gancho; era curvado em uma das extremidades. Ele fornecia ao pastor um instrumento com o qual poderia soltar uma ovelha presa em um arbusto, empurrar para os lados galhos que surgissem ao longo do caminho estreito, e puxar ovelhas desgarradas para fora de buracos em que elas tivessem caído. Ele também o usava para bater em matos altos, a fim de espantar cobras e animais selvagens. Assim como a vara, o cajado era um símbolo do poder e da força do pastor. As ovelhas confortavam-se na força do seu pastor.

Fortalecendo esta Lição em sua Alma

De que maneiras você "se afasta" de um relacionamento fiel com Deus? Descreva o tipo de relacionamento que teria com o Senhor se Ele não o "refrigerasse" continuamente. Por que você acha que Deus faz isso pelo seu povo?

Dia 4: Salmo 23

O Pastor Provê Abundantemente

Quando a canção das ovelhas termina, Davi abandona abruptamente a analogia para considerar a sua própria experiência com Deus, tanto como um homem simples que precisa de um Salvador, quanto como um rei que precisa da direção divina.

Versículo 5

Nenhuma ovelha jamais comeu em uma "mesa" literal preparada para ela. Somos abruptamente transportados dos verdes pastos, do vale e da encosta acidentada para "uma mesa" na presença do inimigo. Embora o cenário tenha mudado, Davi ainda tem a analogia em mente. A experiência comum de um pastor com o seu rebanho nos ajudará a entender. Preciso agradecer a Charles W. Slemming pela ajuda com este versículo. Ele fez uma obra-prima em seus escritos a respeito dos pastores de ovelhas no Oriente Médio.

Neste caso fala do pastor que chega a um campo novo no qual planeja fazer o seu rebanho pastar. O pastor não apenas as solta; ele inspeciona o campo à procura de víboras — pequenas cobras marrons que vivem no subsolo. Elas frequentemente saem dos seus pequenos buracos e atacam as ovelhas em seus narizes. Às vezes, a picada destes inimigos naturais causa uma inflamação que pode, ocasionalmente, matar a ovelha atingida.

Conhecendo esse perigo, o pastor impede que as suas ovelhas entrem em um campo novo (que pode estar infestado) até que ele possa inspecioná-lo. Ele anda de um lado a outro, procurando os pequenos buracos. Ao achar estes buracos, toma uma garrafa de óleo grosso de seu cinto. Então, abaixando o mato comprido com o seu cajado, derrama um círculo de óleo na parte superior de cada buraco de serpente. Antes de conduzir as ovelhas para o campo novo e verdejante, também espalha o óleo sobre a cabeça de cada ovelha — nesse sentido ele as "unge" (esfregando a cabeça delas) com o seu óleo. Quando as serpentes escondidas sob a superfície sentem a presença das ovelhas e tentam atacá-las a partir dos seus buracos, são incapazes de fazer isso. Seus corpos lisos não conseguem passar sobre o óleo escorregadio — elas tornam-se prisioneiras dentro de seus próprios buracos. O óleo na cabeça das ovelhas também age como um repelente, de forma que se uma serpente conseguir aproximar-se, o cheiro a afastará. Portanto, em um sentido muito literal, ungindo a toca das serpentes, o pastor preparou a mesa — a campina — e as ovelhas podem pastar em meio à abundância na presença do inimigo.

Não devemos ignorar a expressão "O meu cálice transborda". Isso não se refere a óleo, mas a água. Novamente, Davi recorda a sua experiência no deserto provendo água fresca do poço para o seu rebanho. Quando não havia rios, um pastor saciava a sede de seu rebanho ao lado de um poço — muito raro no deserto. Alguns poços eram profundos — com cerca de três metros até a água. Para tirar a água, o pastor usava uma corda comprida com um balde de couro na extremidade. Visto que a capacidade do balde era menos de três litros e meio e este tinha que ser puxado pela mão e então derramado em uma bacia de pedra ao lado do poço, o processo era demorado e trabalhoso. Se o rebanho tivesse cem ovelhas, o pastor poderia, facilmente, gastar duas horas ou mais para permitir que elas bebessem tudo o que desejassem. Somente um pastor bondoso e atencioso satisfaria as suas ovelhas sedentas com uma bacia transbordante.

Como o nosso Pai provê ricamente! Que generosidade! Que abundância! Efésios 3.20 descreve o nosso Pastor-Deus como aquEle que faz "tudo muito mais abundantemente além daquilo que pedimos ou pensamos". Não escassamente, mas abundantemente!

Gosto do modo como Haddon Robinson expressa este pensamento:

> Com Ele o bezerro é sempre o bezerro cevado; a túnica é sempre a melhor túnica; a alegria é indescritível; e a paz ultrapassa a compreensão. Não há má vontade na bondade de Deus. Ele não mede a sua bondade em gotas

como um farmacêutico que prepara uma receita. Ela vem até nós em enchentes. Se ao menos pudéssemos reconhecer a abundância generosa das suas dádivas, que diferença isso faria em nossas vidas! Se cada refeição fosse recebida como uma dádiva da sua mão, ela seria quase um sacramento.[2]

Que Deus possa nos dar uma nova percepção da extraordinária abundância que Ele provê. De fato, o nosso cálice transborda. A graça superabunda!

Fortalecendo esta Lição em sua Alma

Enquanto você reflete na sua fidelidade como um membro do rebanho de Deus, o que você merece? Agora faça um inventário mental das suas bênçãos, incluindo relacionamentos, dinheiro, bens, seu padrão de vida — tudo. Tome alguns momentos para expressar a sua resposta a Deus em oração.

Dia 5: Salmo 23

O Pastor Garante o Futuro

Quando Davi chega ao encerramento da sua canção das ovelhas, tendo refletido no cuidado fiel do Senhor ao longo de toda a sua vida, ele então considera o seu futuro.

Versículo 6

Em seu livro *The Shepherd Psalm*, F. B. Meyer refere-se à "bondade e à misericórdia" como a nossa "escolta celestial".[3] Outro comentador sugere que estes são os "cães pastores de Deus", sempre perto do seu rebanho, sempre beliscando os nossos calcanhares, sempre disponíveis.[4] Talvez esta seja uma analogia apropriada, especialmente quando consideramos que eles nos "seguem". Pelo fato de sermos "propensos a vagar, propensos a deixar o Deus que amamos", Ele envia os seus companheiros fiéis atrás de nós — a bondade e a misericórdia — a bondade e a mansidão. O nosso Senhor trata-nos de forma extremamente bondosa e misericordiosa. Que diferença entre Deus e o homem! Deixe que o homem busque uma alma desobediente e frequentemente há amargura, vingança e impaciência em seus passos, especialmente se a busca for demorada. Mas com Deus há bondade e benignidade.

Estou convencido de que uma das razões do filho pródigo ter "caído em si" e finalmente retornado para casa foi o tipo de pai que ele tinha. Não há ímã de mais forte atração do que o amor genuíno. O amor já trouxe de volta mais desgarrados, e já amoleceu o maior número de corações endurecidos que este mundo já viu. É apropriado então que "todos os dias" da nossa vida você e eu sejamos seguidos pela bondade e pela misericórdia de Deus. Deus sabe o que melhor fará o trabalho! Como são variados os métodos do nosso Senhor.

Anote isso, meu amigo, Deus sabe como lidar com os seus filhos. Mais especificamente, Ele sabe como lidar com você. Os seus cuidados seguem-no todos os dias da sua vida. As suas circunstâncias nesse exato momento fazem parte do plano dEle para a sua vida.

Esta canção maravilhosa termina com um pensamento familiar e consolador: "Habitarei na Casa do Senhor por longos dias". O salmista está referindo-se mais a uma pessoa não a um lugar. Note que o Salmo 23 começa e termina com "o Senhor". Davi ansiava por estar na casa do seu Senhor, porque então ele poderia estar na presença do seu Senhor.

Veja bem, o objetivo final no coração de Davi era um relacionamento face a face com seu Senhor, para sempre. Em vez de uma vaga incerteza, tinha confiança. Nós, cristãos, desfrutaremos um relacionamento eterno com Deus no momento em que dermos o nosso último suspiro na terra. Que garantia!

Isso é exatamente o que Jesus Cristo promete àqueles que creem nEle... não meramente "Eu espero que sim", mas "Eu sei!" Nele verdadeiramente temos tudo aquilo de que precisamos.

Fortalecendo esta Lição em sua Alma

Você tem se sentido incerto ultimamente, talvez um pouco inseguro sobre o futuro? Você conhece alguém que pode estar se sentindo do mesmo modo? Reveja o Salmo 23 e então pegue o telefone e encoraje a pessoa com aquilo que você descobriu nesta canção das ovelhas. Talvez você se surpreenda com o estímulo que *você* receberá.

Semana 8 • Salmo 26

A OPRESSÃO DA INJUSTIÇA

Salmo de Davi

Julga-me, Senhor, pois tenho andado em minha sinceridade;
tenho confiado também no Senhor; não vacilarei.
Examina-me, Senhor, e prova-me;
esquadrinha a minha mente e o meu coração.
Porque a tua benignidade está diante dos meus olhos;
e tenho andado na tua verdade.
Não me tenho assentado com homens vãos,
nem converso com os homens dissimulados.
Tenho aborrecido a congregação de malfeitores;
não me ajunto com os ímpios.
Lavo as minhas mãos na inocência;
e assim andarei, Senhor, ao redor do teu altar,
para publicar com voz de louvor
e contar todas as tuas maravilhas.
Senhor, eu tenho amado a habitação da tua casa
e o lugar onde permanece a tua glória.
Não colhas a minha alma com a dos pecadores,
nem a minha vida com a dos homens sanguinolentos,
em cujas mãos há malefício,
e cuja mão direita está cheia de subornos.
Mas eu ando na minha sinceridade;
livra-me e tem piedade de mim.
O meu pé está posto em caminho plano;
nas congregações louvarei ao Senhor.
(Sl 26)

Dia 1: Salmo 26

Injustiçado, Mal Julgado e Caluniado

Se me pedissem para dar um título popular a esta canção, ele seria: "Como fazer o que é Certo quando você é injustiçado". Todos nós temos sido "injustiçados", não temos? Talvez isdso descreva a sua circunstância neste exato momento: uma situação intolerável no trabalho; um marido, esposa, pai ou mãe, um filho ou filha que tira alguma vantagem injusta de você, mesmo tendo sido tratado com bondade; um amigo que se virou contra você por causa de um mal-entendido a respeito de algo que você fez com a mais pura intenção. Estes sentimentos oprimem e tiram a nossa paz de forma tão severa que perguntamos a nós mesmos se conseguiremos continuar. Seja qual for a injustiça que você esteja tendo que suportar, por favor, aceite esta dupla advertência: Não se torne uma pessoa amarga... Não deixe que isso estrague o seu relacionamento com Deus!

Davi declara, nas frases de abertura desta antiga composição, que ele foi vítima de alguma injustiça imerecida — seguida por sua determinação de confiar no Senhor, dizendo: "não vacilarei". Leia o primeiro versículo novamente, porém desta vez mais devagar, para sentir o que está por trás dele:

> Julga-me Senhor, pois tenho andado em minha sinceridade;
> Tenho confiado também no Senhor; não vacilarei.

Frase descritiva, "não vacilarei". O verbo hebraico significa "escorregar, deslizar, cambalear, balançar". Davi diz que apesar da dolorosa opressão da injustiça que suportava, ele decidiu confiar no seu Senhor e não esmorecer nem deslizar para debaixo do fardo! Isso explica por que ele começa o salmo com um apelo tão emocional: "Julga-me Senhor". Veja bem, ele mesmo admitiu de forma honesta que não havia feito algo para merecer a injustiça; embora não fosse perfeito, ainda estava andando em retidão. Isso não era orgulho; ele estava declarando um fato ao seu Senhor. Ao prosseguir, revê as resoluções específicas que o mantiveram de pé enquanto suportava ataques injustos.

Fortalecendo esta Lição em sua Alma

Pense na última vez em que você foi injustiçado, mal julgado, ou caluniado, mesmo não tendo feito absolutamente nada de errado. Como você reagiu? A sua reação melhorou ou piorou o problema? Como isso afetou o seu relacionamento com Deus?

Dia 2: Salmo 26

Aberto Diante de Deus

Enquanto Davi suportava um tratamento injusto apesar de fazer o que era certo, ele orou a Deus nos versículos do Salmo 26. Ao lermos as suas palavras cheias de angústia, descobrimos seis decisões que Davi tomou que o impediram (e nos impedirão) de escorregar para a amargura e para o ressentimento durante os tempos de injustiça.

1. Decisão: Eu estarei aberto diante do Senhor (v. 2). De três maneiras diferentes Davi convida o Senhor a avaliar o seu ser interior: "Examina... prova... esquadrinha". Estes três termos representam três termos hebraicos diferentes. O primeiro é *bachan*, significando "examinar, provar, investigar". É claramente retratado em Salmos 139.23,24 pela palavra "sonda".

Sonda-me, ó Deus, e conhece o meu coração;
prova-me e conhece os meus pensamentos.
E vê se há em mim algum caminho mau
e guia-me pelo caminho eterno.

O salmista está pedindo a Deus para "fazer um exame" do seu ser interior, "investigá-lo" por completo.

O termo seguinte, traduzido como "prova", no versículo 2, é o hebraico *nasah*, que significa "testar, tentar, provar". Deuteronômio 8.2 usa uma forma enfática do termo verbal para denotar "um teste intensivo":

> E te lembrarás de todo o caminho pelo qual o Senhor, teu Deus, te guiou no deserto estes quarenta anos, para te humilhar, *para te tentar*, para saber

o que estava no teu coração, se guardarias os seus mandamentos ou não. (Ênfase minha.)

Deus colocou os israelitas em um teste intensivo de quarenta anos para que a verdadeira condição dos seus corações pudesse ser exposta. O Senhor não fez isso para que *Ele* pudesse conhecer a condição do coração deles, mas para que *eles* examinassem os seus motivos e intenções... e então se arrependessem!

O terceiro termo, traduzido como "esquadrinha" no versículo 2 é, no entanto, outro verbo hebraico: *tzahraf*. Este é um termo vívido! Ele significa literalmente "fundir, refinar, testar". Nas trinta e duas vezes em que é usado no Antigo Testamento, ele aparece na forma verbal; vinte e duas dessas vezes ele é ligado com a atividade de refinar ouro ou prata para remover impurezas.

Você compreende o princípio? Quando a injustiça surgir em seu caminho, abra-se diante de Deus. Convide-o (1) a fazer uma busca e exame interno da sua vida com o propósito de determinar o seu caráter, (2) a realizar um processo intensivo e profundo de revelar *a você* a condição real do seu coração e (3) a refinar você, e no processo, remover quaisquer impurezas.

Embora você possa não ter provocado a injustiça através do pecado, a sua reação pode tornar-se um pecado. Para manter a sua comunhão íntima com Deus, receba abertamente a sua cirurgia divina no mais íntimo do seu ser. Decida aceitar a injustiça que surgir em seu caminho como uma oportunidade para se tornar cada vez mais transparente e puro diante do Senhor. Peça a Ele uma inspiração — uma revelação completa da sua pessoa, do seu ser interior.

2. Decisão: Eu me lembrarei do seu amor e continuarei a obedecer a sua palavra (v. 3). Davi escreveu: "Porque a tua benignidade está diante dos meus olhos, e tenho andado na tua verdade" (Sl 26.3). Esta declaração sugere duas tentações muito sutis, embora comuns, que ocorrem quando a injustiça surge em nosso caminho: primeiro, duvidar do amor de Deus; e, segundo, desviar-se em direção à desobediência.

Davi declara: "a tua benignidade está diante dos meus olhos". Ele decidiu olhar qualquer coisa que surgisse diante dos seus olhos através do filtro da benignidade de Deus. Então, para que não caísse na tentação comum, embora repulsiva, de retaliar, ele decide andar na verdade de Deus. Você vê isto? Está bastante claro que os olhos de Davi estão no *amor* do Senhor por ele... e o seu guia através do labirinto da injustiça (que de outra forma seria muito confuso), é a *verdade* do Senhor.

Você está ciente da melhor prova de amor? Esta prova é a obediência. O nosso Senhor nos lembra disso em João 14.15,21,23:

> "Se me amardes, guardareis os meus mandamentos." (v. 15)
>
> "Aquele que tem os meus mandamentos e os guarda, este é o que me ama; e aquele que me ama será amado de mau Pai, e eu o amarei e me manifestarei a ele." (v. 21)
>
> Jesus respondeu e disse-lhe: "Se alguém me ama, guardará a minha palavra, e meu Pai o amará, e viremos para ele e faremos nele morada." (v. 23)

Se você confia que Deus realmente ama você, não duvidará nem se desviará em sua reação. Em vez disso, encontrará grande prazer em agradá-lo. Não há nada como o amor para nos motivar interiormente.

Fortalecendo esta Lição em sua Alma

Por que "estar aberto diante de Deus" é tão difícil quando você é tratado injustamente pelos outros? Qual é o seu maior desafio para "se lembrar do seu amor e continuar a obedecer a sua Palavra" durante os tempos de injustiça? Às vezes, a perspectiva de um amigo pode ajudar-nos naquilo em que falhamos. Peça a alguém próximo para orar com você e lhe ajudar a permanecer responsável enquanto abraça estas decisões.

Dia 3: Salmo 26

Uma Atitude de Gratidão

O rei Davi conhecia a dor aguda do tratamento injusto tanto quanto qualquer outra pessoa na história. Para impedir que a injustiça prejudicasse o seu relacionamento com Deus, ele colocou seis resoluções em uma canção. Tendo se comprometido a permanecer aberto diante do Senhor e de se lembrar do seu amor, Davi empenhou-se em deixar que Deus fosse o juiz do pecado dos outros.

3. Decisão: Eu não cederei à tentação de me vingar (vv. 4,5).

Não me tenho assentado com os homens vãos,
Nem converso com os homens dissimulados.
Tenho aborrecido a congregação dos malfeitores;
Não me ajunto com os ímpios. (vv. 4,5)

Esta questão de envolver-se com as pessoas erradas é um subproduto da atitude de duvidar e se desviar. Ficamos especialmente vulneráveis a esta armadilha quando somos injustiçados. Você sempre achará um grupo de pessoas que ficará do seu lado, estimulando a transigência e a rebelião — aqueles que dizem: "Por que tolerar isso? Você merece justiça; então, vingue-se. Revide!"

Considere a situação difícil de Davi. Talvez tenha sido quando Saul passou a caçá-lo por inveja. Davi não merecia um tratamento tão injusto. Com certeza tinha amigos bem-intencionados que o encorajaram a retaliar, a "revidar" em relação a Saul. Em mais de uma ocasião intencionalmente resistiu à tentação de vingar-se, embora alguns de seus amigos o incentivassem a fazê-lo. Davi sentia que se o Senhor era capaz de protegê-lo, também era capaz de lidar com os seus inimigos. (Este seria um bom momento para parar e ler 1 Sm 24.1-20 e 26.6-12).

Então, outra vez, Davi pode ter escrito esta canção enquanto atravessava o tormento daqueles dias tumultuados quando seu filho favorecido, Absalão, conspirou contra ele e injustamente tomou dele o trono de Israel (2 Sm 15.1-6). O resultado? Davi foi obrigado a fugir para salvar a própria vida. Sabiamente, embora injustiçado, nunca tentou "revidar" nem "retaliar" em relação ao seu filho, nem ceder à retórica vingativa dos homens que estavam ao seu redor.

Talvez você tenha sido vítima de um conselho insensato de amigos errados. Nas palavras do Salmo 26, quando isso acontece você "assenta-se com homens vãos (desprezíveis)" e "conversa com homens dissimulados (hipócritas)". Pare e reflita sobre as palavras de 1 Coríntios 15.33: "Não vos enganeis: as más conversações corrompem os bons costumes". Como isso é verdadeiro! Você não pode identificar-se com amigos errados e sair ileso. O ponto é claro: não deixe que a injustiça faça com que você volte-se para pessoas ímpias ou adote o modo delas de lidar com as coisas. Pode parecer lógico, mas revidar (ou retaliar) frequentemente produz efeitos negativos, e isso nunca glorifica a Deus!

4. Decisão: Eu manterei uma atitude positiva (vv. 6,7).

Lavo as minhas mãos na inocência;
e assim andarei, Senhor, ao redor do teu altar,
para publicar com voz de louvor
e contar todas as tuas maravilhas.

Davi preocupava-se em fazer com que o seu coração permanecesse correto. Portanto, em sua canção, refere-se a "lavar as mãos" e ficar perto do altar de Deus. Estas são figuras de linguagem familiares aos judeus. Em Êxodo 30.17-21, a pia (bacia) de cobre que pertencia ao Tabernáculo é mencionada. Ela era usada para a lavagem das mãos e dos pés dos sacerdotes antes de se aproximarem do altar para ministrar. Se eles falhassem em se lavar, estariam arriscando-se a morrer!

Em sua canção sobre a injustiça, Davi toma este princípio muito importante e sério e o aplica à sua situação. Ele permaneceu muito perto de seu Senhor nesse momento, certificando-se de que os seus pecados tinham sido confessados, e que a atitude do seu coração estava purificada. Agindo assim, permaneceu puro e positivo. Isso não garantia, porém, que a injustiça terminasse imediatamente. Considere Salmos 73.13,14. Nele, o compositor admite o perigo interior causado pela injustiça.

Na verdade que em vão tenho purificado o meu coração
e lavado as minhas mãos na inocência.
Pois todo o dia tenho sido afligido
e castigado cada manhã.

Não pensemos que uma vida limpa e clara é imediatamente abençoada com circunstâncias agradáveis. Mas tenha a certeza de que manter o relacionamento adequado com o Senhor ainda é a melhor maneira de suportar a injustiça. No final, essa atitude é recompensada.

Também note que o Salmo 26.7 refere-se a uma atitude de ação de graças. Davi, na verdade, proclamou palavras de ação de graças a Deus por ter sido injustiçado. Isso não é admirável? Isso é que é uma atitude positiva! O teste crucial de dar graças em tudo (1 Ts 5.18) dá-se quando sofremos injustiças. Este é o teste supremo da nossa atitude de gratidão. Há uma grande tentação de nos esquecermos de dar graças a Deus pelo privilégio de sermos o exemplo do Senhor para os outros quando somos "injustiçados". Aprenda a responder primeiro com um genuíno "Obrigado, Senhor", quando algum ataque imerecido surgir em seu caminho. Se fizer isso, será singular. Além disso, uma atitude positiva limpa as nossas mentes dos detritos desnecessários, do lixo mental que nunca falha em contrariar todos os conselhos das Escrituras.

Fortalecendo esta Lição em sua Alma

Recusar-se a se vingar enquanto mantém uma atitude positiva é, literalmente, uma façanha sobre-humana. Quais são algumas maneiras práticas pelas quais alguém pode buscar e receber a ajuda de Deus? De que modo os amigos corretos podem ajudar alguém a viver esta decisão constantemente?

Dia 4: Salmo 26

Permanecendo Fiéis e Unidos

Em sua oração por proteção enquanto suportava a injustiça, Davi não pedia meramente ajuda a Deus; a canção do rei incluía vários compromissos de sua parte.

5. Decisão: Eu serei fiel na adoração pública (v. 8).

Senhor, eu tenho amado a habitação da tua casa
e o lugar onde permanece a tua glória.

Quando lemos este versículo, podemos entender por que Davi era conhecido como "um homem segundo o coração de Deus". Mesmo enquanto estava sob uma pressão terrível, sentindo-se mais como um saco de pancadas do que como um filho do Senhor, ele permaneceu fiel ao local em que podia sentir a glória de Deus — o Tabernáculo (v. 8). Você deve fazer uma pausa e ler três breves declarações de três Salmos antigos: 27.4, 65.4 e 84.10. Para ele, a adoração não era um hábito religioso, não era um processo ritualista e enfadonho; era algo essencial, algo vital. Quando suportava a injustiça, Davi olhava para cima em adoração.

Infelizmente, vivemos em uma época em que o valor e a necessidade da adoração pública não são enfatizados. Percebo que algumas igrejas têm falhado em apontar ao adorador o Cristo vivo e em ensinar a sua Palavra maravilhosa. Mas isso não significa que todas as igrejas e todas as reuniões de adoração pública devam ser ignoradas! Hebreus 10.23-25 não nos deixa opção; devemos nos reunir com o propósito de um estímulo mútuo, visando a expressão de amor e boas obras... se não o fizermos para nada mais, devemos fazê-lo para dar incentivo pessoal! Isso é muito importante quando estamos sofrendo injustiças. Precisamos uns dos outros. Amigo cristão, não negligencie esta expressão saudável da sua fé que foi ordenada por Deus.

Deixe-me acrescentar mais um pensamento: mostre-me um crente que negligencia constantemente os cultos regulares de uma igreja que prega e ensina fielmente a Palavra, e eu mostrarei a você alguém cujo "fio de corte" nas coisas espirituais está ficando "cego" — alguém que está desgastando-se, espiritualmente falando. A partir da minha leitura do livro de Atos, detecto que os crentes saudáveis, embora perseguidos, ansiavam absolutamente por todas as oportunidades de se reunirem e de adorarem juntos — mesmo escondidos. Que exemplo saudável a se seguir!

Fortalecendo esta Lição em sua Alma

Por que você acha que adorar a Deus é tão encorajador quando as provações da vida se intensificam? Por que pensar em Deus, em vez de pensarmos em nós mesmos, é tão útil? Por que você acha que é importante adorar juntamente com outros crentes?

Dia 5: Salmo 26

Esperando com Paciência

Ao concluir a sua canção sobre a dor opressora do tratamento injusto e as suas respostas escolhidas, Davi então se compromete com a paciência.

6. Decisão: Eu suportarei pacientemente e esperarei por alívio (vv. 9-12).

Não colhas a minha alma com a dos pecadores,
nem a minha vida com a dos homens sanguinolentos,
em cujas mãos há malefício,

e cuja mão direita está cheia de subornos.
Mas eu ando na minha sinceridade;
livra-me e tem piedade de mim.
O meu pé está posto em caminho plano;
nas congregações louvarei ao Senhor.

Há alguma coisa na natureza humana que nos leva a pular com os dois pés e resolver as coisas rapidamente. Nesta seção de sua canção, Davi sugere que esta era a atitude daqueles que estavam ao seu redor. A maioria deles dizia que "não suportaria uma coisa destas". Todo tipo de "malefícios" e mãos "cheias de subornos" eram executados pelos outros. Mas não por Davi! Ele excluiu-se com a frase "Mas eu". Em hebraico, o pronome é extremamente enfático: "Mas eu... quanto a mim!"

Ele queria que ficasse bem claro que, diferentemente da maioria, não entraria em pânico nem se envolveria naquelas ansiedades carnais e atividades de autojustificação que produzem úlceras. De modo algum! O que ele diz? "eu ando na minha sinceridade". E assim ele invoca a Deus para agir em seu favor. Há uma calma, uma confiança tranquila nestas palavras.

- Quanto ao meu curso atual: "Eu ando na... sinceridade".
- Quanto à minha defesa: "Livra-me... tem piedade de mim".
- Quanto aos meus sentimentos mais profundos: "O meu pé está posto".

Que estabilidade! Que paciência admirável! Que certeza e fé! Sem noites sem dormir, sem dúvidas conflitantes — apenas a espera paciente.

Olhe outra vez para o termo "livra". O hebraico é *padah*, significando "resgatar, livrar". É um termo de alívio — como se estivesse no exílio. Ele transmite a ideia de livrar alguém de uma angústia terrível e até da morte. E não perca a intrigante frase do versículo 12: "O meu pé está posto em caminho plano". A expressão "caminho plano" vem de um único termo hebraico, *mishore*, que pode ser identificado com o verbo *yashar*, significando algo "liso, reto". O primeiro termo, *mishore,* significa "campo plano, uma planície". Ele transmite a ideia de um lugar que possui uma vista alta e dominante, um amplo alcance de visão em contraste com um lugar baixo em um profundo desfiladeiro todo fechado.

Você compreende o contexto? Davi está satisfeito em esperar tranquilamente no Senhor e permanecer centrado. Enquanto espera que Deus o livre, mantém uma perspectiva panorâmica; ele é capaz de enxergar todo o processo a partir do ponto de vista de Deus, e não de sua própria perspectiva humana limitada. Em resumo, é capaz de manter a sabedoria.

Você pode antecipar a aplicação. Quando esperamos pacientemente pelo livramento do Senhor, somos capazes de permanecer calmos, objetivos e sábios em meio à injustiça. Podemos confiar que o nosso amado Senhor terá misericórdia de nós e nos livrará no momento certo. Durante o tempo todo, esperar capacita-nos a manter a perspectiva dEle.

Olhe outra vez para as seis decisões de Davi que ajudarão a tornar a injustiça suportável:

1. Estarei aberto diante do Senhor.
2. Eu lembrar-me-ei do seu amor e continuarei a obedecer a sua Palavra.
3. Não cederei à tentação de me vingar.
4. Manterei uma atitude positiva.
5. Serei fiel na adoração pública.
6. Suportarei pacientemente, permanecerei centrado e esperarei por alívio.

Fortalecendo esta Lição em sua Alma

Você está em paz com cada decisão, ou precisa chegar a um acordo com uma ou duas? Conhece alguém que, nesse exato momento, esteja suportando a opressão da injustiça? Se sim, por que não escrever um bilhete de encorajamento? Ou, melhor ainda, procure marcar uma hora com esta pessoa para consolá-la pessoalmente.

Semana 9 • Salmo 27

A OPRESSÃO DO MEDO

Salmo de Davi

O Senhor é a minha luz e a minha salvação;
a quem temerei?
O Senhor é a força da minha vida;
de quem me recearei?
Quando os malvados, meus adversários e meus inimigos,
investiram contra mim, para comerem as minhas carnes,
tropeçaram e caíram.
Ainda que um exército me cercasse,
o meu coração não temeria;
ainda que a guerra se levantasse contra mim,
nele confiaria.
Uma coisa pedi ao Senhor e a buscarei:
que possa morar na Casa do Senhor todos os dias da minha vida,
para contemplar a formosura do Senhor e aprender no seu templo.
Porque no dia da adversidade me esconderá no seu pavilhão;
no oculto do seu tabernáculo me esconderá;
pôr-me-á sobre uma rocha.
Também a minha cabeça será exaltada
sobre os meus inimigos que estão ao redor de mim;
pelo que oferecerei sacrifício de júbilo no seu tabernáculo;
cantarei, sim, cantarei louvores ao Senhor.
Ouve, Senhor, a minha voz quando clamo;
tem também piedade de mim e responde-me.
Quando tu disseste: Buscai o meu rosto,
o meu coração te disse a ti:
O teu rosto, Senhor, buscarei.

Não escondas de mim a tua face
e não rejeites ao teu servo com ira;
tu foste a minha ajuda; não me deixes,
nem me desampares, ó Deus da minha salvação.
Porque, quando meu pai e minha mãe me desampararem,
o Senhor me recolherá.
Ensina-me, Senhor, o teu caminho
e guia-me pela vereda direita,
por causa dos que me andam espiando.
Não me entregues à vontade dos meus adversários,
pois se levantaram falsas testemunhas contra mim,
e os que respiram crueldade.
Pereceria sem dúvida, se não cresse que veria
os bens do Senhor na terra dos viventes.
Espera no Senhor, anima-te, e ele fortalecerá o teu coração;
espera, pois, no Senhor.
(Sl 27)

Dia 1: Salmo 27

Paralisado pelo Medo

Um dos problemas mais paralisantes na vida toda é o medo. Os nossos medos são direcionados a muitas áreas: medo do desconhecido, medo da calamidade, medo de enfermidade, doença, e morte, medo de pessoas, medo de perder nossos empregos, medo de ataques inimigos, medo de ser mal compreendido... ou rejeitado... ou criticado... ou esquecido... ou (como acabamos de considerar) de ser injustiçado. O que torna os problemas ainda piores é o fato de que justamente aquilo que tememos, frequentemente ocorre. Às vezes é pior do que antecipamos! Já passei por momentos em que me senti praticamente paralisado por sentimentos de pânico. Quando o medo coloca as suas garras firmes em nós, tornamo-nos as suas vítimas.

Isso me faz lembrar de um amigo que tive na faculdade. Durante vários verões ele trabalhou em uma equipe de construção, fazendo um grande hospital em Dallas. Ele foi designado para o décimo-segundo andar e foi lhe dada a tarefa de ajudar um soldador que estava soldando a estrutura do piso e que era composta de imensas vigas de aço. Com muito medo de cair, meu amigo literalmente tremia de medo, todos os dias, embora não o admitisse a ninguém. Em uma tarde quente o soldador olhou para cima e notou que o homem estava tremendo em suas botas. Ele gritou: "Você está com medo, filho?" O estudante gaguejou: "As-s-sustado! Há d-d-d-duas semanas eu tenho t-t-t-tentado dizer a você que eu d-d-d-desisto!"

Paralisado pelo medo!

Se o medo tem se tornado a sua opressão diária, o Salmo 27 será muito útil. É uma canção cujo propósito é tirar a dor desta opressão assustadora

A Passagem e o seu Padrão

Uma leitura cuidadosa desta canção do rei Davi revelará um contraste entre a primeira metade (vv. 1-6) e a segunda metade (vv. 7-14). Os primeiros seis versículos ressoam com louvor, confiança, vitória, e até cântico, enquanto os últimos oito versículos estão cheios de necessidades — na verdade, uma lista de supermercado de pedidos. Observe as expressões que Davi usa em sua composição:

Versículo 7: "Ouve, Senhor... e responde-me".

Versículo 8: "O teu rosto, Senhor, buscarei".

Versículo 9: "Não escondas... não rejeites... não me deixes, nem me desampares".

Versículo 11: "Ensina-me, Senhor".

Estas palavras antigas parecem tremer em uma dependência total.

Antes de passarmos a olhar profundamente para a resposta de medo de Davi, permita-me salientar a estrutura geral do salmo.

Declaração de louvor (vv. 1-6)
Pedido por necessidades (vv. 7-13)
Exortação a esperar (v. 14)
Em primeiro lugar ele declarou o que sabia (vv. 1-6).
Ele então expressou o que necessitava (vv. 7-13).
E finalmente, ele comprometeu-se a esperar em Deus (v. 14).

Fortalecendo esta Lição em sua Alma

Qual é a sua reação habitual quando o medo apodera-se de você? Acha que a sua reação é construtiva para você mesmo e para aqueles à sua volta? Você mudaria a sua reação ao medo, se pudesse?

Dia 2: Salmo 27

Enfrentando o Medo com Louvor

Quando Davi enfrentou os seus medos e os expressou a Deus no Salmo 27, ele o fez começando com adoração, celebrando o poder e a fidelidade do Senhor seu Deus.

Declaração de Louvor

A chave para toda a canção é o versículo 1. Ele consiste de duas sentenças similares, cada uma delas terminando com uma pergunta retórica.

"O Senhor é a minha luz... a minha salvação... a força da minha vida". De um modo interessante, Davi diz que Deus *é* tudo isso. O Senhor não *dá* simplesmente estas coisas. Em outras palavras, o salmista destacou o caráter do próprio Deus em vez de destacar as suas obras. Davi o conhecia pessoalmente. Para Davi, o Senhor era um Amigo e Auxiliador muito pessoal e sempre presente, não alguma divindade distante — um ser impessoal, abstrato e teológico que se escondia muito acima das nuvens. Não, Davi via o Senhor como um companheiro fiel.

Por causa da presença do Senhor, que significava mais para Davi do que qualquer outra coisa, o compositor pergunta: "A quem temerei... de quem me recearei?" Aqui o termo hebraico usado para "temer" é um termo comum: *yarah*. Mas o termo para "recear" (*pachad*), que significa "estar espantado, estar cheio de receio", é menos comum. O Senhor Deus era tão significativo, tão impressionante, tão extraordinariamente importante para Davi que nada e ninguém mais o inspirava qualquer espanto.

Considero encorajador que o Salmo 23 declare: "Nada me faltará", e o Salmo 26 afirme: "Não vacilarei." E agora o Salmo 27 diz, eu "não temerei." Em cada um dos casos, o compositor só encontra aquilo que lhe falta na presença e nas provisões de Deus.

Tendo considerado a suficiência de seu Deus, Davi recorda as vitórias passadas do Senhor sobre os seus inimigos.

Quando os malvados, meus adversários e meus inimigos,
investiram contra mim, para comerem as minhas carnes,
tropeçaram e caíram.

Ainda que um exército me cercasse,
o meu coração não temeria;
ainda que a guerra se levantasse contra mim,
nele confiaria. (vv. 2,3)

Note as ocasiões específicas de medo potencial: "malvados... adversários... inimigos... um exército... guerra". Que cenário sombrio! E você notará que estas coisas não eram meras possibilidades; eram realidades. Ele diz: "quando" não "se". Ele realmente enfrentava estes perigos.

Tome nota de duas observações. Primeiro, observe a intensidade do conflito: os malvados vieram "para comerem" (v. 2); o exército tinha vindo para "me cercar" (v. 3); a guerra havia se levantado "contra mim". Esta não era uma aflição leve. Em segundo lugar, observe a resposta do salmista na última frase do versículo 3. Apesar dos perigos, tanto do passado como do futuro, "Nele confiaria". O texto hebraico diz, literalmente: "Eu *estou* confiante!" Perigos o haviam surpreendido anteriormente, e o perigo permanecia iminente. A pressão aumentou. Dias severos estavam por vir. Davi tinha todos os motivos para estar tremendo em suas sandálias... mas permanecia firme!

O termo hebraico usado por Davi, traduzido como "confiarei", não significa ser autoconfiante ou corajoso, humanamente falando. Em hebraico significa "confiar, estar seguro, ter certeza". A sua contraparte árabe é "pitoresca": "lançar-se sobre a sua face, deitar no chão". O ponto a que eu quero chegar é que a fonte da confiança e da estabilidade de Davi não era a sua própria força — mas Deus. O seu precioso Senhor era o seu único alicerce que o tornava tão estável quanto uma rocha. Que alicerce inabalável!

Embora vivesse sob pressões e dificuldades intensas, o corajoso missionário que trabalhou no interior da China, Hudson Taylor, escreveu certa vez: "Não importa quão grande seja a pressão. O que realmente importa é onde a pressão está — se ela se coloca entre você e Deus, ou se ela pressiona-o para mais perto do coração dEle".[5]

Fortalecendo esta Lição em sua Alma

Por que você acha que louvar a Deus em meio às circunstâncias temerosas pode ser útil? Pense em termos práticos como também teológicos. Você consegue lembrar-se de momentos no seu próprio passado quando Deus resgatou você do perigo? Você os registrou em um diário? Pode precisar deles mais tarde!

Dia 3: Salmo 27

Enfrentando o Medo com uma Canção de Fé

Quando o medo apodera-se de nós com suas garras geladas, nós rapidamente nos voltamos para a autopreservação. Esperamos evitar a perda, escapar da dor ou enganar a morte. Não Davi! Sua composição, preservada para nós no Salmo 27, prioriza as questões eternas. Os versículos 4-6 giram em torno da ideia do desejo de Davi de manter uma comunhão constante e íntima com o seu Senhor.

> Uma coisa pedi ao Senhor e a buscarei:
> que possa morar na Casa do Senhor
> todos os dias da minha vida,
> para contemplar a formosura do Senhor
> e aprender no seu templo.
> Porque no dia da adversidade me esconderá no seu pavilhão;
> no oculto do seu tabernáculo me esconderá;
> pôr-me-á sobre uma rocha.
> Também a minha cabeça será exaltada sobre os meus inimigos
> que estão ao redor de mim;
> pelo que oferecerei sacrifício de júbilo no seu tabernáculo;
> cantarei, sim, cantarei louvores ao Senhor.

Você notou que o pronome singular na primeira pessoa é usado frequentemente? Ele está tecido através destes versículos — *eu, me, meu*. Este é o testemunho *individual* de Davi. Esta é uma narrativa escrita da vida privada de um homem, suas lutas pessoais com as opressões diárias da vida. Este não é Davi, a figura pública; é Davi sozinho diante de seu Deus.

Eu também observo que Davi diz: "Cantarei, sim cantarei louvores". Este é o resultado de se manter um andar próximo com o Senhor. Efésios 5.18 exorta-nos a nos "enchermos do Espírito", para permitir que o Espírito de Deus controle-nos — os nossos pensamentos, motivos, atitudes, atividades. Esta é uma amizade vertical em sua melhor forma!

Quando damos ao Espírito Santo o controle completo, Ele promete que nós receberemos:

- um coração melodioso — cantando! (Ef 5.19)
- uma atitude agradecida — dando graças! (Ef 5.20)
- um espírito submisso — sujeitando-nos uns aos outros! (Ef 5.21)

Quando foi a última vez que você desatou a cantar, sozinho, uma canção de confiança e adoração? Acho triste que a canção do cristão raramente seja ouvida fora do edifício da igreja. O fato de vivermos em comunhão com o Senhor deve fazer com que melodias espontâneas surjam ao longo do dia e da noite. Como é encorajador *cantar* a nossa fé!

Fortalecendo esta Lição em esua Alma

Quando você sente o medo crescer em seu interior, de que forma a música pode se tornar parte de sua reação? Davi escreveu uma canção; talvez você possa cantar ou tocar um instrumento. No mínimo, ouvir canções edificantes que honram a Deus pode ser um meio muito eficaz de transformar o medo em louvor.

Dia 4: Salmo 27

Buscando a Ajuda de Deus

Embora a primeira reação de Davi ao medo não tenha sido um apelo, em pânico, por ajuda, ele não viveu ignorando os seus problemas. Simplesmente escolheu celebrar o poder de Deus e recordar seus triunfos passados. No final, no entanto, Davi pediu o que precisava ao Senhor. Já mais tranquilo, expressou os seus desejos com intensa emoção.

Súplica por Necessidades

Ouve, Senhor, a minha voz quando clamo;
tem também piedade de mim e responde-me.
Quando tu disseste: Buscai o meu rosto, o meu coração te disse a ti:
O teu rosto, Senhor, buscarei.
Não escondas de mim a tua face

e não rejeites ao teu servo com ira;
tu foste a minha ajuda;
não me deixes, nem me desampares,
ó Deus da minha salvação.
Porque, quando meu pai e minha mãe me desampararem,
o Senhor me recolherá.
Ensina-me, Senhor, o teu caminho
e guia-me pela vereda direita
por causa dos que me andam espiando.
Não me entregues à vontade dos meus adversários,
pois se levantaram falsas testemunhas contra mim,
e os que respiram crueldade. (Sl 27.7-12)

Em vez de esmiuçar cada um desses versículos, vamos abordá-los como um todo. Quero que você observe especialmente os imperativos fortes (os comandos) presentes nesses versículos.

Versículo 7: "Ouve... tem também piedade... responde-me!"
Versículo 9: "Não escondas de mim a tua face... não rejeites... não me deixes, nem me desampares".
Versículo 11: "Ensina-me... guia-me!"
Versículo 12: "Não me entregues à vontade dos meus adversários".

Não vejo Davi "pegando leve", bocejando e proferindo um pedido indiferente. Vejo coragem — uma abordagem determinada e positiva a Deus. Ele apresenta uma série respeitosa de ordens muito práticas. Com uma veemência irrestrita, o compositor declara seus pedidos, sabendo que suas solicitações estão de acordo com a vontade de Deus. Em outras palavras, Davi não pede nada que Deus não tenha prometido. Faríamos bem em imitar o salmista temeroso, fazendo este tipo de oração hoje. Afinal de contas, o Senhor deseja atender estas solicitações. Observe outros três versículos sobre o mesmo assunto:

> "Cheguemos, pois, com confiança ao trono da graça, para que possamos alcançar misericórdia e achar graça, a fim de sermos ajudados em tempo oportuno." (Hb 4.16)

> "A oração feita por um justo pode muito em seus efeitos." (Tg 5.16)

> "Não estejais inquietos por coisa alguma; antes, as vossas petições sejam em tudo conhecidas diante de Deus, pela oração e súplicas, com ação de graças." (Fp 4.6)

Ao ler essas declarações, sou repreendido pela hesitação, pela falta de fervor em muitas de nossas orações. As nossas orações carecem de uma ousadia confiante. Devemos fazer nossos pedidos de forma direta! Nosso Senhor agrada-se quando pedimos com ousadia e sem duvidar.

Antes de observar a estrofe final da canção de Davi, observe especialmente o versículo 10 (na versão TB). "Pois meu pai e minha mãe me abandonaram, mas Jeová me acolherá." Dentro de uma lista de pedidos, encontramos uma revelação breve e sincera do coração de Davi. Por algum motivo não revelado, seus pais o haviam abandonado. O termo original hebraico significa "deixar, desertar, desamparar". Acho intrigante o fato de os pais de Davi virarem as costas para o seu filho, mesmo sabendo que ele era um homem de Deus. Igualmente interessante é a segurança de Davi ao declarar: "Mas Jeová me acolherá".

Lembra-se das palavras comoventes de Isaías 49.15,16? Que esperança estas palavras proporcionam!

> Pode uma mulher esquecer-se tanto do filho que cria,
> que se não compadeça dele, do filho do seu ventre?
> Mas, ainda que esta se esquecesse,
> eu, todavia, me não esquecerei de ti.
> Eis que, na palma das minhas mãos, te tenho gravado.

O profeta, falando em nome de Deus, diz que o Senhor não se esquece dos seus filhos, ainda que até mesmo as suas mães possam esquecer-se deles. Isto, meu amigo, inclui *você*.

Você foi abandonado? Os seus pais viraram-se contra você? Mesmo que tenha tentado manter um relacionamento saudável com eles, interpretam mal as suas mensagens? Estão em um comprimento de onda diferente? Recuse-se a amargurar-se. Reivindique a segurança que o nosso Senhor nos promete. Você não tem nada a temer, porque tem aquEle que venceu o medo. O cuidado dEle é mais consistente que o cuidado dos seus pais.

Fortalecendo esta Lição em sua Alma

Você vive muito dos seus dias sob pressão? (A propósito, a pressão é apenas outra forma do medo.) Planeje algumas ocasiões nesta semana em que você possa afastar-se de seus deveres e ficar sozinho — momentos em que possa cantar (ou ouvir louvores), louvar a Deus e orar ao Senhor por suas necessidades. Pense nisso como um investimento em sua produtividade espiritual.

Dia 5: Salmo 27

ESPERANDO EM DEUS

O clamor de Davi por ajuda não termina com um relato sobre a provisão súbita e miraculosa de Deus. Antes, o compositor compromete-se a fazer aquilo que menos se espera das pessoas que estão com medo. Ele comprometeu-se a não fazer *nada.* Decidiu esperar em Deus. Leia este trecho novamente — em voz alta.

Exortação a Esperar

Espera no Senhor,
anima-te, e ele fortalecerá o teu coração;
espera, pois, no Senhor. (Sl 27.14).

Esta é uma conclusão adequada, mas completamente inesperada. Davi exorta a si mesmo a esperar! Ele compreendeu que a pressão não iria embora de repente. Que os seus inimigos não fariam uma mudança radical, nem partiriam imediatamente depois que se levantasse de sua oração. Ele era suficientemente realista para compreender que todas as coisas valiosas são dignas de nossa espera. Assim, nas linhas finais de seu cântico, Davi diz a si mesmo para relaxar, descansar em Deus e cessar as suas próprias obras. (Veja Hebreus 4.9-11.) Força e coragem são desenvolvidas *durante* uma provação, e não após o seu encerramento. Esperar em Deus é essencial.

O termo "esperar" vem do verbo hebraico *kawah*, que passou a conotar a ideia de procurar algo avidamente. Este verbo significava, originalmente, "torcer, esticar". A forma substantiva significa "linha, corda, fio". A definição literal tornou-se uma figura de linguagem que envolve tensão ou expectativa ávida. Isaías 40.31 usa este mesmo termo: "Mas os que esperam no Senhor renovarão as suas forças".

Se você estiver esperando que Deus aja esta semana, continue esperando! A espera trará força e coragem. Exorto você a rever as verdades do Salmo 27 cada vez que se sentir tentado a ficar com medo. Não fique paralisado nem se torne ineficiente. Retire-se da opressão do medo! Encare cada circunstância ameaçadora como uma oportunidade de crescer em sua fé. Como? Siga o exemplo de Davi.

Em primeiro lugar: Lembre-se daquilo que você sabe que é verdade a respeito de Deus.

Em segundo lugar: Expresse o que você precisa com coragem e ousadia.

Em terceiro lugar: Espere. Permita que a circunstância assustadora torne-se uma oportunidade para Deus fortalecer você.

Fortalecendo esta Lição em sua Alma

Esperar em Deus é uma disciplina espiritual que deve ser cultivada. Esperar nEle requer paciência e prática. Concentre a sua atenção em algo que não pode consertar — algo que cause em você uma ansiedade que esteja além do seu controle. Cada vez que o assunto vier à mente, lembre-se das habilidades e da fidelidade de Deus, entregue o problema ao seu controle, e então opte por esperar, deixando tudo nas mãos dEle. Repita esta prática quantas vezes forem necessárias!

Semana 10 • Salmo 32

A OPRESSÃO DE UMA CONSCIÊNCIA NÃO PERDOADA

Um Salmo de Davi. Um Masquil

Bem-aventurado aquele cuja transgressão é perdoada,
e cujo pecado é coberto.
Bem-aventurado o homem a quem o Senhor não imputa maldade,
e em cujo espírito não há engano.
Enquanto eu me calei, envelheceram os meus ossos
pelo meu bramido em todo o dia.
Porque de dia e de noite a tua mão pesava sobre mim;
o meu humor se tornou em sequidão de estio. (Selá)
Confessei-te o meu pecado e a minha maldade não encobri;
dizia eu: Confessarei ao Senhor as minhas transgressões;
e tu perdoaste a maldade do meu pecado. (Selá)
Pelo que todo aquele que é santo orará a ti,
a tempo de te poder achar;
até no transbordar de muitas águas,
estas a ele não chegarão.
Tu és o lugar em que me escondo;
tu me preservas da angústia;
tu me cinges de alegres cantos de livramento. (Selá)
Instruir-te-ei e ensinar-te-ei o caminho que deves seguir;
guiar-te-ei com os meus olhos.
Não sejais como o cavalo, nem como a mula, que não têm entendimento,
cuja boca precisa de cabresto e freio, para que se não atirem a ti.
O ímpio tem muitas dores, mas aquele que confia no Senhor,
a misericórdia o cercará.
Alegrai-vos no Senhor e regozijai-vos, vós, os justos;
e cantai alegremente todos vós que sois retos de coração.
(Sl 32)

Dia 1: Salmo 32

VIVENDO SOB A NUVEM DA CULPA

A sua consciência pode ser invisível, mas com certeza ela não está inativa! Quem já não ficou acordado por causa das suas alegações? Com uma regularidade incrível, uma consciência não perdoada pode tirar-nos o apetite, roubar-nos o sono e nos levar à distração.

Você se lembra do conto assustador de Edgar Allan Poe, chamado "O Coração Delator"? O personagem principal cometeu um assassinato. Incapaz de fugir da culpa duradoura de seu ato, ele começa a ouvir a batida do coração da vítima que havia enterrado debaixo de seu assoalho. Um suor frio o cobre enquanto a batida continua... incessantemente. Ela recusa-se a deixá-lo. Por fim, torna-se claro que a batida que enlouquecia o homem não era da cova sob o assoalho, mas era a batida que vinha de dentro de seu próprio peito. O mesmo acontece com uma consciência não perdoada.

O antigo compositor, Davi, não desconhecia esse mal enlouquecedor. Como logo iremos descobrir, quanto mais ele recusava-se a submeter-se à enormidade de sua culpa opressora, mais se tornava fisicamente doente e emocionalmente perturbado. Somente o perdão pode remover esta opressão.

Quando começamos a ler esta canção, duas coisas chamam-nos a atenção, antes mesmo de chegarmos ao versículo 1. Em primeiro lugar, notamos que este é um Salmo de Davi. É uma canção que o homem Davi foi levado a escrever sob a inspiração do Espírito Santo. Portanto, desde o início devemos lembrar-nos que a canção que ele escreve descreve alguma situação de sua própria experiência pessoal. Em segundo lugar, notamos que este salmo é um "*masquil*", um termo que não nos é familiar. *Masquil* é uma palavra hebraica transliterada que aparece antes de treze das canções neste antigo hinário dos hebreus. É muito provável que ela venha do verbo *sakal*, um verbo hebraico que significa "ser prudente, circunspecto, sábio — ter inspiração"; ela está relacionada com o conhecimento inteligente, adquirido através da razão. De acordo com o meu dicionário, "inspiração" significa "o ato ou o poder de enxergar o interior de uma situação". Colocando tudo isso junto, entendemos que o Salmo 32 tem por objetivo dar aos seus leitores sabedoria e inspiração ao lidar com certas situações.

A situação nesse caso é a opressão que acompanha uma consciência que esconde a culpa. O Salmo 51 deveria ser considerado juntamente com o Salmo 32. Ambos foram escritos depois do adultério de Davi com Bate-Seba e sua tentativa de encobrir o seu pecado tramando a morte do marido da mulher no campo de batalha. Dos dois, o Salmo 51 foi escrito primeiro, durante a angústia da culpa sob a qual Davi sofreu de forma tão severa. O Salmo 32 foi escrito após a angústia, depois que o seu perdão fora assegurado, e a sua paz de espírito restaurada. Assim, o tema do Salmo 32 poderia ser: "A Paz depois do Perdão" e como ela pode ser alcançada. Aprendemos, imediatamente, que esta canção é incrivelmente relevante; vivemos em um mundo cheio de pessoas que estão vivendo sob uma espessa nuvem de culpa, uma sociedade que precisa desesperadamente de perdão.

Enquanto você lê o salmo, permita-se entrar nos sentimentos de Davi. É óbvio que ele está alegre desde o início, regozijando-se em sua atual condição de perdão (vv. 1,2). Ele então passa a demonstrar um estado de espírito reflexivo, ao recordar os dias do passado (vv. 3-5). Duas vezes durante esta seção da canção, ele acrescenta a palavra *selá*, que a maioria dos estudiosos acredita ser uma anotação musical indicando uma pausa, muito provavelmente para reflexão. Quando nos deparamos com esta anotação musical, é melhor que façamos uma pausa e então leiamos a seção novamente, porém desta vez de uma forma mais lenta e pensativa. Os três versículos seguintes (vv. 6-8) olham para o futuro, dirigindo-se diretamente a qualquer pessoa que lesse estas palavras. A conclusão de Davi (9-11) exorta os seus leitores a viverem de uma maneira justa. Aqui, então, está um esboço da canção.

I. Expressão de Alegria Atual (vv. 1,2)
II. Reflexão sobre Pecados do Passado (vv. 3-5)
    A. Relutância em Confessar (vv. 3,4)
    B. Disposição para Confessar (v. 5)
III. Provisão para Necessidades Futuras (vv. 6-8)
    A. Convite (v. 6)
    B. Proteção (v. 7)
    C. Direção (v. 8)
IV. Aplicação a todos os Crentes (vv. 9-11)
    A. Não Seja Teimoso! (v. 9)

B. Faça sua Escolha! (v. 10)
C. Permaneça Justo! (v. 11)

Fortalecendo esta Lição em sua Alma

Pense em um momento quando a sua consciência lutou com um ato vergonhoso (pode ser agora.). Como isso afetou a sua habilidade de comer, dormir, trabalhar e concentrar-se? Como isso afetou a sua interação com os outros? O que você fez para encontrar alívio (se você de fato o experimentou)?

Dia 2: Salmo 32

A TRAJETÓRIA: DE ENGANAR A SI MESMO AO ALÍVIO

Certa vez pedi à minha irmã, Luci, que citasse a emoção que ela considerava a mais poderosa e prazerosa de todas. Ela surpreendeu-me com a sua resposta: alívio. Depois de pensar por um instante, tive que concordar.

Alívio é o sentimento favorito do mundo todo! A canção de Davi sobre o perdão começa com uma celebração de alívio que encontrou no perdão de Deus, por sua transgressão.

Expressão de Alegria

Bem-aventurado aquele cuja transgressão é perdoada,
e cujo pecado é coberto.
Bem-aventurado o homem a quem o Senhor não imputa maldade,
e em cujo espírito não há engano. (vv. 1,2)

Nesses dois versículos Davi expressa uma gratidão radiante, livre e exuberante pela misericórdia do Senhor. As duas sentenças começam exatamente como o Salmo 1 (em hebraico, isto é): "Feliz, muitas e muitas vezes feliz!" A ideia é de inúmeras bênçãos multiplicadas. Ele está regozijando-se pela remoção dos pecados que o prendiam ao capacho da culpa e da vergonha.

Se observar bem de perto, você encontrará, nos dois primeiros versículos, quatro termos específicos para atos errados. Eles descrevem passos descendentes que levam uma pessoa à mesma condição que Davi vivenciou antes de finalmente confessar seus atos errados.

1. "Transgressão." A palavra vem do termo hebraico *peshah*, significando "rebelar-se, revolta". Ele descreve um ato intencional de desobediência.

2. "Pecado." Esta palavra vem do termo hebraico mais comum para atos errados: *khatah*, que significa "errar o alvo, errar o caminho, errar". Ela está relacionada a desviar-se do caminho que agrada a Deus, seja intencionalmente ou por erro.

3. "Iniquidade." Este termo, do hebraico *awon*, pinta um quadro sombrio de pecado como "infração, comportamento tortuoso, perversão", sugerindo que ele origina-se de uma natureza corrompida.

4. "Engano." *Remiah* é o termo hebraico original, significando "traição, engano [e em alguns casos — como aqui], enganar a si mesmo".

Parece que o compositor traça uma espiral descendente de atos errados, usando termos cada vez mais fortes para designar o pecado. É uma notória queda livre com a qual, tristemente, a maioria de nós está familiarizada. Primeiro, rebelamo-nos ou nos revoltamos contra a vontade revelada de Deus. Em seguida, erramos o caminho que Ele demarcou para nós — o caminho da justiça. Então, a culpa apodera-se de nós e passamos pelo tormento interior dos sentimentos severos e desconfortáveis. Sem alívio, a opressão diária de uma consciência não perdoada pode enlouquecer uma pessoa. Se a pessoa não encontrar alívio no perdão, a única alternativa será iludir a si mesma negando a situação, minimizando-a, colocando a culpa em outra coisa ou pessoa, apresentando desculpas, e até mesmo redefinindo o mal para fazê-lo parecer bom.

Quando o autoengano começa a ocorrer, como aconteceu com Davi quando recusou-se a lidar com o seu erro, o caráter do pecador torna-se deturpado. Pelo fato disso ocorrer lentamente, muitos tentam tolerar as consequências do pecado — as agitações interiores e as perturbações opressoras. (Nós analisaremos a opressão diária da perturbação interior em seguida.) Se você caiu nos tormentos de uma consciência culpada pelo pecado e percebeu que o autoengano está começando a ter o controle, insisto que você pare. Dê um basta no seu mergulho para baixo e confesse abertamente o seu erro ao Senhor. Faça o que for necessário — não importando quão drástico possa ser — para evitar a falha reiterada. Leia estas próximas duas declarações das Escrituras com muito cuidado:

> O que encobre as suas transgressões nunca prosperará; mas o que as confessa e deixa alcançará misericórdia. (Pv 28.13)

Se confessarmos os nossos pecados, ele é fiel e justo para nos perdoar os pecados e nos purificar de toda injustiça. (1 Jo 1.9)

Fortalecendo esta Lição em sua Alma

Reserve alguns minutos para examinar a sua atitude em relação ao pecado. Agora você está "conformado" com um comportamento específico que costumava atormentar a sua consciência? Aprendeu a conviver com um hábito pecaminoso sem confessá-lo? Tem uma vida secreta... uma rotina oculta que mantém escondida de todos? Cuidado! Você está em perigo! Encontre um amigo confiável, que sirva a Deus, e comece reconhecendo a sórdida desordem que está presente em sua vida.

Dia 3: Salmo 32

O Preço Amargo do Pecado Oculto

A celebração de Davi pelo perdão de Deus sofre uma virada sombria quando recorda o seu passado de angústias. Ele lembra — talvez acompanhado por um melancólico tom menor — os dias de infelicidade que passou no isolamento do pecado oculto.

Reflexão sobre os Pecados Cometidos no Passado

Enquanto eu me calei, envelheceram os meus ossos
pelo meu bramido em todo o dia.
Porque de dia e de noite a tua mão pesava sobre mim;
o meu humor se tornou em sequidão de estio. (Selá)
Confessei-te o meu pecado e a minha maldade não encobri;
dizia eu: Confessarei ao Senhor as minhas transgressões;
e tu perdoaste a maldade do meu pecado. (Selá) (vv. 3-5)

Davi leva-nos de volta àqueles dias trágicos em que se recusou a reconhecer o seu erro (vv. 3,4). Estas palavras incríveis descrevem o que ocorria no interior do compositor durante os seus dias atormentados de pecados não confessados. Ele admite que "manter-se calado" sobre o seu pecado custou-lhe caro. Pagou um preço amargo para preservar o seu segredo. O conflito interior causou-lhe uma doença psicossomática.

Sua mente atormentada, assolada por um conflito mental e emocional — a sua recusa em lidar completa e honestamente com o pecado — causou-lhe várias enfermidades físicas.

- Seus "ossos envelheceram".
- Ele gemia "todo o dia".
- Ele suportava isso "de dia e de noite".
- Seu "humor (literalmente 'seiva, sucos') tornou-se em sequidão de estio".

Abruptamente, acrescenta o termo *Selá* — faça uma pausa e reflita!

Obviamente, durante este período de tempo extremamente infeliz, a mão de Deus pesava sobre ele. Nas palavras de Provérbios 13.15: "O caminho dos prevaricadores é áspero". Como uma árvore que tenta sobreviver sem a água de chuvas revigorantes, Davi estava totalmente infeliz e tornou-se espiritualmente árido neste estado pecaminoso.

Finalmente, Davi encontrou alívio através da confissão (Sl 32.5). Não perca a progressão:

Confessei-te o meu pecado

A minha maldade não encobri

Confessarei ao Senhor as minhas transgressões

Tu perdoaste a maldade do meu pecado. (Selá)

Como um banho refrescante e purificador em um dia quente que nos faz transpirar, o perdão de Deus lavou não apenas os pecados de Davi, mas também silenciou a culpa que o atormentava. O Senhor entrou nas profundezas do interior do poeta para prover este alívio magnífico que apenas Ele pode proporcionar: PAZ. Deus perdoou de forma completa porque Davi confessou-se completamente.

Se você estiver abrigando algum pecado, se estiver mantendo escondidas algumas regiões de erros ocultos, então não espere desfrutar a liberdade da culpa. Há um princípio indescritível que corre pelas páginas das Escrituras como um fio de escarlata: *O pecado oculto não pode coexistir com a paz interior*. A paz só retorna quando os nossos pecados são totalmente confessados e abandonados. Poucas opressões são mais irritantes que a opressão de uma consciência agitada e atormentada. É horrível! E poucas alegrias causam mais alívio do que ter os nossos pecados perdoados.

Fortalecendo esta Lição em sua Alma

A confissão começa com um completo reconhecimento da verdade... primeiramente a nós mesmos. Se você tem lutado com um pecado oculto, escreva uma carta a si mesmo citando a atividade pecaminosa, descrevendo o seu efeito em sua vida e antecipando as consequências potenciais que ocorrerão no futuro se isso continuar. Então, apresente-a a Deus em oração.

Dia 4: Salmo 32

O Pecado Distorce a Verdade

À medida que a canção de celebração de Davi sobre o perdão de Deus continua, ele reconhece que a confissão é onerosa. Ele também reconhece o fato de que temos uma janela de oportunidade que, um dia, pode fechar-se. Consequentemente, ora pela provisão futura de Deus.

Provisão para as Necessidades Futuras

Pelo que todo aquele que é santo orará a ti,
a tempo de te poder achar;
até no transbordar de muitas águas,
estas a ele não chegarão.
Tu és o lugar em que me escondo;
tu me preservas da angústia;
tu me cinges de alegres cantos de livramento. (Selá)
Instruir-te-ei e ensinar-te-ei o caminho que deves seguir;
guiar-te-ei com os meus olhos. (vv. 6-8)

Lembre-se, o tema deste salmo é o perdão. Davi quer deixar claro que ele não tem um monopólio nesta experiência abençoada. Ele, portanto, emite um convite a "todo aquele que é santo". Isso inclui todo crente do Novo Testamento, toda pessoa que conhece o Senhor, tendo recebido a Jesus Cristo pela fé. Davi exorta todo o povo de Deus a orar, mesmo em meio ao "transbordar de muitas águas", quando tudo parece sem esperança. Ele assegura que quando isso for feito, Deus prover-nos-á o mesmo livramento que trouxe a Davi.

O versículo 7 volta toda a sua atenção a Deus. Ele é aquEle que nos protege, nos preserva, nos cerca, e até mesmo nos dá uma canção. *Selá* (novamente, faça uma pausa e reflita)! Uma consciência cheia de culpa considera Deus como uma divindade cruel, andando em volta com um bastão, procurando pecadores para esmagar. Isso ocorre porque o pecado distorce a verdade. Olhe novamente para o versículo 7. Davi começa, de repente, a entoar canções de livramento! "Tu és o lugar em que me escondo; Tu me preservas da angústia; Tu me cinges de alegres cantos de livramento." (Selá)

Que cena reconfortante, especialmente para aqueles que têm estado em profundos pecados e buscam o perdão!

A próxima declaração é a resposta de Deus ao convite que Davi faz a todo o povo de Deus. O Senhor promete a sua direção e conselho. O versículo 8 termina com Deus dizendo, em outras palavras: "Eu me tornarei o teu conselheiro, e guiarei a tua restauração".

Você tem tido a sensação de que Deus desapareceu? Que Ele não se importa? Confie em mim hoje; Ele importa-se. Ele cuida pessoalmente de você (1 Pe 5.7). Os olhos dEle estão sobre a sua vida. Pode parecer ter se afastado de você e estar distante, mas está perto, esperando a sua confissão e o seu arrependimento.

Fortalecendo esta Lição em sua Alma

O que você mais teme que aconteça se confessar o seu pecado oculto a Deus? O que mais teme que aconteça se alguém descobrir o seu pecado oculto? A confissão é uma questão de confiança, não é? Confia que o Senhor pode transformar a sua tristeza em alegria? Anteriormente foi pedido que você escrevesse uma carta detalhando os seus pecados ocultos. Encontre um conselheiro que seja um servo ou uma serva de Deus maduro (a) e confiável, e leia a carta, em particular, para esta pessoa.

Dia 5: Salmo 32

Confesse e Seja Purificado

Ninguém pode me dizer que a Escritura, embora escrita há mais de dois mil anos, não seja relevante hoje. O poema de Davi é tanto belo quanto prático. Tendo celebrado a fidelidade de Deus e reconhecido a sua dificuldade de confissão, ele repreende o leitor pelo seu orgulho obstinado.

A Aplicação para todos os Crentes

Não sejais como o cavalo, nem como a mula, que não têm entendimento,
cuja boca precisa de cabresto e freio, para que se não atirem a ti.
O ímpio tem muitas dores, mas aquele que confia no Senhor,
a misericórdia o cercará.
Alegrai-vos no Senhor e regozijai-vos,
vós, os justos; e cantai alegremente
todos vós que sois retos de coração. (vv. 9-11)

Davi resume todas as lições que ele quer nos ensinar através de três fortes declarações de exortação:

Em primeiro lugar, não seja teimoso! (v. 9). Quando se trata de lidar com o pecado, não seja como uma mula ou qualquer outro animal "cabeça dura"! Entregue-se! Mantenha um breve registro diante do Senhor. Não permita que o ato errado aumente. Não tente manter um impasse por mais tempo.

Segundo, faça a sua escolha! (v. 10). Ao ler estas palavras conclusivas, você notará dois — e apenas dois — caminhos: o caminho dos ímpios, que traz "muitas dores", e o caminho da confiança, que traz a "misericórdia". Considere o destino de cada caminho e faça a sua escolha (diz o compositor).

Em terceiro lugar, permaneça reto! (v. 11). Abandone o mergulho para baixo, no pecado profundo, sombrio, retorcido e que faz loucuras, mantendo um andar reto. O termo hebraico traduzido como "reto" está relacionado a uma atitude honesta diante de Deus e diante dos homens. Ele descreve alguém que não tem nada a esconder. Para descrever este tipo de conduta, um ex-colega meu usava a expressão "limpa e clara". Ele buscava este objetivo em todo contrato, em toda transação, e em toda decisão, fosse pública ou privada.

Esta é uma grande política. Sem segredos. Transparência completa. Se estiver procurando verdes pastos, você só os encontrará quando lidar honestamente com o seu Senhor. Permaneça reto. Deus é extremamente misericordioso! Ele planejou para os seus filhos uma vida que resulta em paz interior, força exterior e otimismo. Mas nós somos pecadores e com frequência escolhemos andar no nosso próprio caminho. Embora prefira que não pequemos, Ele está disposto a perdoar-nos e guiar através da nossa recuperação e restauração. Ele nos perdoará e restaurará se nos arrependermos completamente; isto é, confesse os seus pecados, e busque a purificação que Ele oferece.

Fortalecendo esta Lição em sua Alma

Anteriormente, você foi encorajado a escrever uma confissão completa dos seus pecados, apresentá-la a Deus em oração, e então a um conselheiro cristão confiável. Agora, escreva o futuro que gostaria de vivenciar assim que estiver livre da tirania da consciência que está repleta de culpas. Descreva o seu relacionamento com Deus e com os seus entes queridos. Descreva a liberdade e a alegria que gostaria de experimentar. Então, apresente tudo isso a Deus como o seu pedido sincero.

Semana 11 • Salmo 42 e 43

A OPRESSÃO DA PERTURBAÇÃO INTERIOR

Masquil para o cantor-mor, entre os filhos de Corá.

Como o cervo brama pelas correntes das águas,
assim suspira a minha alma por ti, ó Deus!
A minha alma tem sede de Deus, do Deus vivo;
quando entrarei e me apresentarei ante a face de Deus?
As minhas lágrimas servem-me de mantimento de dia e de noite,
porquanto me dizem constantemente: Onde está o teu Deus?
Quando me lembro disto, dentro de mim derramo a minha alma;
pois eu havia ido com a multidão;
fui com eles à Casa de Deus,
com voz de alegria e louvor, com a multidão
que festejava.
Por que estás abatida, ó minha alma,
e por que te perturbas em mim?
Espera em Deus, pois ainda o louvarei
na salvação da sua presença.
Ó meu Deus, dentro de mim a minha alma está abatida;
portanto, lembro-me de ti desde a terra do Jordão,
e desde o Hermom, e desde o pequeno monte.
Um abismo chama outro abismo, ao ruído das tuas catadupas;
todas as tuas ondas e vagas têm passado sobre mim.
Contudo, o Senhor mandará de dia a sua misericórdia,
e de noite a sua canção estará comigo:
a oração ao Deus da minha vida.
Direi a Deus, a minha Rocha: Por que te esqueceste de mim?
Por que ando angustiado por causa da opressão
do inimigo?

Como com ferida mortal em meus ossos, me afrontam os meus adversários,
quando todo o dia me dizem: Onde está o teu Deus?
Por que estás abatida, ó minha alma,
e por que te perturbas dentro de mim?
Espera em Deus, pois ainda o louvarei.
Ele é a salvação da minha face e o meu Deus.
(Sl 42)

Faze-me justiça, ó Deus, e pleiteia a minha causa contra
a gente ímpia;
livra-me do homem fraudulento e injusto.
Pois tu és o Deus da minha fortaleza;
por que me rejeitas?
Por que me visto de luto
por causa da opressão do inimigo?
Envia a tua luz e a tua verdade, para que me guiem
e me levem ao teu santo monte
e aos teus tabernáculos.
Então, irei ao altar de Deus,
do Deus que é a minha grande alegria,
e com harpa te louvarei, ó Deus, Deus meu.
Por que estás abatida, ó minha alma?
E por que te perturbas dentro de mim?
Espera em Deus, pois ainda o louvarei.
Ele é a salvação da minha face e Deus meu.
(Sl 43)

Dia 1: Salmos 42 e 43

Um "Ponto de Agitação"

Tenho um "ponto de agitação". É um ponto "nervoso". Fica no meu estômago. Na parte superior, do lado esquerdo, logo abaixo da caixa torácica. Quando coisas perturbadoras acontecem, quando palavras problemáticas são ditas, quando certas cartas contendo determinadas palavras são escritas ou comentários extremamente críticos são lidos, minha agitação começa. Você sente algo semelhante?

Um amigo meu diz que em seu caso este ponto fica em sua cabeça, especificamente em sua testa. Outro me disse que seu "ponto de agitação" fica em sua nuca. A maioria das pessoas que conheço afirma que tem uma determinada região onde o desgaste ocorre, geralmente desencadeado por:

• Más notícias	• Conflitos pessoais
• Contas não pagas	• Problemas jurídicos
• Reparos caros	• Decisões difíceis
• Prazos impossíveis	• Pecados não resolvidos

É bastante reconfortante saber que este hino inspirado por Deus não omite o desgaste da opressão interior. Uma vez que este desgaste é tão comum, acharia estranho se esse tópico não fosse abordado. Mas antes de abordarmos algumas das observações mais práticas, vamos examinar algumas informações básicas sobre os Salmos 42 e 43.

O antigo livro de canções das Escrituras está organizado em cinco divisões ou "livros".

Livro 1: Salmos 1—41
Livro 2: Salmos 42—72
Livro 3: Salmos 73—89
Livro 4: Salmos 90—106
Livro 5: Salmos 107—150

A última canção de cada livro termina com "amém", ou alguma outra forma de doxologia. A última canção, isto é, o Salmo 150, é por si só uma grande doxologia estendida, que culmina em louvor.

Diversas sugestões foram feitas a fim de explicar por que essas antigas canções estão divididas em cinco livros. A tradição judaica explica este arranjo como uma reflexão consciente do Pentateuco, ou seja, os cinco primeiros livros do Antigo Testamento. Um Midrash (comentário judeu) que data do período talmúdico sugere o seguinte:

> Assim como Moisés forneceu cinco livros de leis para Israel, Davi forneceu cinco livros de Salmos para Israel: o livro de salmos intitulado *Bem-aventurado o varão* (Sl 1.1), o livro intitulado *Masquil para o cantor-mor* (Sl 42.1), *o livro Salmo de Asafe* (Sl 73.1), o livro *Oração de Moisés* (Sl 90.1) e o livro *Digam-no os remidos do Senhor* (Sl 107.2).[6]

Na verdade, ninguém sabe com exatidão por que os salmos foram divididos dessa forma. Entretanto, não acredito que o fato de os salmos 42 e 43 introduzirem o segundo livro seja uma coincidência. Quero sugerir que estas duas canções devem ser vistas como uma unidade. Duas observações levam-me a fazer esta sugestão. Em primeiro lugar, o salmo 43 não apresenta um sobrescrito. Nada a título de introdução aparece antes do primeiro versículo. Além disso, é o único salmo do segundo livro que não tem um sobrescrito. Por isso acredito que o salmo 43 flua bastante naturalmente a partir da canção anterior. (Lembre-se de que os intervalos dos capítulos — bem como as marcas de pontuação — foram adicionados ao texto da Escritura em séculos posteriores. A Palavra de Deus foi inspirada por Ele... mas alguns entendem que a pontuação, ou as várias divisões de parágrafos e capítulos, possivelmente não).

Em segundo lugar, a frase que é repetida duas vezes no salmo 42 também aparece no salmo 43. Observe 42.5,11 e 43.5.

Por que estás abatida, ó minha alma,
e por que te perturbas dentro de mim?
Espera em Deus, pois ainda o louvarei.

Estas três frases idênticas me levam a acreditar que as duas canções formam uma unidade natural, girando em torno de um único tema. Em seguida, observe o sobrescrito do Salmo 42: "Masquil para o cantor-mor, entre os filhos de Corá." Você deve se lembrar que a designação *Masquil* significa que a música foi projetada para fornecer compreensão e sabedoria quando lidarmos com determinadas situações. No salmo 32, a situação envolvia uma consciência atormentada.

Qual é a situação nessas duas canções? Voltando à declaração repetida três vezes, mencionada acima, vemos claramente que a situação é desespero e perturbação interior. Em outras palavras, essas duas canções foram preservadas para proporcionar ao leitor sabedoria e discernimento em dias tristes, em meio a situações de opressão e agitação interiores.

Fortalecendo esta Lição em sua Alma

Onde fica o seu "ponto de agitação", o seu "ponto nervoso"? O que costuma dar início à agitação? Como você reage à agitação interior e o que faz para encontrar alívio? Se não conseguir lembrar-se, observe com atenção a próxima vez que as turbulências internas desencadearem o seu "ponto de agitação". Você pode considerar registrar a experiência na forma de um diário.

Dia 2: Salmos 42 e 43

ANSIANDO POR DEUS

A composição de Davi — preservada para nós como os salmos 42 e 43 — entoa o verso seguinte três vezes, sugerindo fortemente que o problema em questão é a perturbação interior.

> Por que estás abatida, ó minha alma,
> e por que te perturbas em mim?
> Espera em Deus, pois ainda o louvarei. (Sl 42.5, 11; 43.5)

O termo "abatida" vem da palavra hebraica *shakhakh,* que no sentido literal significa "agachar-se, curvar-se". No sentido figurado, o verbo significa "aviltamento, humilhação, prostrar-se". Esta canção narra os dias em que temos vontade de nos dobrar em posição fetal e desistir. Felizmente, Davi não nos deixa no chão. Ele nos aconselha sobre como podemos vencer esses sentimentos em vez de sucumbir a eles, sobre como dominar os sentimentos de agitação interior em vez de debatermo-nos em nosso caminho pela vida.

Como mencionei anteriormente, é normal experimentar esses sentimentos perturbadores ocasionalmente. Causamos um verdadeiro prejuízo a um cristão novo convertido quando lhe dizemos que a tristeza e o desespero são sentimentos pecaminosos. Isso é irreal e antibíblico. Davi escreveu muitos salmos em momentos de agitação interior. Embora não tenhamos motivos para mergulhar em um poço de depressão que dure meses, todos nós devemos ser suficientemente transparentes para admitir que vivenciamos dias desanimadores como esse. Sou confortado pelo fato de que até mesmo Jesus sentiu-se interiormente perturbado em algumas ocasiões (Jo 11.33; 12.27; 13.21). Charles Haddon Spurgeon escreveu sobre "os desmaios do ministro", em sua obra intitulada *Lições aos meus Alunos.* Dr. John Henry Jowett, outro notável pregador do passado, foi honesto o suficiente para admitir o seguinte em uma carta a um amigo:

> Não quero que você pense que sou o santo. Você parece imaginar que não tenho altos e baixos, mas apenas uma condição elevada e inabalável de realização espiritual, com alegria e tranquilidade ininterruptas. De maneira nenhuma!

> Muitas vezes me sinto completamente desprezível e tudo parece mais escuro. Muitas vezes sinto como se a minha vida religiosa tivesse apenas começado, como se eu estivesse no jardim de infância. Mas geralmente consigo rastrear esses períodos miseráveis chegando a alguma causa pessoal, e a primeira coisa a fazer é atender a essa causa, e seguir novamente em direção à luz do sol.[7]

Aprecio a vulnerabilidade de Jowett. A boa notícia é que estas duas canções ajudam-nos a descobrir como engatinhar para fora da escuridão, em direção à luz do sol novamente.

O compositor inicia a sua quadragésima segunda canção com uma ilustração do deserto.

> Como o cervo brama pelas correntes das águas,
> assim suspira a minha alma por ti, ó Deus!
> A minha alma tem sede de Deus, do Deus vivo;
> quando entrarei e me apresentarei ante a face de Deus? (vv. 1,2)

Davi anseia por Deus como o cervo sedento anseia por uma corrente de águas frescas em um deserto árido. Ele diz que sua alma "suspira" pelo Senhor. No salmo 119.131, ele expressa um pensamento semelhante quando escreve: "Abri a boca e respirei, pois que desejei os teus mandamentos". Deus, "o manancial de águas vivas" (Jr 2.13, 17.13), era o desejo exclusivo do cantor perturbado. Sendo um homem segundo o coração de Deus, Davi ansiava por sua presença de forma apaixonada. E suas linhas iniciais sugerem que a sua perturbação era um resultado direto de um relacionamento distante com Deus.

Fortalecendo esta Lição em sua Alma

Pense na última vez que você lutou contra a perturbação interior. Que influência a sua vida espiritual teve sobre a sua perspectiva? Se fosse pedido que você descrevesse o seu maior desejo, o que responderia? Você quis receber alguma coisa da parte de Deus, ou ansiou pelo próprio Senhor?

Dia 3: Salmos 42 e 43

Lembre-se da Fidelidade de Deus

A luta de Davi contra a perturbação, narrada nos Salmos 42 e 43, resultou no desejo da presença de Deus.

> As minhas lágrimas servem-me de mantimento de dia e de noite, porquanto me dizem constantemente: Onde está o teu Deus? (v. 3)

Deus não abandona os seus filhos, mas todos nós podemos testificar que há momentos em que parece que Ele abandonou-nos! O que podemos fazer para ficar tranquilos e nos sentirmos seguros novamente? Como podemos encontrar a esperança do cuidado de Deus quando nos sentimos debilitados e abatidos, quando enfrentamos a opressão da perturbação interior? Davi falou consigo mesmo.

> Quando me lembro disto, dentro de mim derramo a minha alma;
> pois eu havia ido com a multidão;
> fui com eles à Casa de Deus, com voz de alegria e louvor,
> com a multidão que festejava
> em procissão à casa de Deus. (v. 4)

Davi disse essas coisas para si mesmo. Às vezes, o diálogo saudável e positivo consigo mesmo é uma grande terapia. Ele está dizendo que nos momentos de tristeza lembrar-se-á dos dias vitoriosos do passado, quando Deus esteve muito presente. Ele diz, com efeito, "aqueles foram os dias, meu amigo! Aqueles foram dias de bênçãos, alegria e ações de graças"! Depois de recordar esses dias, ele pergunta:

> Por que estás abatida, ó minha alma,
> e por que te perturbas em mim?
> Espera em Deus, pois ainda o louvarei
> na salvação da sua presença. (v. 5)

"Por que eu deveria sentir-me triste e deprimido se tenho essas lembranças tão positivas?". pergunta Davi. Ele admite que essas memórias vívidas de um passado vitorioso devem realmente encorajá-lo.

Quando você está "curvado" em meio à crise, é útil pensar nas vitórias do passado e lembrar-se de coisas específicas que Deus fez por você. Lembre-se de que o Senhor do seu passado é o Senhor do seu presente.

Lembro-me de meu primeiro ano no Seminário em Dallas. Cynthia e eu morávamos em um apartamento no *campus* que não possuía ar-condicionado. O tempo era quente até mesmo durante o início do outono.

Sabendo que o verão com certeza chegaria no ano seguinte, começamos a orar pedindo um ar-condicionado de janela. Na verdade, oramos durante o inverno gelado e os meses amenos da primavera. Não contamos a ninguém; apenas oramos. Nada aconteceu durante meses. Não tivemos qualquer resposta. Mais tarde naquela primavera, fizemos uma viagem de volta para Houston, durante um breve fim de semana de Páscoa. O verão estava chegando, e ainda não tínhamos o de ar-condicionado. Em breve, Dallas se tornaria um forno! "Outros cem dias de cem graus", costumávamos dizer. Não anunciamos a nossa viagem para casa; exceto nossa família, ninguém sabia que estávamos chegando. Estávamos a menos de uma hora visitando a família de Cynthia quando o telefone tocou. Do outro lado da linha estava um homem de nossa igreja.

Surpreso, ele disse: "Chuck, é você?"

Eu respondi: "Sim".

As suas palavras seguintes foram: "Você e Cynthia precisam de um ar-condicionado de janela? Acabamos de instalar um novo sistema de aquecimento e ar-condicionado, e minha esposa e eu pensamos que vocês dois poderiam usar o aparelho que substituímos".

Que grande Deus nós temos!

Coisas semelhantes têm ocorrido desde então, mas até hoje, quando me sinto abatido e triste por causa de necessidades, relembro esse dia maravilhoso da primavera de 1960, quando o nosso querido Senhor supriu a nossa necessidade específica.

Fortalecendo esta Lição em sua Alma

Compre um caderno ou um bom diário e faça um registro da provisão e da proteção de Deus. Comece com suas memórias mais antigas e escreva um breve relato. Então registre todas as ações notáveis do cuidado de Deus por você. Quando o seu ponto de agitação começar a incomodar, leia o seu próprio histórico pessoal da fidelidade do Senhor.

Dia 4: Salmos 42 e 43

ENCONTRANDO CONSOLO NA NATUREZA

As canções de Davi sobre a perturbação interior não oferecem respostas fáceis; Davi é muito realista para isso. Ele presenciara os abatimentos mais intensos, várias vezes em sua vida, por isso sabia que contar as bênçãos não funciona o tempo todo. Às vezes ficamos tão abatidos a ponto de nenhuma lembrança ser capaz de nos desprender da nossa perturbação. Nos versículos 6-8, Davi propõe outra técnica.

Ó meu Deus, dentro de mim a minha alma está abatida;
portanto, lembro-me de ti desde a terra do Jordão,
e desde o Hermom, e desde o pequeno monte.
Um abismo chama outro abismo, ao ruído das tuas catadupas;
todas as tuas ondas e vagas têm passado sobre mim.
Contudo, o Senhor mandará de dia a sua misericórdia,
e de noite a sua canção estará comigo:
a oração ao Deus da minha vida. (vv. 6-8)

Observe essa expressão incomum: "Um abismo chama outro abismo". É evidente que o compositor viajou de Jerusalém para o norte da Galileia, onde nasce o rio Jordão, no monte Hermom. Na canção, ele retrata a si mesmo em um dos menores picos da cadeia do Monte Hermom. Em sua mente, Davi pensa nos sons e nas cenas impressionantes que o rodeiam... à medida que um "abismo chama outro abismo", à medida que Deus se comunica através da natureza, e à medida que o relacionamento imutável é promulgado. Neste caso, a neve derrete no alto dos picos do Monte Hermom, gerando as cachoeiras estrondosas, as corredeiras dos riachos abaixo. Davi descreve os seus problemas como se estivessem passando sobre ele como milhões de litros de água derramados por uma cachoeira.

A profundidade de Deus comunica-se com a profundidade da natureza, e isso traz mudanças. Isso acontece ao nosso redor. A profundidade de Deus comunica-se com a profundidade das árvores no outono, e as suas folhas tornam-se inevitavelmente belas, de coloração laranja, vermelha e amarela. No final, as folhas caem e a árvore fica infrutífera novamente. A profundidade de Deus comunica-se com a profundidade dos salmões, e milhões viajam muitos quilômetros para desovar. Mas o salmista não está falando sobre árvores e peixes, e sim sobre si mesmo! À medida que as ondas da perturbação interior passaram sobre Davi, ele* lembrou-se do relacionamento imutável de amor e alegria que existe entre Deus e nós.

E mais uma vez Davi pergunta no versículo 11:

Por que estás abatida, ó minha alma,
e por que te perturbas dentro de mim?

Espera em Deus, pois ainda o louvarei.
Ele é a salvação da minha face e o meu Deus. (v. 11)

Fortalecendo esta Lição em sua Alma

Davi encontrou consolo na natureza, nas metáforas divinas refletidas na criação de Deus. Talvez seja a hora de você mudar seu ambiente, fugir da sua rotina... mesmo que por poucas horas... e deixar a natureza consolar você. Qual é a maravilha natural mais próxima de você? Quando você pode visitá-la?

Dia 5: Salmos 42 e 43

Buscar a Verdade de Deus

A fonte da perturbação de Davi, registrada nos salmos 42 e 43, não desapareceu após sua visita às nascentes do rio Jordão. Quando Davi retornou a Jerusalém, encontrou seus problemas esperando por ele. De acordo com Salmos 43.1,2, Davi sofreu outro ataque pessoal. Os problemas do povo estavam sobre ele, e todos nós sabemos como esses problemas podem ser devastadores! Após suplicar a intervenção de Deus, Davi faz a seguinte oração:

Envia a tua luz e a tua verdade, para que me guiem
e me levem ao teu santo monte
e aos teus tabernáculos.
Então, irei ao altar de Deus,
do Deus que é a minha grande alegria,
e com harpa te louvarei, ó Deus, Deus meu.
(Sl 43.3,4)

Muitas vezes, a perturbação resulta das más informações e da falta de verdades confiáveis e essenciais. Além disso, na ausência de informações adequadas, preenchemos as lacunas com aquilo que mais tememos. O resultado é uma concepção distorcida do problema... uma perspectiva pessimista, repleta de nossos piores temores. Em resposta à sua perturbação, Davi pede a luz de Deus e a sua verdade. Ele queria que o Senhor enviasse a sua Palavra (a verdade) e concedesse a ele a compreensão dela (a luz). Talvez Davi tenha procurado nas Escrituras uma declaração específica que fosse apropriada e adequada para a sua situação, e de forma igualmente importante, buscou uma compreensão sobre a passagem. Ele precisava de clareza em meio à confusão... a verdade para responder à imaginação... por isso buscou sabedoria nas Escrituras.

No final, esta busca trouxe alegria e louvor. Quando a verdade da Palavra de Deus neutralizou as mensagens deprimentes de suas circunstâncias, Davi perguntou uma vez mais (Sl 43.5):

> Por que estás abatida, ó minha alma?
> E por que te perturbas dentro de mim?
> Espera em Deus, pois ainda o louvarei.
> Ele é a salvação da minha face e Deus meu. (v. 5)

Todo crente em Jesus Cristo deve, em última instância, alcançar a posição de quem confia na Palavra de Deus completamente antes de vivenciar a vitória consistente. A Bíblia é a nossa única fonte de verdade tangível. Tentamos apoiar-nos sobre qualquer outra base: buscamos sustentação em nós mesmos, nos outros, nos sentimentos, em contas bancárias, em boas obras, na lógica e na razão, na perspectiva humana. Entretanto, a agitação continua, e a perturbação interior continua a incomodar.

Deus nos deu a sua Palavra escrita e a promessa de sua luz para todos os seus filhos; quando aprenderemos a crer em sua Palavra, a vivê-la e a usá-la? E quando aprenderemos a nos apegar às suas promessas?

A perturbação gerada pela agitação interior não irá embora para sempre, mas a sua presença imobilizadora poderá ser vencida e neutralizada temporariamente. Espero que as lições que aprendemos a partir destas duas canções antigas ajudem você a silenciar o seu ponto de agitação.

Fortalecendo esta Lição em sua Alma

Assim como a luz penetra a escuridão, a verdade da Palavra de Deus remove a ansiedade e a apreensão. Em resposta à crise, escolha um trecho das Escrituras... qualquer trecho que os seus instintos sugerirem... e comece a lê-lo. Faça isso todas as vezes que o seu ponto de agitação começar a se manifestar. Isso costuma funcionar na minha vida!

Semana 12 • Salmo 46

A OPRESSÃO DA FRAQUEZA PESSOAL

Cântico sobre Alamote, para o cantor-mor, entre os filhos de Corá

Deus é o nosso refúgio e fortaleza,
socorro bem presente na angústia.
Pelo que não temeremos, ainda que a terra se mude,
e ainda que os montes se transportem para o meio dos mares.
Ainda que as águas rujam e se perturbem,
ainda que os montes se abalem pela sua braveza. (Selá)
Há um rio cujas correntes alegram a cidade de Deus,
o santuário das moradas do Altíssimo.
Deus está no meio dela; não será abalada;
Deus a ajudará ao romper da manhã.
As nações se embraveceram; os reinos se moveram;
ele levantou a sua voz e a terra se derreteu.
O Senhor dos Exércitos está conosco;
o Deus de Jacó é o nosso refúgio. (Selá)
Vinde, contemplai as obras do Senhor;
que desolações tem feito na terra!
Ele faz cessar as guerras até ao fim da terra;
quebra o arco e corta a lança;
queima os carros no fogo.
Aquietai-vos e sabei que eu sou Deus;
serei exaltado entre as nações;
serei exaltado sobre a terra.
O Senhor dos Exércitos está conosco;
o Deus de Jacó é o nosso refúgio. (Selá)
(Sl 46)

Dia 1: Salmo 46

O Fracasso Humano

Nós o negamos. Nós o disfarçamos. Nós o mascaramos. Nós tentamos ignorá-lo. Mas a verdade persiste teimosamente: somos criaturas fracas e inadequadas! Pelo fato de sermos pecadores, falhamos. Por sermos propensos a doenças, ficamos doentes. Por sermos fracos, machucamo-nos. Por sermos mortais, acabamos morrendo.

A pressão oprime o nosso ponto de agitação. A ansiedade provoca-nos úlceras. As pessoas intimidam-nos. As críticas debilitam-nos. As doenças assustam-nos. A morte assombra-nos. Isso explica por que Jó queixou-se, dizendo: "O homem, nascido da mulher, é de bem poucos dias e cheio de inquietação" (Jó 14.1). A versão Living Bible em inglês traduz o versículo da seguinte forma: "Quão frágil é o homem, seus dias são curtos e repletos de problemas!" O apóstolo Paulo escreve: "... nós mesmos, que temos as primícias do Espírito, também gememos em nós mesmos, esperando a adoção, a saber, a redenção do nosso corpo" (Rm 8.23).

Como podemos continuar a crescer neste saco de ossos coberto por inúmeras fraquezas? Precisamos de uma grande dose do Salmo 46. Que esperança estas palavras trazem para aqueles que lutam com a opressão da fraqueza pessoal! Martinho Lutero encontrou coragem nesta canção, e mais tarde compôs as suas próprias letras:

> Castelo forte é nosso Deus,
> Amparo e fortaleza:
> Com seu poder defende os seus
> Na luta e na fraqueza.[8]

De acordo com o sobrescrito, o salmo é um "cântico sobre Alamote". Estas palavras são dirigidas ao cantor-mor. A palavra *Alamote* deriva do substantivo hebraico *almah*, um termo que significa "donzela, moça". É possível que isto signifique que a canção tenha sido composta para vozes sopranos ou para um coro de mulheres. Até onde sabemos, o local de culto da época dos salmos não tinha tal coral. O texto em 1 Crônicas 15.20

fornece uma pista; a passagem diz que os alaúdes eram tocados "sobre Alamote". A referência secundária na versão New American Standard da Bíblia Sagrada diz: "Harpas de timbre de donzela". É muito provável que esta canção devesse ser tocada com instrumentos sopranos ou agudos. Talvez esta instrução tivesse o objetivo de tornar o salmo único e fácil de lembrar, assim como certos tipos de melodias cadenciadas da obra de Handel, intitulada, "O Messias" ("Porque um menino nos nasceu" ou "Ó Tu que anuncias boas-novas a Sião"). Esta canção foi projetada para ser lembrada perpetuamente.

Ao ler os versos deste salmo, você notou quaisquer palavras ou frases repetidas? Os versículos 7 e 11 são idênticos, e a ordem familiar "Selá" aparece nada menos que três vezes. Como salientamos em nossos estudos semanais anteriores, é provável que "Selá" seja uma notação musical que indique uma pausa, estimulando a reflexão silenciosa. Pode ser que a música continuasse a tocar durante um curto interlúdio, permitindo que o público pensasse sobre os últimos versos antes dos cantores retomarem o canto.

As três marcas de pausa ajudam-nos a compreender este cântico. As pausas são sinais embutidos que o leitor não deve ignorar. Como em muitos dos salmos, o versículo 1 expõe o tema, que podemos apresentar da seguinte forma: "Deus é uma fonte imediata de força quando estamos em um aperto!"

Na maioria das versões da Bíblia, o termo traduzido como "angústia" origina-se de um verbo hebraico que significa "estar restrito, amarrar, ser estreito, apertado". Isto me faz lembrar de uma expressão que usamos de vez em quando. Dizemos que estamos "em um aperto", ou "entre a cruz e a espada". Essas expressões denotam uma situação difícil. O salmista declara que Deus está imediatamente disponível, instantaneamente presente em qualquer situação, sobretudo nos momentos em que nos sentimos fracos!

Fortalecendo esta Lição em sua Alma

Em quais circunstâncias você sente-se impotente ou desamparado? Pense naqueles momentos em que quer fazer alguma coisa... *qualquer coisa...* para resolver um problema ou influenciar um resultado, mas não pode. Como costuma reagir? Sua reação é proveitosa ou contraproducente? Qual é a correlação entre a sua reação típica e a sua fé em Deus?

Dia 2: Salmo 46

Uma Reação ao Medo

O salmista era provavelmente um sacerdote. Como um homem culto, conheceria a história de Israel melhor que a maioria das pessoas. E o caminho dos israelitas não fora fácil. Eles enfrentavam a ameaça de exércitos estrangeiros continuamente, bem como ameaças internas. Consequentemente, o salmista buscou ajuda em seu Deus Todo-Poderoso. Nos versículos restantes do Salmo 46, desenvolve o tema da ajuda onipotente de Deus, descrevendo três situações muito graves e em seguida declarando a sua reação.

Situação 1: Natureza em desordem.
Reação: Eu não temerei. (vv. 2,3)
Selá!

Situação 2: Jerusalém sob ataque.
Reação: Eu não serei abalado. (vv. 4-7)
Selá!

Situação 3: Campo de batalha após a guerra.
Reação: Não vou lutar. (vv. 8-11)
Selá!

"Não temerei!"

No segundo e no terceiro versículos, o salmista introduz algumas das cenas mais terríveis possíveis. Os tradutores da versão ARC optaram por inserir as palavras "ainda que" antes de cada uma das quatro calamidades. No hebraico, o pretérito imperfeito é frequentemente usado para descrever os eventos que ainda não aconteceram (eventos futuros) ou para denotar situações hipotéticas. Neste caso, o compositor retrata desastres naturais tão extremos a ponto de desafiar a imaginação:

"Ainda que a terra se mude." O que é mais estável e previsível do que a paisagem da Terra? A paisagem da terra só muda sob as circunstâncias mais extremas e assustadoras como terremotos, deslizamentos de terra ou lama, e erupções vulcânicas.

"Ainda que os montes se transportem para o meio dos mares." Na literatura hebraica, nada é mais imóvel que um monte. Para um hebreu, um monte que caísse no mar anunciaria o fim do mundo.

"Ainda que as águas rujam e se perturbem, ainda que os montes se abalem pela sua braveza." Na concepção antiga, o oceano representava os mistérios insondáveis, e muitas vezes era usado como uma metáfora para o mistério obscuro da morte. Para este sacerdote, um mundo em que os montes enormes e imóveis corressem o risco de ser tragados pelos mares seria um mundo medonho.

Os californianos estão especialmente familiarizados com esses cenários; eles vivem com a perspectiva diária de deslizamentos de terra, terremotos e grandes deslocamentos de falhas sísmicas! Sendo assim, esses desastres naturais amedrontam os corações dos habitantes. As pessoas que vivenciaram esses desastres podem identificar-se com os medos do salmista. O salmista sente-se debilitado, totalmente impotente. À medida que a terra embaixo dele descola-se, rola e desliza, os seus bens tornam-se instantaneamente insignificantes e a vida parece terrivelmente insegura. Mesmo assim, o compositor declara: "não temeremos".

Por quê? Como alguém que está passando por uma situação ameaçadora como essa pode dizer isso? A resposta está no versículo 1: porque Deus, nosso pai celestial, é o nosso ajudador imediato, a nossa fonte de força imutável e sempre presente! O salmista decidiu rejeitar o medo diante das circunstâncias esmagadoras... mas não por pura força de vontade. Ele decidiu enxergar todas as situações como incapazes de prejudicá-lo em razão do cuidado soberano do Senhor maravilhoso e Todo-Poderoso. *Selá!*

Fortalecendo esta Lição em sua Alma

Anteriormente, você identificou sua reação típica ao se sentir impotente ou desamparado. Acredite ou não, essa é uma reação ao medo. Uma vez que Deus é maior que os perigos que enfrentamos, por que continuamos a reagir com medo? De que maneiras você pode cultivar uma maior confiança nos cuidados do Senhor?

Dia 3 Salmo 46

DEUS NO NOSSO MEIO

A reação do salmista aos sentimentos de fraqueza pessoal continua no Salmo 46, com uma mudança de cenário — uma mudança que o impele a uma outra decisão.

Não Serei Abalado
Há um rio cujas correntes alegram a cidade de Deus,
o santuário das moradas do Altíssimo.
Deus está no meio dela; não será abalada;
Deus a ajudará ao romper da manhã.
As nações se embraveceram; os reinos se moveram;
ele levantou a sua voz e a terra se derreteu.
O Senhor dos Exércitos está conosco;
o Deus de Jacó é o nosso refúgio. (Selá).
(vv. 4-7)

O assunto? "A cidade de Deus" (v. 4). Esta é uma referência à amada Jerusalém dos judeus. À medida que você ler estas estrofes inspiradas, descobrirá rapidamente que a cidade estava sob ataque. Nações e reinos levantaram-se contra a capital de Israel e sitiaram os muros, mas a cidade não seria "abalada". A razão é declarada de forma clara na primeira parte do versículo 5: "Deus está no meio dela". O versículo 7 continua: "O Senhor dos Exércitos está conosco; o Deus de Jacó é o nosso refúgio".

Jerusalém era uma cidade bem protegida, no alto de um monte, cercada por terrenos difíceis, salvaguardada por muros altos e largos. Reis posteriores adicionaram uma fonte de água fresca para ampliar a capacidade de Jerusalém de resistir a um cerco. Ainda assim, o compositor não considerou muralhas e estruturas como sua fonte de segurança. No momento em que se sentiu mais impotente, o salmista enxergou além da proteção física e encontrou conforto na presença de Deus. Ele atribuiu sua segurança à presença onipotente de Deus!

Você lembra-se daquele relato no Evangelho de Marcos (4.35-41) sobre a viagem de Jesus e seus discípulos através do Mar da Galileia? A passagem ficou famosa por meio de um hino que os cristãos têm cantado há décadas, intitulado "Sossegai!". Uma tempestade tomou os discípulos de surpresa e fez com que temessem perder a vida. Agarrados a pensamentos gerados por suas próprias fraquezas, os discípulos acordaram Jesus e perguntaram como Ele podia dormir em um momento como aquele. Depois de acalmar o vento e o mar, Jesus repreendeu os discípulos pela falta de fé que demonstraram. Como poderiam afundar? Por que temer? Deus estava no barco com eles! O barco jamais afundaria enquanto Deus estivesse nele. Os discípulos não deveriam ter sido abalados, pois o próprio Senhor estava no meio deles. Esta é uma ilustração perfeita do Salmo 46.5.

Observe também o termo "abalada" no versículo 5. A palavra traduzida como "abalada" significa literalmente "cambalear ou sacudir". Temos uma expressão para isto na gíria: "em choque". Acho que esta gíria caberia aqui no versículo 5. Pelo fato de Deus estar em mim e comigo, não tenho qualquer razão para ficar em "choque". Você compreende que a partir do momento em que o Senhor Jesus Cristo torna-se o Senhor e o Salvador de sua vida, Ele passa a viver dentro de você? Na verdade, Cristo é chamado de "nossa vida" em Colossenses 3.4. A esperança da glória é "Cristo em vós". Se você depositou a sua confiança em Jesus Cristo, tem o Senhor Deus habitando dentro de você. Ele está em seu meio! Por isso, com Cristo presente, não há nenhuma razão para nos abalarmos. Deus não irá cambalear nem se abalar, e a sua morada também não. Então, da próxima vez que for tentado a entrar em pânico, concentre-se no fato de que Deus está literalmente em nosso meio. *Selá!*

Fortalecendo esta Lição em sua Alma

Que medidas você tomou para garantir o seu sustento e a sua proteção em caso de emergências? Estas medidas podem proporcionar um certo grau de paz, mas nada é à prova de falhas. Como você pode desenvolver uma confiança maior no poder do Deus que vive dentro de cada um de nós? Quando coisas ruins acontecem, como a sua confiança na provisão e na proteção de Deus é afetada?

Dia 4: Salmo 46

AQUIETAI-VOS

A batalha interior do salmista contra a opressão da fraqueza pessoal, registrada no Salmo 46, terminou com uma trégua. Ele chegou a uma decisão crítica que demandou cada grama de fé que ele podia reunir. Decidiu retirar-se da batalha.

Não Contenderei

Os quatro últimos versículos de seu cântico (vv. 8-11) são magníficos. Leia estes versículos mais uma vez.

Vinde, contemplai as obras do Senhor;
que desolações tem feito na terra!
Ele faz cessar as guerras até ao fim da terra;
quebra o arco e corta a lança;
queima os carros no fogo.
Aquietai-vos e sabei que eu sou Deus;
serei exaltado entre as nações;
serei exaltado sobre a terra."
O Senhor dos Exércitos está conosco;
o Deus de Jacó é o nosso refúgio. *Selá.*

Mais uma vez, a cena muda. Agora, não mais estando sob um cerco dentro das muralhas da cidade, o compositor examina um campo de batalha. Ele convida-nos a enxergar os lembretes mudos da guerra, um terreno coberto de corpos e escombros. Carros de guerra foram queimados e estão caídos, enferrujando. Poeira e destroços cobrem arcos quebrados e lanças despedaçadas. A própria guerra foi dizimada. O cântico descreve uma cena não muito diferente do rescaldo da II Guerra Mundial. As praias da Normandia; as cidades de Berlim e Hiroshima; seções de Londres; as ilhas de Iwo Jima, Guadalcanal, e Okinawa. Tanques enferrujados. Barcos afundados cobertos de cracas. Bunkers de concreto. Um silêncio permeia a cena. É como se o Senhor nosso Deus dissesse: "Basta!" O agir de Deus é completo e minucioso.

Neste ponto (v. 10), o escritor fala da parte de Deus, que ordena:

Aquietai-vos e sabei que eu sou Deus;
serei exaltado entre as nações; serei exaltado sobre a terra.

A ordem "aquietai-vos" vem do verbo imperativo hebraico que significa "prostrar-se, deixar cair, relaxar". A maioria das pessoas cita este versículo em um tom suave, reconfortante, como um convite sereno para desfrutar a comunhão com Deus. Na verdade, esta é uma repreensão. Alguns estudiosos dizem que a repreensão é dirigida às nações que estão atacando o povo da aliança de Deus. Outros dizem que Deus está repreendendo os hebreus por sua falta de confiança nEle. É mais provável que a repreensão seja dirigida a ambos os casos. O compositor retrata o Senhor como um pai nervoso separando uma briga entre irmãos. Ao mesmo tempo em que está irritado com as nações que guerreiam contra o seu povo, Ele está igualmente incomodado com a violência do seu povo — os hebreus voltaram-se para a guerra em vez de confiar completamente nEle. Há uma sugestão sutil de que as suas tentativas agressivas de se defender estão piorando as coisas em vez de melhorá-las.

Isso lhe soa como algo familiar? Você vive em contendas e pânico? Existe um espírito inquieto à sua volta? As suas tentativas de autoproteção têm causado mais mal do que bem? Sabe que Deus quer proporcionar-lhe descanso? Hebreus 4.9 promete: "Portanto, resta ainda um repouso para o povo de Deus". Em resposta à compreensão de nossa fraqueza pessoal, Deus ordena que nos "aquietemos", a fim de que a opressão frenética cesse, e que as dificuldades que são grandes demais para nós sejam superadas.

Isso significa que devemos assumir uma postura neutra e não fazer nada? Dificilmente. Isso significa que devemos primeiramente entrar no repouso que Ele providenciou (Hb 4.11), e em seguida enfrentar a situação, sem pânico ou contenda. Se Ele quiser envolver-nos, dará clareza às nossas mentes, eliminando qualquer dúvida sobre o que devemos fazer. A nossa responsabilidade é entrar deliberadamente em seu santuário invisível de repouso, confiando na segurança e no suprimento que Ele proporciona. Essa é a melhor forma de nos prepararmos para a batalha; devemos ser preenchidos e cercados pelo repouso que Ele proporciona-nos. O efeito disso sobre a cessação da opressão da fraqueza pessoal é impressionante.

Em última análise, o Senhor assume voluntariamente a função de oferecer a vitória sobre cada um dos nossos pontos fracos. Ele pode lidar com o que for necessário. O nosso empenho, por maior que seja, jamais proporcionará esta vitória.

Selá!

Fortalecendo esta Lição em sua Alma

Pegue uma folha de papel... ou, melhor ainda, um diário... e faça uma lista de seus problemas mais urgentes, problemas que não pode resolver. Faça uma lista do tamanho que quiser. Leia o primeiro item em voz alta. Então (novamente, em voz alta), leia o Salmo 46. Entregue o seu problema oficialmente a Deus para que Ele assuma a sua causa. No dia seguinte, faça isso com o próximo item de sua lista. Repita quantas vezes for necessário.

Dia 5: Salmo 46

O Conforto na Força de Deus

Se o grande hino de Martinho Lutero chamado "Castelo Forte" for considerado como uma indicação, é provável que o autor tenha buscado conforto no Salmo 46 muitas vezes. Quando lemos a história de Lutero, podemos apreciar o motivo.

Em 1520, depois de mais de três anos de conflito com a Igreja de Roma, em uma carta pública o Papa advertiu Lutero dizendo que ele seria excomungado caso não abjurasse o seu ensinamento de que a salvação é concedida somente por meio da fé em Jesus Cristo. Lutero respondeu queimando a carta publicamente e publicando um panfleto intitulado *Por que o Papa e seu Livro Recente Foram Queimados, e Afirmações sobre todos os Artigos*. Em 1521, o Papa Leão X emitiu uma carta anunciando a sua excomunhão, o que levou o imperador do Sacro Império Romano, Carlos V, a emitir ordens de prisão. Carlos declarou: "Queremos que Lutero seja apreendido e punido como um herege infame, como ele merece", e estabeleceu um preço generoso por sua cabeça. Naturalmente, isso fez de Lutero um alvo primordial para qualquer soberano que desejasse favores do Papa e do poderoso rei Carlos V.

Consequentemente, quase todos os reis e governantes mesquinhos do mundo fizeram da captura de Lutero uma prioridade.

No caminho para casa, após o anúncio oficial feito por Carlos V, Lutero foi parado por um cavaleiro mascarado e levado para um castelo na Alemanha central. Felizmente, não caiu nas mãos dos inimigos, mas foi levado para a proteção de Frederico III, o único homem poderoso o suficiente para se opor a Carlos V. Lutero passou o ano seguinte no Castelo de Wartburg, uma fortaleza murada estabelecida no topo de um precipício de 1.200 pés. A partir dali, Lutero traduziu o Novo Testamento grego para o alemão e lançou as bases para a Reforma Protestante.

Pode ter sido a partir daí que Lutero tenha encontrado consolo no Salmo 46. Em um poderoso castelo, protegido por um terreno acidentado e por uma posição bastante elevada, com apenas uma ponte levadiça de acesso, guardado por um dos homens mais poderosos do mundo, Lutero encontrou o conforto somente no Senhor seu Deus. Com praticamente o mundo inteiro contra si, Lutero tinha a verdade do evangelho ao seu lado, e isso lhe deu absoluta confiança. Ele descansou na certeza do Salmo 46 e escreveu a letra de um hino que louva o poder de Deus. Em 1853, Frederick H. Hedge traduziu o famoso hino de Lutero para o Inglês, como conhecemos bem:

Castelo forte é nosso Deus,
Amparo e fortaleza:
Com seu poder defende os seus
Na luta e na fraqueza.
Nos tenta Satanás,
Com fúria pertinaz,
Com artimanhas tais
E astúcias tão cruéis,
Que iguais não há na Terra.

A nossa força nada faz:
Estamos, sim, perdidos.
Mas nosso Deus socorro traz
E somos protegidos.
Defende-nos Jesus,
O que venceu na cruz
O Senhor dos altos céus.
E sendo também Deus,
Triunfa na batalha.

Se nos quisessem devorar
Demônios não contados,
Não nos podiam assustar,
Nem somos derrotados.
O grande acusador
Dos servos do Senhor
Já condenado está:
Vencido cairá
Por uma só palavra.

Que Deus a luta vencerá,
Sabemos com certeza,
E nada nos assustará
Com Cristo por defesa.
Se temos de perder
Família, bens, poder,
E, embora a vida vá,
Por nós Jesus está,
E dar-nos-á seu reino.

Fortalecendo esta Lição em sua Alma

Davi encontrou forças no cântico. Os salmistas escreveram canções para incentivar os adoradores cansados e fatigados. Lutero escreveu este hino, que muitos têm chamado de "O Hino de Batalha da Reforma", por causa da coragem que ele inspira. Pessoalmente, memorizei este grande hino, bem como a letra de dezenas de hinos que chamo regularmente à mente quando sou tomado pelo medo. Recomendo que você memorize a letra do hino de Lutero sobre a proteção de Deus, e então cante-o frequentemente!

Semana 13 • Salmo 54

A OPRESSÃO DAS PESSOAS DIFÍCEIS

Ao regente do coro; para instrumentos de cordas. Poesia escrita por Davi quando os moradores da cidade de Zife foram contar a Saul que Davi estava escondido na terra deles.

Salva-me, ó Deus, pelo teu nome,
e faze-me justiça pelo teu poder.
Ó Deus, ouve a minha oração;
inclina os teus ouvidos às palavras da minha boca.
Porque estranhos se levantam contra mim,
e tiranos procuram a minha vida;
não põem a Deus perante os seus olhos. (Selá)
Eis que Deus é o meu ajudador;
o Senhor está com aqueles que sustêm a minha alma.
Ele pagará o mal daqueles que me andam espiando;
destrói-os por tua verdade.
Eu te oferecerei voluntariamente sacrifícios;
louvarei o teu nome, ó Senhor, porque é bom,
porque me livrou de toda a angústia;
e os meus olhos viram cumprido o meu desejo acerca dos meus inimigos.
(Sl 54)

Dia 1: Salmo 54

Problemas com Pessoas

Durante muitos anos, abri o jornal diário, procurando outra dose de sabedoria da mente de Charles Schttlz, o criador das tirinhas "Minduim". Em uma cena particular, Lucy repreende Linus, seu irmão mais jovem: "*Você*, um médico! HAH! Isso é uma gargalhada! Você jamais poderia ser um médico! Sabe por quê? Porque você não ama a humanidade, essa é a razão!"

Durante um momento, Linus pondera sobre a acusação dela, e então grita: "Eu amo a humanidade. O que não suporto são as *pessoas*!!!"

Há alguns dias em que tenho que rir e dizer "Amém!". Convenhamos, muitos problemas são problemas com pessoas. Você pode ter um emprego que exija longas horas de trabalho e grande esforço físico, mas nem as horas nem a energia despendida causam-no os problemas que as pessoas difíceis causam. Você pode ter dificuldades financeiras, dor física, um cronograma apertado e enfrentar quilômetros ao volante todos os dias, mas essas coisas não são a causa de suas principais batalhas. São as pessoas, como disse Linus. As pessoas difíceis são, talvez, os problemas mais desafiadores que existem!

O Salmo 54 é o lamento de Davi pela constante opressão dos problemas com pessoas. Dedique um momento para observar o sobrescrito; você verá que vale a pena. (A propósito, espero que esteja aprendendo a fazer isso, ao estudar os cânticos antigos da Bíblia. As palavras que aparecem antes do primeiro versículo de cada salmo fazem parte do texto antigo, e dão ao leitor algumas indicações úteis a respeito do cântico).

No Salmo 54, o sobrescrito diz o seguinte:

> Ao regente do coro; para instrumentos de cordas. Poesia escrita por Davi quando os moradores da cidade de Zife foram contar a Saul que Davi estava escondido na terra deles.

Este sobrescrito, incomumente longo, diz-nos que Davi escreveu o cântico. Também nos informa que é uma "poesia", que deveria ser um termo familiar, a esta altura. Todas as poesias oferecem instrução e conhecimento sobre como lidar com certas situações. Neste caso, o Salmo 54 fornece conselhos práticos sobre como reagir a problemas criados por outros membros da raça humana, que são tão irritáveis quanto nós!

De acordo com 1 Samuel 23.14-86, Davi estava sendo perseguido pelo invejoso rei Saul, cuja caçada assassina forçou o cantor a procurar um refúgio sombrio acidentado. Ele temia pela sua vida, e estava desesperado, procurando encontrar um lugar de segurança. Mas tudo falhou. O ponto chamado "o outeiro de Haquila" parece seguro, no território dos zifeus, supostamente um território neutro. Mas Davi não encontrou repouso ali. Os zifeus voltaram-se contra ele, e informaram sua localização a Saul, e a perseguição recomeçou. Davi fugiu para o deserto de Maom, mas logo se viu cercado por zifeus e pelos soldados de Saul.

Consigo imaginar Davi. Ele está sujo, suado, faminto, sedento, exausto e, sem dúvida, desencorajado. Ele desmorona ao lado de um arbusto frondoso, ou debaixo da sombra de uma rocha, para escapar aos raios abrasadores do sol do deserto, e começa a expressar seus sentimentos em um poema. Atacado e traído por pessoas, ele é levado, pelo Espírito Santo, a registar seus sentimentos. Essas expressões são o que temos preservado, hoje, nos versos deste cântico, o Salmo 54.

Fortalecendo esta Lição em sua Alma

Que indivíduos causam-lhe mais dificuldades? Faça uma lista e, ao lado de cada nome, use uma palavra para descrever os seus sentimentos. Por exemplo: "Maria... exasperada", ou "João… furioso". Mantenha essa lista em segredo, mas à mão; nós falaremos novamente sobre ela mais adiante.

Dia 2: Salmo 54

Considere a Fonte

Imagine Davi esmorecendo debaixo de um arbusto ou enterrado em uma cova, derramando seus sentimentos no Salmo 54, implorando a ajuda do Senhor. Os três primeiros versículos são uma oração com ênfase no inimigo. Os holofotes, então, passam para o defensor divino do escritor, quando os dois versículos seguintes formam uma imagem. Os dois últimos versículos são palavras de louvor, quando Davi concentra-se na sua própria história com Deus.

O Inimigo

Salva-me, ó Deus, pelo teu nome,
e faze-me justiça pelo teu poder.
Ó Deus, ouve a minha oração;
inclina os teus ouvidos às palavras da minha boca.
Porque estranhos se levantam contra mim,
e tiranos procuram a minha vida;
não põem a Deus perante os seus olhos. *(Selá)* (vv. 1-3)

Os versículos 1 e 2 aparecem, na Bíblia hebraica, de maneira diferente da nossa tradução inglesa. Os versículos dizem, literalmente: "Ó Deus, salva-me... ó Deus, ouve a minha oração".

Normalmente, o verbo aparece em primeiro lugar, na sentença em hebraico, mas, neste caso, cada clamor por ajuda começa com "Ó Deus...". Ao rearranjar a ordem normal das palavras, Davi enfatiza a sua total dependência de Deus. E a ênfase é ainda mais intensificada pela repetição do Seu nome, "Ó Deus... ó Deus..."

Descobrimos, imediatamente, um exemplo em Davi, para aquelas ocasiões em que nos encontramos sob ataques, ou emocionalmente afligidos pelas pessoas: Em primeiro lugar, ore! Não espere! Peça a sua força e estabilidade. Normalmente, orar é a *última* coisa que fazemos, não é? O instinto quase nos impele a revidar, em primeiro lugar. Fazemos retaliações ou desenvolvemos um ressentimento com relação àquela pessoa que torna a vida miserável e infeliz.

Observe que Davi pede libertação e justiça com base em duas coisas: o nome de Deus e o poder de Deus.

Em todo o Antigo Testamento, Deus é chamado pelo menos por doze nomes diferentes, cada um deles enfatizando um aspecto particular do seu caráter. Ao relembrar os atributos de Deus, Davi decidiu-se pelo poder do Senhor — a sua onipotência. Quando somos atacados pelas pessoas, a nossa imaginação tende a ampliar a verdade; começamos a pensar que os nossos inimigos têm poder ilimitado. Davi encontrou consolo na lembrança de que Deus é mais poderoso que qualquer pessoa ou qualquer coisa no universo.

Davi continuou, descrevendo o seu problema com detalhes.

Porque estranhos se levantam contra mim,
e tiranos procuram a minha vida;
não põem a Deus perante os seus olhos. *(Selá)* (v. 3)

Ele atribui a seus inimigos dois nomes descritivos: "estranhos" e "tiranos". O primeiro refere-se aos que viviam na região de Zife. Normalmente, as pessoas são conhecidas pela sua herança. Por exemplo, os moabitas são descendentes de um patriarca chamado Moabe. Os amalequitas eram descendentes de Amaleque. Mas os zifeus tinham origem desconhecida. A palavra "estranhos" vem de uma palavra hebraica que significa "dispersar, espalhar", caracterizando-os como um povo aleatório, conhecido apenas pelo seu local atual de residência. Davi procurou entender por que esses estranhos se dariam ao trabalho de tomar partido em sua disputa com Saul, por que os zifeus se tornaram espiões.

Menciono isso porque posso estar escrevendo a alguém tão inocente como Davi era, mas talvez você também esteja sendo "espionado", vendido por pessoas que não têm motivos conhecidos para trair você. É uma experiência assustadora ser acusado falsamente, especialmente quando as acusações são feitas por estranhos. Você acaba se perguntando se o mundo inteiro se voltou contra você.

É ainda pior quando o inimigo é alguém em quem você confiava como amigo! A palavra "tiranos" refere-se a Saul, a quem Davi servira como músico e soldado, e aos soldados de Saul, cuja missão era trazer de volta a cabeça de Davi. Além de cerca de seiscentos soldados leais, Davi não tinha outro apoio ou ajuda, em Israel ou entre os vizinhos de Israel.

Davi declara, ainda, que seus inimigos não punham a Deus diante de seus olhos. O Senhor não instigava os seus atos traiçoeiros; fazer a vontade de Deus não era a motivação deles. Agiam tendo em vista os seus interesses próprios, sem considerar o que era "certo" ou "errado", o que representa uma noção muito prática. Quando as pessoas voltarem-se contra você, e você estiver correto, isso será como receber um coice de uma mula. Terá sido escoiceado por um animal cuja natureza é escoicear.

Em outro salmo, um compositor observa que resistir à vontade de Deus não apenas é inútil, como convida à própria destruição. "Por que se amotinam as nações, e os povos imaginam coisas vãs?" (Sl 2.1), pergunta ele. Ele consola-se, não apenas na inutilidade de seus ataques, mas na percepção de que eles se opõem a Deus. É difícil receber, pessoalmente, os ataques de alguém que se opõe ao Criador Todo-Poderoso! Assim, quando você for tratado de maneira injusta, considere a fonte. Eles não têm o Senhor diante de seus olhos. Ele não energiza os atos deles. Nas palavras do Salmo 46, "Aquietai-vos". Relaxe!

O versículo 3 é concluído com aquela instrução, agora familiar: "Selá". Faça uma pausa para considerar a sabedoria da perspectiva de Davi, nos três primeiros versículos.

Fortalecendo esta Lição em sua Alma

Examine a lista de nomes que você criou. Ao lado de cada um deles, escreva o motivo que essa pessoa pode ter para seus atos. Não deixe que a paranoia influencie as suas respostas. Tente pensar objetivamente. O que cada pessoa pretende ganhar, com seu comportamento? A seguir, avalie cada motivo, considerando a vontade de Deus. Você acha que Ele apoia os objetivos dessas pessoas?

Dia 3: Salmo 54

Deixe a Vingança para Deus

Davi poderia ter escrito um livro inteiro de poemas, lamentando o exército de inimigos à sua volta. Inimigos na corte de Saul. Inimigos entre os sacerdotes. Inimigos em territórios vizinhos. Inimigos em todas as partes! Mas, no Salmo 54, Davi dedica apenas três linhas para mencionar o seu problema com pessoas. Em vez disso, volta rapidamente o seu olhar mental para se concentrar no seu defensor divino.

O Defensor

Eis que Deus é o meu ajudador;
o Senhor está com aqueles que sustêm a minha alma.
Ele pagará o mal daqueles que me andam espiando;
destrói-os por tua verdade. (vv. 4,5)

A palavra "ajudador", em inglês, é terrivelmente fraca, mas não temos uma palavra melhor para traduzir a palavra hebraica *ezer,* que transmite a ideia de resgate. Uma pessoa que é *ezer* fornece uma ajuda indispensável, sem a qual uma outra pessoa estaria irremediavelmente perdida. Para Davi, o Senhor é quem fornece o que lhe falta para sobreviver aos ataques dos seus inimigos.

Ele prossegue, chamando o Senhor de seu "sustentador", aquEle que o mantém. A palavra hebraica é baseada na ideia de apoiar-se sobre um suporte. Pense em vigas de aço que sustentam um edifício; sem esses elementos de sustentação e fundação, a estrutura toda ruiria.

O quinto versículo promete que o mal planejado contra Davi voltar-se-á sobre os que o planejaram. A sua injustiça está fadada a "sair pela culatra". Esta percepção ajuda Davi a conservar a sua integridade. Como o Senhor prometeu fazer justiça no caso de Davi, o salmista pode concentrar-se em fazer o que é certo, em vez de tramar uma vingança. A mesma coisa acontece com o cristão fiel que conserva a sua integridade mesmo sob o ataque de pessoas difíceis! O mal planejado contra nós recairá sobre quem nos atacar, graças ao nosso defensor! Graças à sua infalibilidade, quem atacar-nos terá que responder por isso.

Quando li pela primeira vez o versículo 5 do Salmo 54, ele pareceu-me terrivelmente severo. *Certamente, não quer dizer o que está escrito*, pensei. *Certamente, Deus não destruirá o inimigo*, eu disse a mim mesmo. Como eu estava errado! Procurei a expressão "destruir" no texto hebraico. Você sabe o que ela quer dizer, na realidade? Estápreparado para um choque? A expressão origina-se do verbo hebraico *tzamath,* que quer dizer "exterminar". Na verdade, o verbo aparece em uma construção hebraica que indica causa; literalmente, "causa a aniquilação". Em outras palavras, Davi declara, pela fé, que Deus fará com que aqueles que se tornam seus inimigos sejam total, completa e perfeitamente removidos! Mas quero lembrar a você que não é Davi que faz a remoção; é Deus quem a faz.

É muito fácil agirmos como se fôssemos Deus quando estamos sob pressão, não é? Anteriormente, pensamos sobre a tentação de exercer a nossa própria vingança. Romanos 12.17-19 adverte-nos contra isso:

> A ninguém torneis mal por mal; procurai as coisas honestas perante todos os homens. Se for possível, quanto estiver em vós, tende paz com todos os homens. Não vos vingueis a vós mesmos, amados, mas dai lugar à ira, porque está escrito: Minha é a vingança; eu recompensarei, diz o Senhor.

Viver além da opressão diária das pessoas difíceis exige que deixemos a vingança para aquEle que pode lidar melhor com ela.

Fortalecendo esta Lição em sua Alma

Volte a examinar a sua lista de pessoas difíceis. Reconheceu o impacto emocional que elas causam, e avaliou os seus possíveis motivos em comparação com a vontade de Deus. Agora, conceda a cada indivíduo o seu perdão pessoal e não faça nenhuma retaliação. Diante de Deus, abra mão do seu direito de buscar justiça ou restituição. Isso é o que significa perdoar, algo que o nosso precioso e bendito Senhor ordenou que fizéssemos (Mt 6.14,15; 18.21-23).

Dia 4: Salmo 54

REPOUSE NA FIDELIDADE DE DEUS

Quando o lamento de Davi pela opressão das pessoas difíceis vai chegando ao final, o salmista deixa o amargo ressentimento para encontrar repouso na fidelidade de Deus. Davi citou seus inimigos e reconheceu os pecados deles, e abriu mão do seu direito de justiça, colocando-os nas mãos de Deus. Como resultado, Davi encontra a paz. A tensão de "destrói-os por tua verdade" dá lugar à tranquilidade de "eu te oferecerei voluntariamente sacrifícios". Davi descobriu a serenidade de deixar que Deus seja Deus.

Rendição

Eu te oferecerei voluntariamente sacrifícios;
louvarei o teu nome, ó Senhor, porque é bom (v. 6)

O conceito de rendição é de difícil compreensão em nossa cultura. Ele é facilmente confundido com "desistir" e traz a conotação de que estamos aceitando a derrota. Isso se deve ao fato de que, tipicamente, pensamos em rendição em termos de batalha, em que um lado concede a vitória a um inimigo. No entanto, no caso de Deus, estamos rendendo-nos ao nosso aliado! Embora os seus caminhos sejam inescrutáveis, sublimes e complexos demais para o nosso entendimento (Is 55.8,9), ainda assim, Ele é *por* nós. Ele está do nosso lado. Portanto, damos um gigantesco passo à frente para lidarmos com pessoas difíceis, quando dizemos: "Obrigado, Senhor, por esta dolorosa experiência, de ser difamado, mal-interpretado e maltratado". Davi, finalmente, chegou a esse ponto. Ele consegue dar graças a Deus, mesmo em meio à luta pessoal contínua.

Deixe-me enfatizar que Davi não vivia em negação. Ele não tentava fabricar bons sentimentos a respeito de seus inimigos. Não encobria os pecados deles, nem desculpava facilmente a iniquidade deles. Mas tampouco fazia retaliação. Em vez disso, preferia concentrar-se na fidelidade de Deus. Em vez de permitir que sua mente fosse consumida pelas injustiças de outras pessoas, seus terríveis motivos, e sua própria imaginação da justiça de Deus sobrevindo a elas, Davi dedicava-se à adoração. Fazendo isso, ele podia dizer: "é bom", referindo-se ao nome de Deus. O problema de Davi continuava. Os que o atormentavam ainda não haviam se retirado. Ainda assim, pôde declarar que o nome de Deus era "bom", assim como as obras de Deus eram boas.

Fortalecendo esta Lição em sua Alma

Volte uma vez mais à sua lista de pessoas difíceis. Para cada nome, determine como Deus poderia melhorar a sua vida, usando o comportamento dessa pessoa (Rm 8.38). Como o Senhor poderia transformar o seu caráter, usando cada pessoa? Isso não desculpa o comportamento dessas pessoas, mas meramente reconhece a fidelidade de Deus em *cada* circunstância.

Dia 5: Salmo 54

A Salvação que É Dada por Deus

O versículo final do Salmo 54 descreve uma repentina inversão. Os primeiros versículos descrevem uma situação medonha, que incita Davi a implorar a ajuda de Deus. No versículo 7, o seu desânimo converteu-se em triunfo. A sua declaração: "[Ele] me livrou de toda a angústia" está no tempo passado. A literatura hebraica usa, frequentemente, o tempo perfeito para declarar um evento futuro "praticamente já acontecido". Davi não sabe como nem quando Deus agirá em seu socorro; ainda assim, escreve com completa confiança:

> Porque me livrou de toda a angústia;
> e os meus olhos viram cumprido o meu desejo acerca dos meus inimigos. (v. 7)

Segundo 1 Samuel 23.26-29, Deus interveio para proteger Davi de seus inimigos.

> E Saul ia desta banda do monte, e Davi e os seus homens, da outra banda do monte; e sucedeu que Davi se apressou a escapar de Saul; Saul, porém, e os seus homens cercaram Davi e os seus homens, para lançar mão deles. Então, veio um mensageiro a Saul, dizendo: Apressa-te e vem, porque os filisteus, com ímpeto, entraram na terra. Pelo que Saul voltou de perseguir a Davi e foi-se ao encontro dos filisteus. Por esta razão, aquele lugar se chamou Sela-Hamalecote. E subiu Davi dali e ficou nos lugares fortes de En-Gedi.

De repente, talvez logo depois que Davi disse: "Louvarei o teu nome, ó Senhor, porque é bom", o inimigo retirou-se e voltou para casa, removendo a ameaça de perigo imediato. Além disso, Davi disse que seu olho agora podia ver "cumprido o meu desejo acerca dos meus inimigos". A versão NASB em inglês insere a expressão "com satisfação", para esclarecer essa expressão hebraica. As palavras que Davi escolhe refletem um homem sem amargura. Ele podia olhar seu inimigo diretamente, sem maldade ou ressentimento. Ele havia entregado seus inimigos a Deus, e Deus havia lidado com eles, à sua maneira soberana e perfeita.

Vamos declarar guerra àqueles hábitos antigos que cultivamos contra os outros —sentimentos negativos, inclemência, ressentimento, competitividade, queixas, inveja, vingança, ódio, retaliação, mexericos, críticas e suspeitas. Vamos deixar, para sempre, esta estrada acidentada, feia, antiquada. O único caminho alternativo a tomar é o amor. Quanto mais eu vivo, e quanto mais tempo passo com o Senhor (e com outras pessoas), mais sou levado de volta à resposta para a maioria dos problemas com pessoas: o amor sincero, imerecido, capacitado pelo Espírito. Isso é viver pela graça. Quando Cristo está completamente em foco, é impressionante quão poderoso pode ser o amor!

Amy Carmichael nos lembra disso de uma forma tão linda em seu livro breve, mas penetrante, intitulado "*If*" *(Em Português, "Se")*.

> Se eu menosprezar aqueles a quem sou chamado para servir, falar de seus pontos fracos, talvez em contraste com o que considero meus pontos fortes; se eu adotar uma atitude superior, esquecendo-me de "Pois quem é que te faz sobressair? E que tens tu que não tenhas recebido?" (1 Co 4.7 na versão ARA), então eu nada sei a respeito do amor do Calvário.
>
> Se eu me ofender facilmente, se estiver satisfeito por continuar em uma situação de fria inimizade, ainda que a amizade seja possível, então eu nada sei a respeito do amor do Calvário.
>
> Se eu sentir amargura com respeito aos que me condenaram, uma vez que

> isso me parece injusto, esquecendo-me de que se eles conhecessem-me, como me conheço, eles condenar-me-iam ainda mais, então eu nada sei a respeito do amor do Calvário.[9]

Fortalecendo esta Lição em sua Alma

Novamente, volte à sua lista de pessoas difíceis. Anteriormente, você perdoou cada uma delas. Agora, dê um passo ainda amor. É o momento para que graça e amor fluam juntos. Ore por cada uma dessas pessoas. Não apenas para que elas submetam-se à vontade de Deus ou "vejam a luz". Suplique que Deus proteja cada um de seus inimigos do mal, e atenda suas necessidades (Lc 6.28). O que você acha que o Senhor fará, para atender o seu pedido?

Semana 14 • Salmo 63

A OPRESSÃO DA RELIGIÃO RITUAL

Salmo de Davi. Escrito quando estava no deserto de Judá.

Ó Deus, tu és o meu Deus; de madrugada te buscarei;
a minha alma tem sede de ti; a minha carne te deseja muito
em uma terra seca e cansada, onde não há água,
para ver a tua fortaleza e a tua glória,
como te vi no santuário.
Porque a tua benignidade é melhor do que a vida;
os meus lábios te louvarão.
Assim, eu te bendirei enquanto viver;
em teu nome levantarei as minhas mãos.
A minha alma se fartará, como de tutano e de gordura;
e a minha boca te louvará com alegres lábios,
quando me lembrar de ti na minha cama
e meditar em ti nas vigílias da noite.
Porque tu tens sido o meu auxílio;
jubiloso cantarei refugiado à sombra das tuas asas.
A minha alma te segue de perto;
a tua destra me sustenta.
Mas aqueles que procuram a minha vida para a destruírem
irão para as profundezas da terra.
Cairão à espada,
serão uma ração para as raposas.
Mas o rei se regozijará em Deus;
qualquer que por ele jurar se gloriará;
porque se tapará a boca dos que falam mentira.
(Sl 63)

Dia 1: Salmo 63

Um Cântico de Quietude

Como é fácil cair na armadilha da "religião ritual"! Muitos cristãos conhecem pouco sobre um relacionamento diário vital e renovado com o Senhor. Não me referi a um relacionamento *inativo*. Os cristãos nunca estiveram mais ativos! A tirania do urgente não é um problema teológico. Muitos cristãos fiéis evitam as atividades do domingo somente para entrar na agitação das atividades da semana com reuniões, compromissos, apresentações, ensaios, clubes, noivados, banquetes, estudos, comitês e retiros. Eu concordo sinceramente com aquele que disse: "Grande parte da nossa atividade religiosa de hoje nada mais é do que um anestésico barato para amortecer a dor de uma vida vazia".[10]

Essa é uma verdade dura sobre a qual devemos ponderar. Como pastor, espero ajudar você a cultivar um andar consistente e significativo com o Senhor Jesus Cristo, um relacionamento que prospere, sem a necessidade de ser estimulado e recarregado com uma interminável sucessão de atividades. Gostaria que todos nós pudéssemos conhecer o nosso precioso Senhor de uma maneira tão significativa, que esta companhia divina, este relacionamento vertical saudável, tornasse-se uma comunhão diária constante e serena. Nós *precisamos* encontrar maneiras de viver além da opressão da religião ritual.

Na obra *The Pursuit of God,* A. W. Tozer escreve:

> Eu quero, deliberadamente, encorajar este vigoroso anseio por Deus. A falta desse anseio trouxe-nos à nossa condição atual. A qualidade rígida de nossa vida religiosa é o resultado de nossa falta de desejo sagrado. A complacência é um inimigo mortal para todo e qualquer crescimento espiritual. Um desejo agudo precisa estar presente, ou não haverá nenhuma manifestação de Cristo para o seu povo. Ele espera ser querido. É uma pena que, no caso de muitos de nós, Ele espere por tanto tempo, e em vão.
>
> Cada era tem suas próprias características. Na atualidade, estamos em uma era de complexidade religiosa. A simplicidade que há em Cristo raramente é encontrada entre nós. Em seu lugar, há programas, métodos, organizações e um mundo de atividades nervosas que ocupam tempo e exigem atenção, mas nunca conseguem satisfazer o anseio do coração. A superficialidade

de nossa experiência interior, o vazio de nossa adoração, e aquela imitação servil do mundo que caracteriza os nossos métodos promocionais, tudo testemunha que nós, nesta época, só conhecemos a Deus de uma maneira imperfeita, e a paz de Deus de uma maneira leviana.[11]

O Salmo 63 é o cântico de Davi sobre o que significa sentir um anseio desesperado por Deus, e o que significa sentir-se completamente satisfeito apenas nEle. Não é um cântico de atividade, mas de quietude. Davi não escreveu uma marcha para impelir pés agitados, mas um soneto para atrair almas sedentas.

Você pode acreditar nisso ou não, mas muitas pessoas não sabem que sentem sede. Você pode não sentir um profundo anseio de cultivar uma interação pessoal contínua com Deus. Provavelmente, isso se deve ao fato de que entorpeceu suas percepções espirituais com atividades. A atividade da carreira. A atividade social. A atividade religiosa. Se for esse o caso, a sua primeira resposta pode ser diminuir o seu ritmo, simplificar.

Fortalecendo esta Lição em sua Alma

Em uma folha de papel, desenhe sete grandes blocos, e atribua a cada um deles um dia da semana. A seguir, escreva em cada bloco as suas horas de trabalho regulares, os seus compromissos, as suas atividades rotineiras, etc. Tente justificar cada atividade repetida. Pode ser que você tenha que sacrificar alguma coisa. Se isso não for possível, procure blocos de tempo escondidos em sua semana, e reserve-os para o isolamento e o silêncio.

Dia 2: Salmo 63

A Necessidade mais Profunda

O cântico de Davi sobre a alma sedenta, que nos é preservado como o Salmo 63, pode ressoar profundamente em você. Talvez você tenha, finalmente, deixado a religião de corrida de ratos. Talvez tenha decidido deixar a síndrome da pressa e da preocupação, e tenha encontrado a completa satisfação no Salvador, na adoração exclusiva a Ele. Se for esse o caso, você é uma pessoa rara. Na verdade, está quase em extinção! Mas se você chega ao fim da atividade religiosa somente para sentir ainda mais vazio, então este antigo cântico é para você. Se não é esse o seu caso, o cântico parecerá místico, talvez até mesmo monótono. O cântico tranquilo de Davi, você pode perceber, foi escrito para os poucos que ainda estão sedentos — para aqueles que preferem a profundidade à velocidade.

Diz o sobrescrito: "Salmo de Davi. Escrito quando estava no deserto de Judá". Davi escreveu este antigo hino, não quando servia no Tabernáculo, mas no isolamento do rude deserto ao sul de Jerusalém. Muito provavelmente fugindo de Saul, Davi sentia-se sozinho, afastado, obscuro, separado de todos os confortos e amigos, sentindo, agudamente, os efeitos da sede, fome, dor, solidão e exaustão. Mesmo assim, não considerava que essas fossem as suas necessidades mais urgentes. Ele identifica a sua mais profunda necessidade no primeiro versículo:

> Ó Deus, tu és o meu Deus; de madrugada te buscarei;
> a minha alma tem sede de ti; a minha carne te deseja muito
> em uma terra seca e cansada, onde não há água.

Imediatamente, percebemos que Davi não estava buscando, literalmente, alimento, água, conforto ou descanso; ele precisava da comunhão com o seu Senhor. A "terra seca e cansada" é um retrato vívido do ambiente em que ele estava, no deserto de Judá, bem como do nosso mundo atual. Poucos cristãos estão vivendo acima da opressão diária da atividade. Muitos, hoje, estão cativados por coletar "coisas", armazenar suas "coisas" e, então, procurar mais "coisas". O resultado é que suas casas ficam entulhadas, enquanto suas almas ficam cada vez mais vazias. A terra está realmente "seca e cansada", mas isso só faz com que o anseio fique cada vez mais forte! Uma vez que "não há água" nesse tipo de terra, Davi anseia que a sua sede seja mitigada com a água que vem do alto.

O versículo seguinte começa com "para", que é um conector muito significativo. A ideia, aqui, é, "portanto". Como a terra é tão estéril em relação a qualquer coisa que seja satisfatória para a alma, Davi anseia por Deus. Ele diz: "Portanto, uma vez que nada à minha volta cultiva uma sensação de proximidade e companhia, eu mesmo devo cultivá-la". Na verdade, a palavra "para", do versículo 2, introduz várias mudanças que Davi realiza para encontrar a satisfação para esse anseio interior, o seu profundo desejo de um andar significativo com o seu Senhor. Eu encontro cinco decisões que o autor do cântico toma, e que o ajudam a encontrar a satisfação no seu Senhor. Nos próximos dias iremos examiná-las.

A primeira decisão envolve a imaginação do autor do cântico: *ele decidiu criar uma imagem mental do Senhor (v. 2).*

Para ver a tua fortaleza e a tua glória,
como te vi no santuário.

Quando ele escreve "para ver", entendemos que ele quer dizer que imagina a fortaleza e a glória do Senhor em sua mente. Davi não podia ir ao Tabernáculo para ver o Senhor naquele santuário, por isso passa o tempo no deserto formando uma imagem mental do Senhor em poder e glória, em seu trono celestial. Ele toma as passagens que conhece das Escrituras, a respeito do Senhor Deus, e permite que elas "esbocem" em sua mente uma imagem mental dEle. Em outras palavras, Ele concentra sua mente e se ocupa com o Senhor. Esta é uma excelente maneira de remover o cansativo ritual da religião.

A imaginação pode ser um instrumento poderoso, para bons propósitos e também para maus. A mente pode ser um instrumento de soberba, de luxúria, de ódio ou de inveja; podemos criar, em nossas mentes, imagens vívidas que podem levar-nos a terríveis pecados. Este é precisamente o caso de "cometer adultério no coração" que o nosso Salvador menciona em Mateus 5.28. Pensamentos luxuriosos podem resultar em atos ilícitos de paixão. Mas a mente também pode tornar-se um meio espantoso de comunhão com Deus. Davi passava os seus momentos de isolamento no deserto imaginando como o próprio Senhor é.

Para cultivar um relacionamento mais íntimo com Deus, use a sua imaginação para "vê-lo".

Fortalecendo esta Lição em sua Alma

Para ajudar a estimular a sua imaginação, leia as seguintes passagens e recrie a cena em sua mente. Imagine-se ali, na presença de Deus, observando a sua interação com o seu povo, incluindo você. (Veja Is 6.1-13; Ez 1.22-28; Dn 7.9-14; Ap 4.2-11.)

Dia 3: Salmo 63

A Satisfação no Louvor

O santuário isolado de Davi no deserto o deixava sedento e faminto, não apenas de alimento, mas de uma interação significativa com o seu Deus. Na continuação de seu cântico, Davi descreve uma segunda decisão que ele tomou para cultivar um relacionamento com o Senhor: *ele decidiu expressar louvor ao Senhor (vv. 3-5).*

> Porque a tua benignidade é melhor do que a vida;
> os meus lábios te louvarão.
> Assim, eu te bendirei enquanto viver;
> em teu nome levantarei as minhas mãos.
> A minha alma se fartará, como de tutano e de gordura;
> e a minha boca te louvará com alegres lábios.

Não há nada místico ou misterioso em louvar a Deus. Os versículos 3 e 5 dizem-nos que o louvor é algo que fazemos com os nossos lábios, e não meramente com nossas mentes. Falamos algo em voz alta, para que outras pessoas possam ouvir nossas palavras de afirmação a respeito do Senhor e — igualmente importante — para que *nós* consigamos ouvir essas palavras. O versículo diz que isso deve ser feito "enquanto [eu] viver", de modo que não é algo feito apenas uma vez por semana. Além disso, quando a "benignidade" de Deus motiva Davi a louvar o seu Senhor (v. 4), o louvor "fartará a sua alma", segundo o versículo 5.

Sim, o louvor é um aspecto profundamente significativo de nossa adoração pessoal. Infelizmente, muitos temem o louvor, porque o associam a algum tipo de "culto de louvor" selvagem, descontrolado e altamente emocional, em que os indivíduos desmaiam, gritam, saltam e dançam incontrolavelmente pelo corredor do templo. Ouça, o louvor é importante! Ele não se limita a cultos organizados. O louvor é um fluxo consistente de apreciação por Deus, em todas as circunstâncias, durante todo o dia. Então, quando estamos sozinhos, o louvor é um aspecto da oração.

Uma oração poderia ser dividida em cinco partes:

a. Confissão (leia Pv 28.13; 1 Jo 1.9). Lidar completamente com os pecados em nossas vidas, concordando com Deus que isso ou aquilo foi errado, e a seguir, pedir perdão.

b. Intercessão (leia 1 Tm 2.1,2). Lembrar-se dos outros e de suas necessidades em oração.

c. Súplica (leia Fm 4.6; Hb 4.15-16). Apresentar a nós mesmos e nossas necessidades a Deus. Lembrar-se dessas necessidades e pedir ao Senhor coisas para nós mesmos.

d. Ação de graças (leia 1 Ts 5.18). A oração que expressa gratidão a Deus pelas suas bênçãos específicas e dons dados a nós.

e. Louvor (leia 1 Cr 29.11-13). Expressões de adoração dirigidas a Deus, sem a menção a nós mesmos ou aos outros — somente a Deus. Nós louvamos a Deus, expressando palavras de honra a Ele, pelo seu caráter, seu nome, sua vontade, sua Palavra, sua glória, etc.

Quando um homem corteja sua futura esposa, o louvor torna-se uma parte importante do processo. Quando ele aprecia a beleza dos cabelos dela, deve expressar isso verbalmente. Deve elogiar a beleza dela, a escolha do perfume e das roupas, e o excelente gosto que ela tem. Se ele gosta da comida que ela prepara ou de um dom especial, deve expressar, livremente, a sua apreciação. Se ele admira a maneira como ela expressa-se, novamente, deve dizer alguma coisa a respeito. Quando você ama alguém, o louvor deve vir naturalmente, porque é uma parte genuína, estimulante, de um relacionamento em crescimento.

O louvor não é, na verdade, algo que fazemos para Deus. Ele não tem um ego para alimentar. Nós louvamos a Deus pelo que Ele é, e pelo que Ele faz por nós. Davi encontrava uma satisfação especial, expressando o louvor ao Senhor.

Fortalecendo esta Lição em sua Alma

Em lugar de dar graças pelo que você tem (planeje fazer isso outro dia), crie uma lista de afirmações a respeito de Deus. Coloque as palavras "Eu aprecio o Senhor porque…", e comece a escrever. Mantenha a lista em um lugar conveniente e acrescente louvores à medida que eles vierem à sua mente, durante esta semana. Leia-os em voz alta, de tempos em tempos.

Dia 4: Salmo 63

Meditação e Canto

Em sua experiência no deserto, Davi tomou cinco decisões que aprofundariam a sua conexão com Deus. Em primeiro lugar, decidiu imaginar a presença física do Senhor. A seguir, decidiu expressar em voz alta o louvor a Deus. A sua terceira decisão é dedicar-se a uma disciplina mental que muitos, no século XXI, não entendem claramente: meditação. *Ele decidiu meditar a respeito do Senhor (v. 6).*

> Quando me lembrar de ti na minha cama
> e meditar em ti nas vigílias da noite.

A meditação hindu e budista envolve eliminar da mente todas as distrações, incluindo o pensamento consciente. Embora haja valor em deixar de lado a confusão mental dos assuntos mundanos diários, o propósito da meditação hebraica é abrir lugar para pensamentos a respeito de Deus. A palavra hebraica traduzida como "meditar" significa "expressar, ponderar, planejar", e se baseia em um verbo que, originalmente, significava "um som baixo, característico do arrulhar de uma pomba ou do rosnar de um leão sobre a sua presa".[12] Imagine alguém fechando seus olhos e dizendo, *"Hmmmmm..."*

Este tipo de meditação envolve uma consideração consciente das informações reunidas durante o dia. Davi "lembra-se" de Deus, e então agrupa os dados, para maior entendimento do Senhor e dos seus caminhos. Segundo Salmos 49.3, a boca fala sabedoria, mas, quando o coração medita sobre a Palavra de Deus, então vem o entendimento.

Considero notável que, neste sexto versículo, Davi refira-se às vigílias noturnas e a estar na cama, quando medita. Isto sugere que um dos melhores momentos para ponderar a respeito da Palavra de Deus e permitir que a mente concentre-se nEle é quando nos deitamos para dormir, à noite. É quando Davi disse que se lembrava do Senhor. As noites de inquietude e irritação são acalmadas por momentos de meditação.

Ele decidiu cantar de alegria (vv. 7,8).

Porque tu tens sido o meu auxílio;
jubiloso cantarei refugiado à sombra das tuas asas.
A minha alma te segue de perto;
a tua destra me sustenta

Davi estava no deserto. Ele não tinha público, nem procurava um. Deus era o único objeto de sua adoração, e era a Ele que a sua alma agarrava-se. Para fortalecer o relacionamento entre ele e o seu Senhor, Davi cantou de alegria. Raros, mas abençoados, são aqueles discípulos de Davi, que se sentem suficientemente relaxados na presença de Deus para cantar.

Quando eu fazia parte dos fuzileiros navais, sediado em Okinawa, fiz uma boa amizade com um missionário do grupo *The Navigators*. Bob Newkirk investiu em meu desenvolvimento espiritual em uma época em que eu precisava de um mentor. Foi também um momento crítico em sua vida; ele estava passando por uma grave provação. Eu sabia disso, porque me fez confidências. Eu o observava para ver como ele iria reagir. Ele não parecia desencorajado, nem perdia o seu zelo. Certa noite, fui à casa dele, e sua esposa contou-me que ele estava em seu pequeno escritório, em Naha, a capital. Tomei o ônibus, naquela noite chuvosa, e cheguei a alguns quarteirões do seu escritório. Ao descer do ônibus, comecei a me dirigir ao seu escritório, pisando na água. Em pouco tempo, comecei a ouvir um cântico. Percebi que era a voz dele. O hino era familiar. Lembro-me, com muita clareza, das palavras.

Ó, em tão grande dívida com a graça
Diariamente, me vejo impelido a estar!
Que a tua bondade, como uma corrente,
Prenda o meu coração desgarrado a ti.[13]

Era o meu amigo missionário, cantando diante do seu Senhor, sozinho, em seu escritório. Ele havia aprendido a verdade deste versículo do Salmo 63. Sob a aflição de sua provação, meu amigo cantava com alegria. Ao ouvir, sentia-me como se estivesse em solo sagrado.

Fortalecendo esta Lição em sua Alma

A meditação — a disciplina mental de compreender a Deus e seus caminhos — exige isolamento e silêncio. Hoje à noite, antes de entrar debaixo dos cobertores, dedique trinta minutos para ponderar sobre a resposta a esta pergunta: O que Deus tentou me ensinar hoje? Na verdade, tente fazer isso nas próximas noites.

Dia 5: Salmo 63

Alegre-se em Deus

O cântico de Davi no deserto, o Salmo 63, prossegue com a quinta decisão que ele esperava que fortalecesse o seu relacionamento com o Senhor: *ele decidiu se alegrar em Deus (vv. 9-11).*

> Mas aqueles que procuram a minha vida para a destruírem
> irão para as profundezas da terra.
> Cairão à espada,
> serão uma ração para as raposas.
> Mas o rei se regozijará em Deus;
> qualquer que por ele jurar se gloriará;
> porque se tapará a boca dos que falam mentira.

Davi conclui este salmo de adoração com um retrato de sua situação. Para nossa surpresa, ele não estava completamente sozinho, porque o versículo 9 fala dos que procuravam destruir a sua vida. Nem estava livre de críticas e calúnias, segundo o último versículo. Ainda assim, em meio a todo esse perigo e privação, Davi escolhe a alegria. Em vez de permitir que suas terríveis circunstâncias ditem sua atitude, comparou as possibilidades de longo prazo de seus inimigos e celebrou o seu destino.

Os que procuravam matar Davi, impedindo-o de se tornar o rei de Israel, haviam se condenado à sepultura. Eles viviam pela espada, e estavam fadados a morrer pela espada. Além disso, não seriam honrados como heróis em sua morte; tornar-se-iam comida para aves de rapina. Davi, por outro lado, recebera a promessa do trono, que agora era ocupado pelo seu inimigo, Saul. Ele declara: "Mas o rei se regozijará em Deus" (v. 11). Como o rei eleito, não duvidava da proteção do Senhor.

Você está tão determinado como o jovem Davi, a viver além da opressão do ritual religioso? Incentivo você a cultivar um relacionamento de tal espontaneidade com o seu Deus, para que nunca mais caia no molde previsível da religião vazia. Depois que você tiver provado a verdadeira piedade, nunca mais se satisfará com os enganos da falsa piedade. Desejará estar apenas na "presença de Deus", independentemente de sua localização. É o lugar mais revigorante da terra, embora, às vezes, você possa se encontrar em um deserto.

Fortalecendo esta Lição em sua Alma

As pessoas ficam na confusão das atividades — tanto religiosas quanto seculares —porque a mentalidade de curto prazo conserva-as servilmente obedientes à tirania do urgente. Para que Deus chamou você? Se não sabe, este é o momento de descobrir o seu propósito. As suas atividades diárias contribuem para o seu chamado, para o seu propósito?

Semana 15 • Salmo 91

A OPRESSÃO DO ATAQUE INIMIGO

Aquele que habita no esconderijo do Altíssimo,
à sombra do Onipotente descansará.
Direi do Senhor:
ele é o meu deus, o meu refúgio, a minha fortaleza,
e nele confiarei.
Porque ele te livrará do laço do passarinheiro
e da peste perniciosa.
Ele te cobrirá com as suas penas,
e debaixo das suas asas estarás seguro;
a sua verdade é escudo e broquel.
Não temerás espanto noturno,
nem seta que voe de dia,
nem peste que ande na escuridão,
nem mortandade que assole ao meio-dia.
Mil cairão ao teu lado,
e dez mil, à tua direita,
mas tu não serás atingido.
Somente com os teus olhos olharás
e verás a recompensa dos ímpios.
Porque tu, ó Senhor, és o meu refúgio!
O Altíssimo é a tua habitação.
Nenhum mal te sucederá,
nem praga alguma chegará à tua tenda.
Porque aos seus anjos dará ordem a teu respeito,
para te guardarem em todos os teus caminhos.
Eles te sustentarão nas suas mãos,
para que não tropeces com o teu pé em pedra.
Pisarás o leão e a áspide;

calcarás aos pés o filho do leão e a serpente.
Pois que tão encarecidamente me amou,
também eu o livrarei;
pô-lo-ei num alto retiro, porque conheceu o meu nome.
Ele me invocará, e eu lhe responderei;
estarei com ele na angústia;
livrá-lo-ei e o glorificarei.
Dar-lhe-ei abundância de dias
e lhe mostrarei a minha salvação.
(Sl 91)

Dia 1: Salmo 91

A Guerra contra o Maligno

Ataque inimigo? Houve uma época em minha vida em que não tinha inimigos. No entanto, quando comecei o ministério, isso mudou. Não é uma surpresa que muitos que servem a Deus, no ministério, em tempo integral, tornam-se alvos de ataques demoníacos, especialmente aqueles que servem em regiões onde as forças das trevas são corriqueiras. Mas os ataques do Inimigo não estão, de maneira alguma, limitados a essas regiões sombrias do mundo. O adversário trabalha intensamente onde quer que consiga encontrar uma brecha em um relacionamento a explorar, ou um pecado habitual a manipular. Quão agradecido sou por este cântico das Escrituras! Como poucas outras passagens das Escrituras, ele enfrenta os ataques inimigos e nos dá esperanças para vencê-los.

Cada cântico antigo, como cada grande hino, tem seu próprio tom especial. O magnífico hino, "And Can It Be?" tem um tom de certeza. O adorável "Guide me, O Thou Great Jehovah" tem um tom de dependência e confiança. As comoventes melodias de "O Sacred Head, Now Wounded" têm um tom de paixão e dor, ao passo que "I Am His, and He Is Mine" transmite amor e aceitação. O Salmo 91 também tem um tom singular em sua mensagem. Descobrimos isso o lendo e procurando palavras ou expressões que transmitam pensamentos similares. Deixe-me listar algumas:

Versículo 1: esconderijo
Versículo 2: refúgio... fortaleza
Versículo 4: seguro... escudo
Versículo 5: espanto noturno... seta... de dia
Versículo 6: peste... mortandade
Versículo 7: mil cairão
Versículo 9: refúgio
Versículo 11: guardar
Versículo 15: livrar

Pode haver poucas dúvidas a respeito do tom do Salmo 91: é guerra, batalha, conflito, luta. É um cântico de batalha, porque transmite uma atmosfera de ataque inimigo diário e opressivo. E quem é esse inimigo? Os inimigos nacionais de Israel? Não. Um ser humano que se opõe ao autor? Não creio. Uma guerra real e visível, em um campo de batalha coberto de sangue? Não, duvido. Examinemos outros versículos, para que identifiquemos o inimigo:

Versículo 3: o passarinheiro
Versículo 8: os ímpios
Versículo 10: o maligno

Considere, então, a promessa do auxílio angelical (vv. 11,12) bem como do resgate divino (vv. 14,15). Quando você combina todas as evidências, penso que isso resulta em um forte caso a favor de um cântico a respeito da sobrevivência aos ataques de nossos inimigos espirituais, Satanás e os seus demônios. O cântico fala de uma batalha no campo espiritual invisível. Isso explica a nossa necessidade da intervenção divina e angelical. Como o nosso inimigo espiritual dirige-se contra nós com força sobrenatural, precisamos de ajuda sobrenatural.

Infelizmente, não dispomos nem do espaço nem do tempo para examinar todo o espectro dos ataques inimigos, mas talvez um ou dois exemplos possam ser úteis. Há certas pessoas cuja presença palpita com maldade. Estar perto delas libera forças depressivas, que são, ao mesmo tempo, amedrontadoras e inevitáveis. Deparei-me com indivíduos assim, durante todo o meu ministério, e jamais me esqueci dos ataques. Frequentemente, as pessoas agiam em práticas ocultas desconcertantes e impressionantes, e/ou estavam intensamente envolvidas na cultura das drogas. Vi coisas estranhas, até mesmo bizarras, acontecendo em minha família, durante tais ocasiões. Pesadelos intermitentes, explosões inflamadas de rebelião e discussões, uma pesada nuvem de depressão, acidentes estranhos e uma desarmonia conjugal incomum podem acontecer, seguindo esses ataques. Estremeço quando me lembro dessas terríveis ocasiões.

Nem todos os ataques demoníacos são declarados e abertos. Na verdade, muitos adotam formas mais sutis e traiçoeiras, como voltar uma pessoa contra outra, ou manter alguém preso a um pecado habitual, para destruir as vidas de todos aqueles que essa pessoa conhece. Há vários anos, testemunhei como o pecado de apenas duas pessoas abalou completamente dois ministérios, até então estáveis, até suas bases.

Tenha isso em mente enquanto nos aprofundamos no estudo do Salmo 91. O tom é de batalha, e o Inimigo é o nosso perverso adversário, que nos ataca com persistente regularidade. Deixe-me sugerir quatro partes distintas neste cântico a respeito da libertação divina do mal sobrenatural:

I. Proteção em meio ao Maligno (vv. 1-4)
II. Atitude com Relação ao Maligno (vv. 5-10)
III. Ajuda contra o Maligno (vv. 11-13)
IV. Proteção contra o Maligno (vv. 14-16)

Fortalecendo esta Lição em sua Alma

Qual você considera ser a sua mais importante dificuldade, na batalha contra o mal? Como ela apresenta-se? O que você tem feito, em resposta aos ataques? Como tem funcionado essa estratégia?

Dia 2: Salmo 91

O Cuidado Protetor de Deus

O primeiro versículo do Salmo 91, um cântico sobre o combate às forças do mal, estabelece o contexto para tudo o que vem a seguir. Sendo assim, vamos examinar mais atentamente essas duas linhas.

Proteção em meio ao Maligno

Jamais devemos esquecer-nos de que os crentes fiéis ao Senhor Jesus Cristo não estão afastados da presença da impiedade. Na verdade, o nosso Salvador orou, especificamente: "Não peço que os tires do mundo, mas que os livres do mal" (Jo 17.15). Embora seja difícil entender a razão, Deus planejou que deveríamos continuar a viver em um sistema de mundo hostil, ímpio e não cristão *(kosmos)*. Ele não nos retirou, deliberadamente, de uma atmosfera de hostilidade. Em vez disso, prometeu preservar-nos em meio aos conflitos. Possibilitou um plano de proteção, e não de isolamento. Deus não está interessado em que nos isolemos, escondidos, como eremitas, em uma caverna, mas que vivamos corajosamente na linha de frente, reivindicando a sua proteção em meio a um ambiente perverso.

Para que desfrutemos dos benefícios da proteção, temos de viver conforme o Salmo 91, que usa analogia e metáfora para transmitir verdades espirituais. O segredo da sobrevivência é "habitar no esconderijo do Altíssimo", e "à sombra do Onipotente descansar".

A palavra "habitar" (v. 1) é a tradução da palavra hebraica *yashav*, que quer dizer "permanecer". Essa palavra transmite a ideia de permanência. O verbo "habitar" é usado, em sentido figurado, com o significado de "viver em consciente comunhão com, obter forças diárias de". Da mesma maneira como alguém poderia "obter o seu sustento do campo", somos encorajados a obter a satisfação das nossas necessidades em Deus. Isso exige uma atitude de contínua percepção da presença e do envolvimento do Senhor. A ideia é ainda mais desenvolvida através da palavra "esconderijo", no versículo 1. Esta palavra é, originalmente, *sathar*, que significa "abrigo, esconderijo secreto". Um grupo de soldados, surpreendidos atrás das linhas do inimigo, precisa encontrar um lugar para descansar, um lugar que esteja escondido e, portanto, a salvo do inimigo. O Senhor é descrito como o nosso refúgio, onde podemos encontrar segurança e descanso.

Antes de prosseguir, deixe-me enfatizar que o Salmo 91 foi escrito para *os que habitam*, isto é, permanecem. Ele não promete salvação e proteção a todos, mas aos *que permanecem* — aqueles que obtêm diariamente a sua força do seu Senhor, conservando uma intimidade de comunhão e proximidade com Ele. Não se esqueça disso!

Na parte final do versículo 1, lemos que, quando essa íntima comunhão for mantida, "à sombra do Onipotente descansaremos". Agora encontramos uma palavra hebraica diferente, traduzida como "descansar". Essa palavra é *lūn*, que significa "hospedar-se, passar a noite", e transmite a ideia de um repouso periódico ou uma parada para alojar-se.

O que quer dizer realmente, o versículo 1? Simplesmente, o seguinte: se nós, que conhecemos o Senhor Jesus Cristo, permanecermos em uma comunhão consciente com Ele (conservando os nossos pecados confessados e abandonados, e andando em uma constante dependência dEle), desfrutaremos os benefícios de viver sob o seu cuidado protetor nas ocasiões em que for necessário descansar e nos abrigar. Se conservarmos o nosso andar com Ele, poderemos contar com Ele e com a sua libertação em ocasiões periódicas, quando as coisas ficarem difíceis.

O cântico continua a desenvolver a ideia de segurança e proteção contra os ataques de Satanás, com imagens de batalha.

Direi do Senhor: Ele é o meu Deus, o meu refúgio,
a minha fortaleza, e nele confiarei. (v. 2)

Um "refúgio" é um lugar de descanso. Uma "fortaleza" é um lugar de defesa. Observe que isso não quer dizer que o Senhor *proverá* essas coisas, mas que o Senhor *é* essas coisas. É por isso que a nossa permanência ou habitação nEle é essencial; é somente *nEle* que encontraremos descanso e proteção. Dedique algum tempo para considerar a última palavra do versículo 2: *confiar*. É uma tradução do mesmo verbo hebraico encontrado em Provérbios 3.5.

Confia no Senhor de todo o teu coração
e não te estribes no teu próprio entendimento.

Isso exige total confiança. Um operário de construção, que trabalha quarenta andares acima do nível da rua, confia em um conjunto de cabo e cordas, que o impedirá de cair, caso ele perca o equilíbrio. Ele confia que o cabo e as cordas o sustentarão em uma emergência. Ele precisa depositar total confiança nesse equipamento de segurança. Esse é o tipo de confiança que o nosso Senhor quer de nós.

Fortalecendo esta Lição em sua Alma

Por que você acha que Deus decidiu conservar o seu povo no mundo, em meio ao mal, em lugar de nos levar imediatamente ao céu? Como você define a "proteção" contra o "maligno"? Quais passagens das Escrituras respaldam a sua definição?

Dia 3: Salmo 91

O que Deus Faz

Enquanto os dois primeiros versículos do Salmo 91 retratam o caráter fiel de Deus, os versículos 3 e 4 descrevem o que Deus faz. O salmista menciona três atos que o Senhor realiza por nós:

a. Ele livra: do laço do passarinheiro e da peste perniciosa
b. Ele cobre: com suas penas / debaixo das suas asas
c. Ele protege: com a sua verdade

A estrutura da sentença hebraica nos permite identificar ênfases particulares em nosso estudo, de tempos em tempos. Neste caso, a parte enfática dos versículos 3,4 é "Ele". Podemos traduzir como "somente Ele", ou "Ele é — e ninguém mais". Em termos práticos, você não encontrará auxílio ou resgate absoluto em ninguém, exceto o seu Senhor.

Agora, uma por vez, vamos examinar as ações específicas que Deus realiza para nos proteger e sustentar quando o inimigo ataca. O salmista descreve essas ações, usando três analogias diferentes.

1. Ele livra do laço do passarinheiro. A primeira analogia imagina um pássaro enredado na armadilha de um passarinheiro; essa armadilha tem uma isca que é algo que o pássaro necessita. O meu dicionário Webster diz que um laço é "algo em que nos enredamos, algo enganosamente atraente". A palavra "livrar" é a tradução de *natzal,* que significa "separar, remover", e sugere que o pássaro já foi enganado pela armadilha e foi aprisionado. A morte certa está à sua espera, como descreve a expressão "peste perniciosa". Literalmente, "uma morte de destruição". Uma tradução diz que esta é "uma morte violenta".

2. Ele cobre com as suas penas, e debaixo das suas asas. Aqui, o Senhor é retratado como um pássaro que mantém constante vigilância sobre sua prole. Tanto Salmos 36.7 como Salmos 57.1 mencionam a proteção que temos sob as "asas" do nosso Senhor. Quando o perigo apresenta-se, os filhotes de patos e gansos vão diretamente à sua mãe, que cria uma coberta com as suas asas. A mãe, então, conservará seus filhotinhos a salvo de quaisquer predadores.

3. Ele protege com a sua verdade. O salmista retratou a proteção do nosso Senhor de três maneiras distintas, nos versículos 3 e 4. Primeiramente, na cena de um passarinheiro. Em segundo lugar, na cena de uma batalha. Aqui, ele nos assegura de que estamos protegidos pela Sua presença fiel. A palavra hebraica para "escudo" indica uma barreira de proteção que é suficientemente grande para proteger um soldado de uma chuva de flechas. A palavra traduzida como "broquel" origina-se de uma palavra que transmite a ideia de "circundante". Poderia ser outro tipo de escudo, grande e curvo. Como a palavra também indica um tipo particular de pedra, o conceito de uma barreira fortificada, como uma muralha de um castelo, faz melhor sentido.

De qualquer maneira, a ideia é a mesma: no calor da batalha, quando os ataques do inimigo se tornam insuportáveis, a fidelidade de Deus está ali, para nossa proteção; esconda-se atrás dEle.

Fortalecendo esta Lição em sua Alma

A principal — e, na atualidade, a *única* — arma de Satanás é o engano. Como, portanto, uma pessoa "se abriga" no Senhor? Quais são as fontes da verdade divina que você tem à sua disposição? Como pode utilizá-las mais frequentemente, e como pode torná-las mais acessíveis em uma emergência?

Dia 4: Salmo 91

Reivindicando o Refúgio em Deus

No Salmo 91, o autor do cântico reconhece o Senhor como seu refúgio, quando se encontra sob o ataque das forças do mal. Agora, avalia o seu inimigo e calcula as suas (e nossas) chances de sobreviver à batalha. (Já contando o final da história: temos 100% de possibilidade de vitória).

A Atitude com Relação ao Maligno

A maior parte do cântico está escrita na segunda pessoa do singular, como se escrita especialmente para uma pessoa. Isso não está longe da verdade: o cântico foi escrito para você! Começando no versículo 5, o autor faz uma série de predições a seu respeito, supondo que você colocou sua confiança no Senhor e está indo a Ele em busca de refúgio e proteção do inimigo. Aqui estão as predições do autor.

Não temerás (vv. 5,6). Examine as palavras descritivas que retratam as táticas do nosso Inimigo: espanto... seta... peste... mortandade. Todas elas descrevem ataques satânicos e demoníacos contra nós. Observe, também, que tais ataques ocorrem a qualquer momento do dia ou da noite. O nosso Inimigo não se deterá diante de nada para nos amedrontar! A intimidação é um dos seus mais pontiagudos dardos de mentira.

Mas o salmista assegura que você não precisará ter medo, porque a verdade da fidelidade de Deus envolverá você como um cobertor no inverno. Enquanto o Inimigo atirar as suas flechas incansavelmente em sua direção, você estará a salvo, envolvido pelo "broquel" da fortaleza de Deus. Para o salmista, você está sobre um parapeito, muito acima do alcance do mais poderoso ataque de flechas. Você observa, em completa paz, enquanto milhares de mísseis caem, pateticamente, no chão, antes de alcançá-lo.

A sua fé prevalecerá, ao passo que outros cairão (vv. 7-10). Eu vejo "fé" escrita entre cada linha, você não? O nosso Senhor espera que permaneçamos firmes em sua Palavra — suas promessas — sua força. Leia Efésios 6.10,11,16 e verá que o "escudo da fé" consegue desviar qualquer coisa que o maligno atire contra você. Lembre-se de que a fé exige um objeto. Há, pelo menos, quatro verdades bíblicas específicas para que o cristão declare, quando estiver sofrendo ataques demoníacos, ou buscando alívio de tais ataques.

1. *A Cruz.* Procure versículos que declaram a derrota de Satanás no Calvário, e leia-os em voz alta. (Veja Cl 2.13-15, Hb 2.14,15, e 1 Jo 3.8.)
2. *O Sangue.* Ao considerar e declarar a derrota de Satanás na cruz, lembre-se de passagens específicas que falam do sangue do Senhor Jesus Cristo. (Veja Rm 5.8,9 e Ap 12.10,11.)
3. *O Nome.* Ao buscar libertação e forças em meio à sua batalha, declare, verbalmente, o precioso nome do Senhor Jesus Cristo, como seu refúgio e Deus soberano. (Veja Pv 18.10 e Fp 2.9,10.)
4. *A Palavra.* Permaneça firme na Palavra escrita de Deus, como fez o nosso Senhor, quando o Diabo o tentou a ceder à sua mentira. (Veja Mt 4.4,7,10 e Ef 6.11,17.)

Se você usar isso como um guia prático, e declarar cada uma dessas verdades pela fé, descobrirá que consegue viver além da opressão dos ataques inimigos.

Fortalecendo esta Lição em sua Alma

Como é ter alguém que prediga o seu sucesso na batalha contra todas as forças das trevas? Existe, é claro, uma condição: você deve encher a sua mente com a verdade, para refutar as mentiras de Satanás. Memorizei versículos das Escrituras e dúzias de hinos. O que você fará?

Dia 5: Salmo 91

Uma Vantagem Tática

Tendo predito o seu sucesso na batalha contra os ataques do Diabo, o Salmo 91 continua, apresentando vários compromissos do Senhor. Ele promete dar a você uma vantagem tática, que o autor do cântico apresenta nos versículos finais.

Ajuda contra o Maligno

Deus prometeu enviar o auxílio angelical quando estivermos enfrentando ataques nos campos sobrenaturais. Isso faz sentido. Satanás e os demônios são seres sobrenaturais — como o são os anjos. Precisamos de ajuda sobrenatural quando lidamos com inimigos sobrenaturais. Nos versículos 11-13, o autor descreve três atividades específicas dos anjos por nós.

1. Os anjos receberão "ordem" a nosso respeito (v. 11). A palavra "ordem" vem da palavra hebraica *tzawa,* que significa "atribuir, instalar, dar ordem de". Outras passagens das Escrituras sugerem que o Senhor, realmente, nomeou anjos — guardiões celestiais — para nos auxiliar quando formos atacados por forças sobrenaturais (Mt 18.10; At 12.15).

2. Os anjos nos "guardam" em todos os nossos caminhos (v. 11). A palavra hebraica *shamar* quer dizer "guardar, vigiar, observar, preservar, tomar conta de". Os anjos são supervisores e ajudadores do povo de Deus. Como sentinelas silenciosas, montam guarda sobre os que buscam refúgio no Senhor, preservando os nossos passos.

3. Os anjos "te sustentarão" em suas mãos (v. 12). O verbo *nasah* quer dizer, na verdade, "erguer, carregar, levantar". Quando usado em sentido figurado, em referência a uma pessoa, quer dizer "apoiar, sustentar". No contexto do Salmo 91, os anjos atendem as suas necessidades mentais, emocionais e espirituais, para que você não se sinta subjugado pela mentira do Diabo e dos seus subalternos.

A Proteção contra o Maligno

Ao longo de treze versículos, o autor do cântico falou com você diretamente. Agora, Deus fala, comprometendo-se, com suas promessas, em resposta ao fato de você buscar refúgio nEle.

- Eu o livrarei (v. 14).
- Pô-lo-ei num alto retiro (v. 14).
- Eu lhe responderei (v. 15).
- Estarei com ele na angústia (v. 15).
- Livrá-lo-ei e o glorificarei (v. 15).
- Dar-lhe-ei abundância de dias (v. 16).

Que lista de promessas! Da boca de Deus para a pena do salmista, e para os nossos olhos. Elas são suas, você pode reivindicá-las. O Senhor diz que aqueles que o amam e os que o conhecem têm nEle esta segura esperança. A palavra hebraica usada para "amor" é incomum e rara. Mais frequentemente, ela é usada com referência a "conectar uma coisa a outra". A palavra hebraica inclui a ideia de prender uma sela a um cavalo. Seria aceitável para traduzir Salmos 91.14: "Porque ele se conecta afetivamente a Mim".

Fortalecendo esta Lição em sua Alma

Se você fosse iniciar uma batalha em que o seu melhor esforço assegurasse a vitória, como essa certeza afetaria a sua capacidade de lutar? Como a vitória garantida afetaria a sua perspectiva sobre a adversidade? O Salmo 91 diz que se refugiar na verdade divina é o segredo para a vitória. Em que direção segue o seu plano de batalha? Seja específico.

Semana 16 • Salmo 100

A OPRESSÃO DA INGRATIDÃO

Salmo de louvor e ação de graças.

Celebrai com júbilo ao Senhor,
todos os moradores da terra.
Servi ao Senhor com alegria
e apresentai-vos a ele com canto.
Sabei que o Senhor é Deus;
foi ele, e não nós,
que nos fez povo seu e ovelhas do seu pasto.
Entrai pelas portas dele com louvor
e em seus átrios, com hinos;
louvai-o e bendizei o seu nome.
Porque o Senhor é bom,
e eterna, a sua misericórdia;
e a sua verdade estende-se de geração a geração.
(Sl 100)

Dia 1: Salmo 100

ABUNDÂNCIA SEM GRATIDÃO

Embora tenhamos passados por altos e baixos durante o último século — alguns deles, significativos — ainda assim, nós nos beneficiamos de um nível sem precedentes de abundância. Nunca antes, na história humana, tantas pessoas viveram no tipo de conforto e segurança que temos hoje. E a cultura norte-americana lidera o mundo, em termos de luxo. Muitas famílias têm uma garagem cheia de automóveis, uma casa cheia de equipamentos modernos — muitos deles, dedicados ao entretenimento — um armário cheio de roupas, e uma geladeira cheia de comida. Infelizmente, nesses dias de abundância e riqueza, a nossa tendência é tornarmo-nos ingratos, e até mesmo presunçosos. Em vez de agradecermos a Deus, desenvolvemos um espírito de merecimento.

Por favor, não me entenda mal. A abundância não é um pecado. As Escrituras descrevem várias pessoas que foram ricas e piedosas: Abraão, Jó, José, Davi, Salomão, Josias, Barnabé, Lídia, apenas citando algumas. Mas também encontramos algumas pessoas que se enamoraram de suas riquezas e perderam de vista o Senhor e o direito que Ele tem de controlar a vida delas. Não há nada de errado em ter coisas boas, mas o problema começa quando as coisas bonitas passam a nos possuir. Um espírito de merecimento pode ofuscar, rapidamente, uma atitude de generosidade e humildade. O Salmo 100 é um cântico de celebração que ajudará a restaurar um espírito de gratidão e alegre louvor.

Examinando atentamente este cântico, três perguntas nos vêm à mente.

1. *A quem ele é destinado?* Os versículos 1 e 5 declaram que o salmo é destinado a "todos os moradores da terra", para que o entoem. O Salmo 100 é para todos — todas as nações, todas as culturas, todas as épocas, todos os cenários. A sua mensagem é universal, para que todos o ouçam e apliquem.

2. *A quem ele refere-se?* Os versículos 1-3, juntamente com o versículo 5, fornecem-nos a resposta. O Salmo 100 fala do "Senhor". O seu nome aparece nada menos que quatro vezes, em cinco versículos. Em uma dessas vezes, Ele é declarado como sendo o próprio Deus. Este salmo dirige a nossa atenção a "YHWH", o nome pessoal do Antigo Testamento para Deus. Você não consegue apreciar o Salmo 100, nem aplicar a sua mensagem, se não conhece aquEle a quem ele refere-se. Mas quanto mais se torna intimamente familiarizado com o Criador Todo-poderoso e infinito, mais profundamente esse cântico ecoa em uma alma agradecida. Ser agradecido — realmente agradecido — começa com um relacionamento correto com aquEle que dá tudo a todos.

3. *Como ele está organizado?* Os salmos eram escritos, originalmente, como hinos; eles têm uma forma poética. A poesia hebraica não tem rimas, como a inglesa; os salmos seguem certo estilo, uma

“métrica” ou um “ritmo”. Cada salmo é independente de todos os demais. Como os nossos hinos atuais, cada um deles tem uma mensagem e uma organização distinta. Este cântico particular inclui sete mandamentos ou imperativos. O hino termina com um versículo que resume o caráter de Deus, dando-nos uma razão convincente para obedecer aos mandamentos.

Fortalecendo esta Lição em sua Alma

Com que frequência você faz uma pausa para considerar a bondade de Deus, e o quanto você é bem-aventurado? Qual, em sua opinião, é o seu maior obstáculo para louvar a Deus? O que diria a um bilionário que reclama de não receber bênçãos suficientes do Senhor?

Dia 2: Salmo 100

Escolha a Alegria

O Salmo 100 não perde tempo com preliminares. Em vez de tentar convencer o leitor a louvar o Senhor pela sua bondade e pelas nossas muitas bênçãos, o autor emite seis instruções, começando na primeira linha.

As Instruções

1. Celebrai com júbilo ao Senhor (v. 1). Que começo é este?! O texto hebraico vai direto ao ponto. Na verdade, a expressão “com júbilo” não aparece no texto hebraico. Literalmente traduzido, ele diz: “Gritai ao Senhor!” A palavra “gritar” vem de uma palavra hebraica que quer dizer “fazer barulho, dar um toque” como em uma trombeta. O autor convida ao tipo de grito que irrompe de uma pessoa tão cheia de alegria que não consegue conter as suas emoções, o tipo de grito de alegria desinibida que você ouve dos fãs em uma partida de futebol. Ele quer dizer, na verdade: “Gritem, em alegre aprovação a Deus!”

É difícil imaginar-se sentindo tal alegria a respeito do Senhor, não é? Encaremos: quando foi a última vez que você gritou como um fã de esportes por causa de alguma coisa que leu nas Escrituras? Quando você examinou as suas listas e gritou, depois de um sermão a respeito dos atributos de Deus? Não estou sugerindo que os tradicionais tornem-se carismáticos, mas, certamente, todos nós deveríamos sentir alguma emoção, algum entusiasmo, pelo menos um pouco de alegria. Às vezes, o Senhor faz coisas que desafiam a explicação natural, realizando aquilo que está completamente além da nossa capacidade. Quando Ele vier em seu socorro, não aceite isso em silêncio. Grite para Ele! Levante a sua voz em louvor! Fazendo isso, combatemos aquela opressão de ingratidão que pode acompanhar-nos tão facilmente.

2. Servi ao Senhor com alegria (v. 2). Um sinal saudável da vida agradecida é servir. Poucas decisões são mais eficazes para aliviar a opressão diária da ingratidão que o serviço aos outros. Fazendo a obra de Deus, nós o servimos, e não à igreja local, nem ao superintendente de algum departamento, e não ao pastor ou a algum conselho. Servimos ao Senhor. É a Ele que adoramos, e é para Ele que trabalhamos — não para as outras pessoas! E, por favor, observe que a motivação não é relutante nem movida pela culpa; devemos servir "com alegria". A palavra hebraica para esta expressão era usada para descrever coisas agradáveis, que trazem alegria.

Agora, falemos com muita sinceridade. Nem sempre você tem vontade de servir. No entanto, esperar até que se sinta grato não é um bom plano; você nunca servirá! (eu digo isso por experiência própria). O salmo não sugere que devemos servir somente quando nossos corações estiverem cheios de alegria. Ao contrário, devemos servir em qualquer situação; a alegria será a consequência. Na verdade, quando eu começar a sentir pena de mim mesmo, ou quando a minha atitude tomar um rumo crítico, sei que é a hora de servir a alguém que está em pior situação. Não tardará para que a alegria expulse os sentimentos negativos do meu coração.

3. Apresentai-vos a ele com canto (v. 2). Nós já consideramos essa ideia do pecado em várias oportunidades, por isso não há necessidade de acrescentar muito às minhas observações anteriores. Deixe-me, apenas, enfatizar a palavra "alegria". Imagino que Deus prefere que sejamos pessoas alegres, que exultemos na sua presença, pois Ele mencionou isso em todas as linhas deste salmo, até agora.

Você é alegre? Na verdade, o seu rosto tem uma expressão de satisfação? Há sempre um sorriso no seu rosto? Os seus olhos esperam um espírito alegre? Quando você canta na igreja, por exemplo, é com alegria? Na próxima oportunidade que tiver, olhe para o sujeito no carro ao lado do seu, na rua. Ele nunca está sorrindo! Olhe para a mulher à sua frente ou atrás de você, na fila do supermercado. Não há sorriso... não há alegria.

É hora de se alegrar! Afinal, a alegria é uma escolha. Revista o seu testemunho com um espírito genuíno de alegria! Faz bem ao coração e é, verdadeiramente, contagiante.

Fortalecendo esta Lição em sua Alma

Você considera-se uma pessoa alegre? Em sua opinião, como o seu temperamento afeta a sua atitude? Se a alegria é uma escolha, o que está fazendo, para cultivar um espírito de alegria? Segundo os versículos 1,2, adorar com outros cristãos fiéis e servir aos outros é um bom começo. Talvez seja hora de começar, ou de fazer uma mudança.

Dia 3: Salmo 100

Cultive o Relacionamento com Deus

O Salmo 100 é uma ordem detalhada para a adoração ao Senhor, e fornece instruções específicas que devem ser seguidas. As três primeiras instruções, nos versículos 1 e 3, destinam-se, diretamente, ao cultivo de um espírito alegre. As quatro instruções seguintes pedem a nossa resposta à identidade e ao caráter do Senhor. Hoje, vamos examinar duas dessas instruções.

4. Sabei que o Senhor é Deus (v. 3). À primeira vista, esta instrução parece estranha. Um exame mais atento dos termos hebraicos nos ajudará a esclarecer a intenção do salmista.

A palavra hebraica traduzida como "sabei" é *yada.* Quando usada com referência a uma pessoa, indica um conhecimento pessoal, de experiência, e não o mero reconhecimento. É a mesma palavra que os autores bíblicos usaram como eufemismo, indicando a relação sexual (cf. Gn 4.1; 19.8; Nm 31.17, 35; Jz 11.39; 21.11; 1 Rs 1.4; 1 Sm 1.19). O conhecimento que temos de Deus deve ser pessoal e proveniente de nossa experiência, e não apenas teológico.

A palavra "Senhor" traduz o nome pessoal de Deus, representado, em hebraico, pelas quatro consoantes, YHWH, considerado santo demais para ser pronunciado em voz alta. Você pode recordar que esse nome é baseado no verbo "ser", e o identifica como a divindade que realmente existe. Francis Schaeffer, filósofo cristão já falecido, o chamava de "o Deus que está ali" (em oposição a todos os deuses que não estão!)

"O próprio", ou "Ele mesmo" são expressões que servem para destacar YHWH como o sujeito do verbo, enfatizando que nenhum outro nome qualifica-se para esta distinção. A sentença poderia, igualmente, ser traduzida como "Sabei que YHWH, *Ele* é Deus" ou "*Somente* Ele é Deus". Gosto do comentário adicional escrito por um compositor contemporâneo: "Ele é Deus (e eu *não* sou!).

A palavra "Deus", no final do versículo, traduz a palavra hebraica *elohim,* que enfatiza a grandeza de Deus. É como chamar um rei de "Sua Alteza Real". Assim, quando você analisa toda a instrução, ela poderia ser parafraseada como "Saiba, por experiência própria, que somente YHWH é o Deus soberano, o Deus de todos".

Aqui, vejo duas implicações de importância prática. Em primeiro lugar, Deus é soberano sobre cada um de nós, individualmente. Ele não é apenas o governante do universo, que tem domínio sobre as galáxias e pode comandar as forças da natureza. Ele é o *meu* soberano. Ele é o *seu* rei. Ele é o chefe; nós respondemos a Ele. Quando nos rendermos a esse fato, a vida ficará muito mais fácil de entender, e a alegria ocupará o lugar da frustração.

Em segundo lugar, o nosso conhecimento a respeito de Deus, como o nosso Senhor soberano, deve ser obtido por meio das nossas experiências pessoais. Isso implica um relacionamento pessoal em que Ele lidera e nós obedecemos. E por meio desse relacionamento contínuo, a decisão de confiar nEle torna-se uma confiança definida, inabalável. As pessoas confiantes são pessoas alegres.

5. *Entrai pelas portas dele com louvor e em seus átrios, com hinos (v. 4).* O que o salmista tinha em mente? A que se referem as "portas" e os "átrios"? Há duas possibilidades. Em primeiro lugar, poderiam ser uma referência à fortaleza de um governante, onde ele realiza assembleias, decidindo casos e concedendo favores. Neste caso, o convite é para entrar no grande salão com louvores e ação de graças, em lugar de buscar alguma coisa do governante.

A segunda possibilidade é uma referência ao Templo, o lugar onde o povo de Deus aproximava-se do Senhor. No Antigo Testamento, o brilho sobrenatural da sua glória —chamada *shekiná* pelos hebreus — enchia o Lugar Santíssimo do Templo (2 Cr 5.14 e 1 Rs 8.10-11). O Templo tinha portas e átrios, que davam acesso à presença de Deus.

Como Jesus Cristo satisfez todos os requisitos dos rituais do Templo, não mais precisamos ir a um lugar específico para encontrar a Deus. Hoje, nós adoramos "em espírito e em verdade" (Jo 4.23). Assim, como entramos em suas portas e seus átrios? Qual é, hoje, o nosso acesso à sua presença? A resposta é a oração. Hebreus 4.16 convida-nos a nos chegarmos ao trono de Deus. Por meio da oração, entramos na própria presença de Deus. Este salmo diz-nos que devemos nos aproximar do Senhor com ação de graças e louvor. Às vezes, é bom reservar nossas súplicas e pedidos para outro momento e buscar uma audiência com o único propósito de louvar.

Fortalecendo esta Lição em sua Alma

Uma pessoa cultiva um relacionamento pessoal com Deus como faria com outra pessoa: ouvindo a Ele, passando tempo com seus entes queridos, e fazendo as coisas que Ele considera importantes. O que você está fazendo, para ouvir o Senhor falar? Quanto tempo valioso passa com outras pessoas que amam a Deus? Você une-se regularmente ao Senhor, na realização da sua obra?

Dia 4: Salmo 100

Dê Graças e Louvor

O Salmo 100 continua com duas últimas instruções, seguidas por três razões específicas para "celebrar", ou "gritar com alegria" (v. 1). Essas duas instruções incentivam-nos a falar diretamente ao Senhor.

6. Louvai-o (v. 4). A instrução em hebraico, "louvar", é um único verbo, que significa "confessar, louvar, reconhecer, exortar, agradecer". Isso é mais que um mero "Obrigado, Deus, pelas bênçãos". Isso retrata alguém mencionando as razões específicas para a gratidão, contando uma história em que Deus é o herói. Fazemos isto, quando contamos a um amigo a respeito de um médico particularmente bom, que curou uma doença de que sofríamos durante muito tempo. De nós jorram detalhes e gratidão. Nós nos sentimos incapazes de falar o suficiente sobre o Senhor e o que Ele faz.

Se você está procurando sinais dos últimos dias, então procure a ingratidão. 2 Timóteo 3.1-5 lista "ingratos" em uma lista de atitudes que marcarão os dias sombrios, antes do fim dos tempos. Cuidado com uma geração ingrata e sem gratidão. Cultivar um coração agradecido não é uma coisa insignificante para Deus.

7. Bendizei o seu nome (v. 4). A palavra "bendizer" origina-se de *harak,* que quer dizer "ajoelhar-se, louvar, saudar". A ideia é mostrar honra e homenagem a Deus, reconhecendo o seu nome como superior a qualquer outro nome. No Antigo Oriente Próximo, uma pessoa que "bendissesse" um superior o faria, inclinando-se ou ajoelhando-se. Essa pessoa, então, expressaria um desejo de que a pessoa honrada tivesse poder, prosperidade, longevidade, sucesso, etc. Naturalmente, o Senhor já possui todo o poder, prosperidade e longevidade, e, certamente, terá sucesso em tudo o que decidir fazer; "bendizendo" o seu nome, afirmamos o seu poder e bondade, e nos comprometemos, unindo-nos à sua causa.

As duas ações, "louvar" e "bendizer o seu nome", têm uma importância especial, enraizada profundamente nos costumes do Antigo Oriente Próximo. Receber a hospitalidade de um nobre e proferir a bênção em retribuição estabelecia, realmente, uma aliança, uma relação vitalícia de gratidão e dívida, que conectava duas pessoas em um vínculo de amizade. Neste caso, o salmista incentiva-nos a prometer lealdade ao Rei supremo.

Fortalecendo esta Lição em sua Alma

Nos próximos dias, dedique todo o seu tempo de oração à ação de graças e ao louvor. Isso não acontece com a mesma naturalidade como pedir ao Senhor ajuda, sabedoria, força, cura ou recursos, de modo que você pode ter que se preparar, antes de orar. Crie uma lista de agradecimentos. Pesquise os atributos do Senhor. A seguir, conte a história da bondade de Deus para com a sua vida, em oração.

Dia 5: Salmo 100

Por Causa de quem Deus É

Tendo chamado o mundo todo para que se una a ele em oração, o salmista declara a razão pela qual Deus merece agradecimentos e louvores universais. A sua justificativa para celebração mundial baseia-se em três fatos a respeito do caráter do Senhor.

Razões para a Ordem

Fato 1: Ele é bom. O versículo 3 nos diz: "Ele é Deus", o único Criador e Soberano do universo; este versículo final nos diz: "Ele é bom".

O versículo 3 declara a sua posição e função; o versículo 5 descreve a qualidade do seu caráter. A palavra hebraica, *tōv,* quer dizer "agradável, deleitável, bom". Muito diferente do conceito atual que muitas pessoas têm de Deus. Ele não é um tirano irritado, que anda pelos céus procurando razões para esmagar nossas vidas ou extinguir nossa felicidade — como algum valentão celestial com um taco em sua mão. Não! Ele é *bom.* E os seus mandamentos são para o nosso bem. O amor motiva todas as suas palavras e obras.

Fato 2: Eterna [é] a sua misericórdia. "Misericórdia" é a melhor palavra para traduzir a hebraica *chesed,* mas é dolorosamente inadequada. *Chesed* é, talvez, a palavra mais importante de todo o Antigo Testamento, porque resume, de maneira eficaz, o caráter de Deus. Essa palavra pitoresca está tão impregnada de cultura e teologia hebraicas que não tem equivalente em outros idiomas. Isso explica por que *chesed* foi traduzida, em diferentes traduções, como "misericórdia", "bondade", "gentileza", "benignidade" e outras. Ela descreve o amor de concerto de Deus pelo seu povo — uma bondade apaixonada, misericordiosa, incansável, que ignora a incapacidade de seu povo de retribuir ou até mesmo de corresponder ao seu amor.

A Bíblia está repleta de histórias maravilhosas e comoventes que mostram *chesed* em ação. Penso na extraordinária lealdade de Rute para com sua sogra, Noemi (Rt 1.16,17). Penso em Jônatas, o filho do rei Saul, e na maneira como ele dedicou uma amizade extraordinária a Davi, apesar do enorme custo pessoal envolvido nesta atitude: o direito de suceder a Saul como rei (1 Sm 18.1). E quando Davi tornou-se rei, ele dedicou extraordinária misericórdia a Mefibosete, filho de Jônatas (2 Sm 9.7). Naturalmente, não temos maior exemplo de bondade do que o do próprio Senhor Deus, que demonstrou o seu amor tornando-se humano, na pessoa de Jesus Cristo.

Deus nos ama e nos aceita como somos, sabendo que não temos como pagar a dívida de tão extraordinária bondade. O seu amor e a sua aceitação incondicionais estão por trás de cada uma de suas ordens. Além disso, nada cancelará ou comprometerá o seu amor *chesed* por nós: ele dura para sempre.

Fato 3: A sua verdade estende-se de geração a geração. O Senhor não é parcial. O Deus que ordena é justo e fiel a todas as gerações. Ele não fez uma oferta por tempo limitado a uma única geração, somente para rescindi-la em relação à geração seguinte. Ele não tem favoritismo. As suas instruções e promessas aplicam-se a todas as pessoas, de todos os tempos, porque Deus jamais muda. Ele continua sendo consistentemente fiel.

Observe que o salmista não pede essa alegre resposta a Deus como meramente a nossa parte de uma transação. Nós não louvamos e adoramos o Senhor por causa de algo que possamos obter em troca. Ele pede a adoração como uma resposta natural à nossa experiência pessoal com o caráter de Deus. Naturalmente, isso se baseia na suposição de que realmente *temos* uma experiência pessoal com o caráter de Deus!

Fortalecendo esta Lição em sua Alma

Anteriormente, pedimos que você criasse uma lista de agradecimentos a Deus. Agora, reveja essa lista. Algum dos itens agradece a Deus por algum aspecto da sua natureza? Por exemplo, "Obrigado, Senhor, pela tua natureza imutável; eu sou grato porque sempre posso contar contigo". Comece uma nova lista. Faça desse tipo de ação de graças uma parte regular das suas orações.

Semana 17 • Salmo 101

A OPRESSÃO DA FALTA DE OBJETIVOS

Salmo de Davi.

Cantarei a misericórdia e o juízo;
a ti, Senhor, cantarei.
Portar-me-ei com inteligência no caminho reto.
Quando virás a mim?
Andarei em minha casa com um coração sincero.
Não porei coisa má diante dos meus olhos;
aborreço as ações daqueles que se desviam;
nada se me pegará.
Um coração perverso se apartará de mim;
não conhecerei o homem mau.
Aquele que difama o seu próximo às escondidas, eu o destruirei;
aquele que tem olhar altivo e coração soberbo, não o suportarei.
Os meus olhos procurarão os fiéis da terra, para que estejam comigo;
o que anda num caminho reto, esse me servirá.
O que usa de engano não ficará dentro da minha casa;
o que profere mentiras não estará firme perante os meus olhos.
Pela manhã destruirei todos os ímpios da terra,
para desarraigar da cidade do Senhor
todos os que praticam a iniquidade.
(Sl 101)

Dia 1: Salmo 101

Uma Vida de Propósitos

Algumas pessoas parecem vagar sem objetivos pela vida, sem seguir nenhuma direção específica. Sem objetivos claramente definidos, não é de surpreender que muitas adotem um modo de vida que não tem definição ou propósito.

Conheço algumas pessoas que, de certa forma, aceitam a vida como ela apresenta-se; como se não fosse grande coisa. Isso me lembra a ocasião em que fui convidado para uma palestra em um campus universitário. A caminho do salão, encontrei um rapaz que estava obviamente apático. Esperando acender uma pequena fagulha em seus planos para depois da formatura, fiz-lhe algumas perguntas. Nunca vou esquecer-me da sua resposta, quando perguntei: "Para onde você está indo? Quais são os seus planos?" Sem nenhuma hesitação, ele respondeu: "Planos? Bem... hã... eu vou almoçar".

Como isso é típico dos que se encontram na opressão da falta de objetivos! Eles vivem de uma refeição à outra, sem um grande interesse que vá além dos programas de televisão dessa noite. Eles vagam pela vida como um bote em um pântano.

Segundo o sobrescrito, este é um cântico de Davi, cuja vida foi guiada por um propósito específico. Ele entendia o plano de Deus para ele e, com a exceção de uma queda temporária na desobediência, seguiu pelo caminho definido para ele. Tomou decisões em conformidade com o seu propósito, e serviu ao Senhor fielmente durante muitos, muitos anos. Ele foi, realmente, um "homem segundo o coração de Deus".

Talvez mais que qualquer outra passagem das Escrituras, estes oito versículos explicam a filosofia de vida de Davi. Na verdade, um título apropriado para o Salmo 101 poderia ser "Declaração de Fé de Davi". Este é o seu credo, que declara os seus objetivos espirituais.

Davi comprometeu-se com o seu credo, sem reservas. Naturalmente, falhou, em algumas ocasiões; desviou-se do caminho, mas sempre manteve o padrão à sua frente. Neste salmo, não há o mais leve vestígio de concessão ou vacilação diplomática, somente palavras simples, diretas e devotadas. Portanto, seria bom que todos os que têm esperanças de viver além da opressão da falta de objetivos observassem como Davi decidiu comportar-se.

A Passagem e o seu Padrão

O Salmo 101 poderia ser chamado "salmo de resoluções". Conto, pelo menos, dez verbos no futuro. O salmo lembra-me da declaração de Josué, quando a nação de Israel quis desobedecer ao Senhor: "Escolhei hoje a quem sirvais... porém eu e a minha casa serviremos ao Senhor" (Js 24.15). Em quatro versículos, Davi sugere "porém eu" — "quanto a mim" — e apresenta suas resoluções em cinco verbos no futuro. Depois disso, nos versículos 5 a 8, ele volta-se ao seu reino, sugerindo "e a minha casa", e lista sete tipos diferentes de pessoas, fazendo uma declaração a respeito de cada um delas. Um possível esboço seria o seguinte:

I. Quanto a mim: Resoluções (vv. 1-4)
   - A. Cantarei (v. 1)
   - B. Portar-me-ei (v. 2a)
   - C. Andarei (v. 2b)
   - D. Porei (v. 3)
   - E. Conhecerei (v. 4)

II. E a minha Casa: Declarações (vv. 5-8)
   - A. Caluniador (v. 5a)
   - B. Soberbo (v. 5b)
   - C. Fiel (v. 6a)
   - D. Irrepreensível (v. 6b)
   - E. Enganador (v. 7a)
   - F. Mentiroso (v. 7b)
   - G. Ímpio (v. 8)

Fortalecendo esta Lição em sua Alma

Qual é o seu propósito específico na vida? Se você não sabe, este pode ser um bom momento para perguntar: "Senhor, por que me puseste aqui, no planeta Terra? Qual é a minha função específica no teu plano?" A resposta não será simples, mas um processo, começando com a decisão de servir a Deus, acima de tudo, com a sua vida. Se você ainda não fez isso, comprometa-se — sem reservas ou condições — ao seu serviço.

Dia 2: Salmo 101

Honra e Integridade

Certa vez ouvi o presidente de um seminário expressar a sua preocupação com a escola, dizendo: "Eu temo que estejamos entregando formados com um grande número de crenças, mas sem a convicção suficiente". A convicção dá às crenças uma espinha dorsal. Davi não estava satisfeito com um conjunto de verdades teológicas flutuando ao redor de sua cabeça. Ele conectou-as a convicções concretas. É como se estivesse dizendo, nos versículos 1-4: "Eu estou comprometido com o propósito de Deus, qualquer que seja". Nesses quatro versículos ele lista quatro qualidades que o cristão fiel deve possuir para descobrir a orientação clara. Cada uma delas ataca uma mentalidade sem propósito.

Honra

Cantarei a misericórdia e o juízo;
a ti, Senhor, cantarei. (v. 1)

Observe o que ele louva, com o cântico: misericórdia e juízo. Essas duas qualidades não apenas definem a Deus, como representam os valores orientadores pelos quais Ele quer que o mundo funcione. Muitos anos depois, o profeta Miqueias escreveria:

que é o que o Senhor pede de ti,
senão que pratiques a justiça, e ames a beneficência,
e andes humildemente com o teu Deus? (Mq 6.8)

O primeiro valor, traduzido como "misericórdia", é *chesed,* que comentamos anteriormente. Essa palavra combina as ideias de qualidades extraordinárias e abnegadas: misericórdia, amor, amizade, benignidade, gentileza e lealdade. O conceito de graça do Novo Testamento captura o espírito de *chesed.* A outra palavra, traduzida como "juízo", é *mishpat,* que indica uma administração ordeira e imparcial de governo; a palavra descreve aquela qualidade de governo civil que permite que todos vivam de maneira pacífica e produtiva.

Davi decide fazer dessas duas qualidades divinas o cântico da sua vida. Ele decide deixar que elas animem cada decisão e cada relacionamento.

Integridade

Portar-me-ei com inteligência no caminho reto.
Quando virás a mim?
Andarei em minha casa com um coração sincero. (v. 2)

A primeira parte deste versículo está relacionada com a integridade pública, pois Davi diz, literalmente, "Prestarei atenção ao caminho da integridade". O termo original hebraico, traduzido como "irrepreensível" ou "integridade" quer dizer "ser íntegro, completo, acabado", e transmite a ideia de ser totalmente honesto, completamente genuíno. O rei de Israel sabia que a sua vida, perante o povo, tinha que ser genuína e honesta, para que o reino continuasse forte.

A segunda parte deste versículo está relacionada com a integridade privada — ele menciona ser sincero em sua casa e no seu coração. A integridade está relacionada com a autenticidade, que não muda com base no público ou no local.

Fortalecendo esta Lição em sua Alma

Escolha uma pessoa da história que você admire por suas realizações. Procure, em uma livraria online, a biografia mais respeitada dessa pessoa e leia observando especialmente o que a influenciou, e como ela concentrou-se em termos de energia e direção. Observe também as funções da honra e da integridade no desenvolvimento dessa pessoa.

Dia 3: Salmo 101

Honestidade e Pureza

O Salmo 101 cita quatro grandes qualidades que um cristão fiel deve possuir, para discernir o seu propósito divino. Sem essas quatro virtudes para esclarecer a visão, há muita confusão. Depois de descrever honra e integridade, o cântico continua com duas outras qualidades piedosas: honestidade e pureza.

Honestidade

Não porei coisa má diante dos meus olhos;
aborreço as ações daqueles que se desviam;
nada se me pegará. (v. 3)

Como rei, Davi tinha o poder político para estabelecer qualquer agenda e então dedicar os recursos de toda a nação para alcançar o seu objetivo. Saul, seu predecessor, usou sua influência política, a riqueza da nação e a força do exército israelita para perseguir e matar Davi, a quem Deus ungira como Rei. Davi, no entanto, decide evitar qualquer objetivo e ambição indignos. Não fazer isso o teria levado, inevitavelmente, a "se desviar" da comunhão com o seu Senhor. Além disso, decidiu "aborrecer", ou odiar, as ações daqueles que "se desviam".

No antigo Oriente Próximo, "aborrecer" ou "odiar" alguma coisa é rejeitá-la, em favor de alguma outra coisa. Por exemplo, Gênesis 29 narra a história de duas esposas de Jacó e de como ele "amava" Raquel e "aborrecia" sua irmã, Leia. A palavra indica a escolha de Jacó de favorecer uma mais que a outra. Ele não sentia repulsa por Leia; afinal, teve vários filhos com ela! Davi estava determinado a escolher o caminho do Senhor e a rejeitar as ações das pessoas ímpias, aquelas que se desviavam de Deus.

Pureza

Um coração perverso se apartará de mim;
não conhecerei o homem mau. (v. 4)

Davi decidiu, até aqui, que seria um homem de honra, integridade e honestidade. Agora, decide ser um homem de pureza — não conhecer o mal. Esta deve ser uma das razões pelas quais Deus chamou Davi de "um homem conforme o meu coração". Realmente raras são aquelas pessoas, deste mundo, que poderiam dizer o que Davi diz neste quarto versículo.

Salomão, o filho de Davi, também escreveu a respeito da importância da pureza pessoal, em Provérbios 11.19-21:

Como a justiça encaminha para a vida,
assim o que segue o mal faz isso para sua morte.
Abominação para o Senhor são os perversos de coração,
mas os que são perfeitos em seu caminho são o seu deleite.
Ainda que o mau junte mão à mão, não ficará sem castigo,
mas a semente dos justos escapará.

Não deixe de prestar atenção à última parte dessa passagem. Uma vida pura é, na realidade, um investimento espiritual, e os nossos descendentes desfrutarão dos dividendos. Deus tem um plano de aquisição de pureza, uma conta espiritual, que você estabelece agora, e os seus descendentes, posteriormente, podem lucrar com ela.

Não consigo enfatizar o suficiente a importância de uma vida pura. Temos uma curiosidade exagerada a respeito da perversão e do mal. Não apenas somos cientes da iniquidade, como somos atraídos a ela, com interesse. Os meios de comunicação aproveitam-se desse interesse, enfatizando o mal em nosso mundo. Eles descobriram que o interesse público é elevado, quando se trata das atividades impuras e iníquas. Davi percebeu, no entanto, que "um coração perverso" só levaria a um enfraquecimento em sua vida espiritual.

Minha esposa Cynthia e eu conhecemos um jovem que estava sendo treinado para o ministério. Ele conheceu e se casou com uma jovem que fora gloriosamente resgatada de um passado impuro. Ela fora uma garota de programa, conectada com uma cadeia organizada de prostitutas em uma grande cidade. Durante aqueles anos, desceu às profundezas da vergonha. Por meio de uma série de eventos, ouviu o evangelho e foi a Cristo, pela fé. Depois de sua conversão e posterior casamento com o nosso amigo ministro, ela viu-se em um ambiente completamente novo. Em vez de maldade, havia pureza. Certa ocasião, contou a Cynthia o tremenda renovação que enfrentava, e a dificuldade de esquecer, completamente, o seu passado. Ela queria fazê-lo, mas o mal permanecia em sua mente. Talvez essa fosse a razão por que Davi decidiu "não conhecer o homem mau". O sistema deste mundo coloca-nos um estigma que é quase impossível de apagar. Muito melhor é ser puro e inexperiente do que estar coberto de cicatrizes de lembranças impuras que são rápidas para se repetir, sem qualquer aviso prévio.

Fortalecendo esta Lição em sua Alma

Se alguns investigadores fossem realizar uma auditoria completa em suas atividades financeiras e/ou comerciais, o que você esperaria que deixassem de perceber? Se a sua consciência incomodá-lo, o mínimo que seja, o que você pode fazer para solucionar o problema? Em termos de pureza, que influências negativas ou profanas encontra regularmente? O que pode fazer para se isolar, criando um ambiente mais íntegro e saudável?

Dia 4: Salmo 101

Permanecer na Trajetória Correta

Tendo identificado quatro qualidades a cultivar, o manifesto espiritual de Davi contido no Salmo 101 continua, com várias declarações, todas destinadas a mantê-lo na trajetória correta, em busca do seu propósito divino. Davi não olha mais para dentro; ele olha ao seu redor. Considera as pessoas do seu reino, e declara a sua reação pré-determinada a sete tipos de indivíduos.

O Caluniador

Aquele que difama o seu próximo às escondidas, eu o destruirei. (v. 5a)

A palavra "destruir" vem de uma palavra hebraica, que significa "por fim a". A ideia é que Davi calaria o caluniador, impedindo-o de executar a sua campanha secreta de manchar a reputação de outra pessoa. Ele não toleraria ataques pelas costas ou traições! As pessoas que ocupam posições de poder devem ter uma forte política para lidar, com severidade, com aqueles que tentam progredir destruindo outra pessoa.

O Soberbo

Aquele que tem olhar altivo e coração soberbo, não o suportarei (v. 5b)

Davi se recusa a se tornar uma pessoa arrogante. Você perceberá que a soberba se revela no rosto, um "olhar altivo", mas a sua origem é um "coração soberbo". Provérbios 21.4 também conecta o coração soberbo com uma aparência arrogante. Um problema prático, associado às pessoas arrogantes, é o resultado secundário da soberba: um espírito de discussão. Mostre-me uma pessoa soberba — realmente arrogante — e eu lhe mostrarei uma pessoa que traz contendas e discussões a praticamente todas as situações. A soberba deve ter a última palavra! Ouça novamente a Salomão, o sábio: "Da soberba só provém a contenda, mas com os que se aconselham se acha a sabedoria" (Pv 13.10).

O Fiel

Os meus olhos procurarão os fiéis da terra (v. 6a)

Cheguei a um interessante pensamento, em meu estudo das Escrituras. Em duas ocasiões, no livro de Provérbios, é proposta a mesma pergunta — uma vez com relação aos homens, e outra vez com relação às mulheres. A pergunta é: "Quem achará...?" Essa pergunta sugere que alguma coisa é tão rara, que dificilmente conseguimos encontrar um exemplo!

Provérbios 20.6 traz a pergunta: "O homem fiel, quem o achará?" Provérbios 31.10 traz a pergunta: "Mulher virtuosa, quem a achará?" As duas perguntas sugerem que é difícil encontrar fidelidade entre homens, e, entre as mulheres, é rara a força de caráter. (A palavra traduzida como "virtuosa" refere-se à excelência de caráter).

Ao mesmo tempo em que não conseguia suportar os soberbos, Davi ansiava por viver com os fiéis da terra. Ele descobrira que a pessoa fiel, embora nem sempre esteja de acordo, apoia a visão e a agenda do líder. Sem pessoas fiéis para cumprir seus papéis, a liderança não terá sucesso.

Fortalecendo esta Lição em sua Alma

Paulo advertiu: "Não vos enganeis: as más conversações corrompem os bons costumes" (1 Co 15.33). Escreva seu nome no centro de uma folha de papel. A seguir, escreva os nomes das pessoas com quem passa mais tempo. Ao lado de cada nome, descreva a sua principal qualidade, seja positiva ou negativa. As influências ao seu redor encorajam você a se tornar uma pessoa melhor?

Dia 5: Salmo 101

A Reação aos outros

O Salmo 101, o manifesto espiritual de Davi em forma de cântico, começou com uma lista de admiráveis qualidades que o rei desejava cultivar. A seguir, ele deu uma boa olhada à sua volta, para determinar como reagiria aos diferentes tipos de indivíduos, com base em sua influência positiva ou negativa.

O Irrepreensível

O que anda num caminho reto, esse me servirá. (v. 6b)

Davi admite que há certa categoria de pessoas que ministram a ele, aqueles que o servem. Ele diz que são as pessoas irrepreensíveis, que andam "num caminho reto" —não são pessoas perfeitas, mas homens e mulheres cuja conduta está acima de qualquer crítica. Em minha opinião, esta é a característica mais importante que deve estar presente entre os ministros — entre todos aqueles que são pastores, que aconselham, ensinam e servem os outros. Conservar um padrão de conduta que seja irrepreensível deve ser uma qualificação indispensável dos servos de Deus. Quando a integridade decompõe-se — ou mesmo a aparência dela — a pessoa perde a capacidade de liderar com prestígio.

O Enganador

O que usa de engano não ficará dentro da minha casa. (v. 7a)

A palavra original de Davi para "ficar", neste versículo, é diferente da usada no versículo anterior. Neste contexto, a palavra significa, literalmente, "sentar-se", e é usada em sentido figurado, da mesma maneira como poderíamos dizer que uma pessoa "ocupa uma cadeira no Parlamento" ou "conquistou uma cadeira no Congresso". A referência é a uma posição de responsabilidade ou autoridade. Davi decidiu que um hipócrita ou enganador não teria autoridade ou responsabilidade em sua administração. A mentira está relacionada com a atitude de não divulgar a história toda, ou ocultar a verdadeira motivação que está por trás de um ato. É o ato de fazer, deliberadamente, com que alguém seja mal-orientado ou desviado. Se você já lidou com um enganador, sabe por que Davi tinha um sentimento tão forte a esse respeito.

O Mentiroso

O que profere mentiras não estará firme perante os meus olhos. (v. 7b)

O rei tinha uma política: qualquer pessoa flagrada em uma mentira não poderia conservar a sua posição de autoridade. A confiança teria sido quebrada. Uma pessoa que mente uma vez provavelmente mentirá outra vez. Se você tem atividades comerciais ou ocupa uma posição de liderança, será pouco sensato caso tolere um funcionário que não seja sincero. A liderança depende de informações confiáveis. Como você pode conduzir a organização sem ter uma visão clara? O ânimo e o bom ambiente dependem de relacionamentos saudáveis, que são construídos sobre os alicerces da confiança. Não é possível manter o trabalho em equipe com um mentiroso no grupo.

O Ímpio

Pela manhã destruirei todos os ímpios da terra,
para desarraigar da cidade do Senhor
todos os que praticam a iniquidade. (v. 8)

Esta é uma importante conclusão! Ele mencionou vários tipos de pessoas, e se declarou, forçosamente, a respeito de cada um, mas este é o mais forte deles. A palavra "ímpio" é um termo judicial, que se refere a alguém que comete um crime e é considerado culpado por um tribunal. Não é, meramente, alguém que possa ser classificado com uma pessoa de mau caráter; os "ímpios" são criminosos. A expressão "os que praticam a iniquidade" refere-se às pessoas que cometem crimes. O verbo "destruir" traduz uma palavra hebraica que quer dizer "por um fim a, extirpar, aniquilar, extinguir".

Davi decide livrar a capital dos criminosos, por quaisquer meios que sejam necessários, incluindo a execução, embora não exclusivamente. Ele diz, na verdade: "Vou limpar a capital de todos os criminosos, de modo que não será seguro alguém cometer crimes". Ele promete limpar a prefeitura.

O credo de Davi promete reunir uma administração honesta, de alto a baixo. Ele compromete-se, pessoalmente, com um elevado grau de conduta pessoal, e decide impor a todos os participantes de seu governo o mesmo padrão. Fazendo isso, espera discernir a vontade de Deus — tendo eliminado as distrações oriundas de um mau caráter — e buscar o seu propósito divino, até o fim dos seus dias.

Fortalecendo esta Lição em sua Alma

Davi decidiu definir-se de acordo com quatro valores fundamentais: honra, integridade, honestidade e pureza. Escolha quatro valores que você irá cultivar como as qualidades que lhe definirão. Davi decidiu rodear-se de pessoas de qualidade. Com quem você planeja associar-se mais frequentemente? Davi livrou a sua casa e o seu local de trabalho de todas as influências negativas. O que precisa ser removido de sua casa e de seu local de trabalho?

Semana 18 • Salmo 116

A OPRESSÃO DA TRISTEZA E DO PESAR

Amo ao Senhor, porque ele ouviu
a minha voz e a minha súplica.
Porque inclinou para mim os seus ouvidos;
portanto, invocá-lo-ei enquanto viver.
Cordéis da morte me cercaram,
e angústias do inferno se apoderaram de mim;
encontrei aperto e tristeza.
Então, invoquei o nome do Senhor,
dizendo: Ó Senhor, livra a minha alma!
Piedoso é o Senhor e justo;
o nosso Deus tem misericórdia.
O Senhor guarda aos símplices;
estava abatido, mas ele me livrou.
Volta, minha alma, a teu repouso,
pois o Senhor te fez bem.
Porque tu, Senhor, livraste a minha alma da morte,
os meus olhos das lágrimas
e os meus pés da queda.
Andarei perante a face do Senhor,
na terra dos viventes.
Cri; por isso, falei:
estive muito aflito.
Eu dizia na minha precipitação:
todo homem é mentira.
Que darei eu ao Senhor
por todos os benefícios que me tem feito?
Tomarei o cálice da salvação
e invocarei o nome do Senhor.

Pagarei os meus votos ao Senhor,
agora, na presença de todo o seu povo.
Preciosa é à vista do Senhor
a morte dos seus santos.
Ó Senhor, deveras sou teu servo;
sou teu servo, filho da tua serva;
soltaste as minhas ataduras.
Oferecer-te-ei sacrifícios de louvor
e invocarei o nome do Senhor.
Pagarei os meus votos ao Senhor;
que eu possa fazê-lo
na presença de todo o meu povo,
nos átrios da Casa do Senhor,
no meio de ti, ó Jerusalém!
Louvai ao Senhor!
(Sl 116)

Dia 1: Salmo 116

A Tristeza É Abundante

É fácil que aqueles que são fortes e saudáveis esqueçam-se de quantas lágrimas de tristeza e pesar são derramadas todos os dias. Ao redor deste mundo de dores — talvez em sua própria casa, ou em seu coração, nesta mesma semana — a tristeza é abundante. Lágrimas caem. O pesar controla-o. E isso pode acontecer muito depressa…

Lembro-me de quando conversei certa vez com um jovem de nossa equipe de apoio, em uma igreja em que servi. Ele era muito confiante a respeito do seu futuro, um rapaz contagiante. Mas antes que chegasse a noite, naquele mesmo dia, ele foi morto em uma colisão entre automóvel e motocicleta. Em uma questão de horas, o riso converteu-se em lágrimas. De repente, a sua família encontrou-se lamentando a sua ausência. Esse é o gemido da humanidade.

O compositor do Salmo 116 entendia muito bem a opressão da tristeza e do pesar. Não conhecemos os detalhes do que fez com que o salmista ficasse de joelhos, em pesar; podemos apenas supor, com base nas indicações que ele oferece, nos versos desse antigo lamento, que a morte estava envolvida. Ele declara: "cordéis da morte me cercaram", bem como "angústias do inferno", ou Seol (a sepultura). Admite que encontrou "aperto e tristeza" em tudo o que estava acontecendo com ele. Algumas linhas mais adiante, ele declara que "estava abatido", mas o Senhor livrou os seus "olhos das lágrimas". Então, de alguma maneira, o seu Deus o pôs de novo em pé, de maneira tão firme, e trouxe de volta a sua perspectiva, de maneira tão clara, que ele pôde escrever: "Preciosa é à vista do Senhor a morte dos seus santos" (Sl 116.15).

Impressionante! Do abismo ao pináculo... da agonia ao êxtase. A mesma pessoa que começa o cântico no escuro vale do aperto e tristeza (vv. 1,2) termina-o na mais magnífica declaração de louvor que um judeu poderia proferir: "Aleluia" (v. 19), que é traduzida como "Louvai ao Senhor".

Depois de passar pelo profundo vale da tristeza, o salmista senta-se e narra sua experiência. O cântico é seu testemunho pessoal; em primeiro lugar, do seu amor pelo Senhor, que o ajudou a atravessar as turbulentas águas da aflição, tristeza e pesar (vv. 1-11); e, em segundo lugar, do seu desejo de agradecer ao Senhor, pela sua ajuda durante todo o tempo (vv. 12-19). Em forma de esboço, o cântico poderia ser assim:

I. Eu Amo o Senhor! (vv. 1-11)
   A. Porque Ele me Ouve (vv. 1,2)
   B. Porque Ele me Livra (vv. 5,6, 8-11)
   C. Porque Ele Cuida de mim (v. 7)
II. O que Darei ao Senhor? (vv. 12-19)
   A. Proclamarei os seus Benefícios (vv. 18-13)
   B. Cumprirei os meus Votos (vv. 14, 18,19)
   C. Louvarei o seu Nome (vv. 15-17)

Fortalecendo esta Lição em sua Alma

Que evento causou-lhe mais aperto e tristeza? Como afetou a sua perspectiva sobre a vida? Como afetou o seu relacionamento com Deus? O que lhe tirou daquela ocasião sombria? O que pôs fim à sua tristeza?

Dia 2: Salmo 116

UM CÂNTICO DE TRISTEZA

O Salmo 116 é o lamento de um homem rodeado de tristeza e pesar, muito provavelmente porque a morte tocou a sua vida. Nesta semana, dediquemos alguns momentos para examinar um pouco mais profundamente um cântico de tristeza.

A primeira linha do cântico do salmista é surpreendente. Ele escreve: "Amo ao Senhor, porque..." (v. 1). No século XIX, uma jovem inglesa, Elizabeth Barrett, sofreu, aos quinze anos, um ferimento que a deixou praticamente inválida durante muitos anos. Embora ela tivesse recuperado suas forças antes do seu casamento com Robert Browning, em 1846, estava hesitante em sobrecarregá-lo com os cuidados com uma esposa inválida. O amor que sentia por ele foi lindamente expresso em sua obra, *Sonnets from the Portuguese,* em que ela escreveu as palavras imortais: "Como eu te amo? Deixa-me contar as maneiras". Ela não reteve nada, ao descrever a "profundidade, e a largura, e a altura" de seu amor. Da mesma maneira, o salmista expressa a sua mais profunda afeição pelo seu Senhor. Ele conta, então, as maneiras.

Porque Ele me ouve

Amo ao Senhor, porque ele ouviu
a minha voz e a minha súplica.
Porque inclinou para mim os seus ouvidos;
portanto, invocá-lo-ei enquanto viver (vv. 1,2)

1. Ele ouve a minha voz.
2. Ele inclina seus ouvidos para mim.

São duas reações distintas, e não uma só. A primeira, "Ele ouve", significa, simplesmente, que, quando o salmista fala, Deus ouve; Deus presta atenção ao que o salmista tem a dizer. A segunda, "Ele inclina", vem da palavra hebraica *natah,* que significa "curvar-se, virar-se de lado", e indica interesse, como quando alguém se vira para olhar para você, parando de fazer alguma coisa para lhe dedicar toda a sua atenção, ou se aproxima para ouvir o que você tem a dizer.

Por exemplo, Salomão usa a palavra em Provérbios 7.21-23, para descrever a reação de um homem que é seduzido por uma prostituta e a segue. A palavra também aparece em 1 Reis 11.4 para descrever como as esposas de Salomão "lhe "perverteram" o coração para seguir outros deuses. O salmista diz que ama o Senhor, porque Deus "se inclina", e "deixa de lado" o seu trabalho infinito, para prestar atenção a ele, em sua tristeza e pesar. Deus nunca dá as costas aos que clamam a Ele, em meio a lágrimas. Quando Deus parece mais distante, na verdade, Ele "inclina-se" mais para perto.

Porque Ele livra-me, Resgata-me

Agora, dedique alguns minutos para ler, cuidadosamente, os versículos 3-6, 8-11.

Alguma circunstância trágica acontecera ao autor. Alguma experiência terrível e dolorosa levara-o a dizer que estava perto da morte. Por experiência pessoal, sei que a tristeza e o pesar podem tornar-se tão intensos que a morte parece iminente. O salmista clama a Deus como um homem em queda livre. Ele até mesmo confessa que duvida do Senhor, e que está caindo no pecado.

Creio que Spurgeon é quem captura melhor a emoção da situação do salmista, quando escreve:

> Como caçadores cercam um cervo com cães e homens, de modo que ele não tenha como escapar, assim Davi estava cercado por tristezas mortais. As cadeias de tristeza, fraqueza e terror com que a morte está acostumada a prender os homens antes que os arraste ao seu longo cativeiro estavam ao redor de Davi... Horrores como os que atormentam os perdidos me dominaram, me agarraram, me encontraram, me examinaram e me mantiveram prisioneiro... eles estavam tão próximos de mim, que fixaram os seus dentes em mim, assim como os cães de caça dominam a sua presa.[14]

O mais maravilhoso nisso tudo, no entanto, é que o Senhor livrou-o, resgatou-o. Embora com força reduzida, com seu caráter caluniado, com seu espírito deprimido, com seu corpo doente, e abalado pela tristeza, o salmista testemunha que o Senhor permaneceu ao seu lado! Ele sempre ficará. Deus não nos abandona; Ele não deixa o barco enquanto estamos afundando; não se retira quando o inimigo cresce em força. O nosso Senhor é um especialista, no que diz respeito à libertação, e você pode declarar esse fato neste momento!

Não ficamos surpresos por ver que o salmista diz que "andará perante a face do Senhor" (v. 9) por causa de sua libertação. É uma reação ou desejo natural passar mais tempo com alguém que permaneceu conosco durante alguma experiência dolorosa que enfrentamos.

Fortalecendo esta Lição em sua Alma

As pessoas que passam por intensa dor e tristeza frequentemente começam a duvidar do Senhor. Por que você acha que isso acontece? O que o salmista fez? O que você fez em resposta à dúvida? Sabendo o que você sabe agora, o que fará, se a tristeza e o pesar trouxerem-lhe dúvidas no futuro?

Dia 3: Salmo 116

UM CÂNTICO DE LIBERTAÇÃO

O lamento do salmista, no Salmo 116, continua com razões para amar ao Senhor apesar do peso da tristeza e do pesar que esmagam a alma.

Porque Ele cuida de mim

Volta, minha alma, a teu repouso,
pois o Senhor te fez bem. (v. 7)

Veja isso! As palavras "fez bem" são uma tradução da palavra hebraica *gamal,* que quer dizer "lidar completamente" com alguém ou com alguma coisa. Frequentemente, a ideia é a de "recompensa". Hoje diríamos: "Como o Senhor cuidou tão bem de mim, eu o amarei, em retribuição". Em outras palavras, Deus não deixa nada de lado quando provê para nós, quando cuida de nós, quando nos cerca com o seu cuidado vigilante. Tendo sido exaltado e sustentado em sua dor, o compositor do cântico pergunta, então: "Que darei eu ao Senhor?"

Em outras palavras: *Como posso retribuir com os meus agradecimentos? O que poderá ser suficiente como prova de minha gratidão? Deus fez tanta, tanta coisa, como posso expressar, adequadamente, o meu apreço por Ele? Como posso retribuir a Ele?* Em resposta a esta pergunta, o autor do cântico oferece três respostas: (1) proclamar os seus benefícios, (2) cumprir os meus votos e (3) louvar o seu nome. Vamos examinar cada uma.

Proclamarei os seus Benefícios

Tomarei o cálice da salvação
e invocarei o nome do Senhor. (v. 13)

O que quer dizer "tomarei o cálice da salvação"? No Antigo Testamento, a palavra "cálice" é normalmente usada para indicar abundância e fartura. Você pode lembrar-se de que, em Salmos 23.5, Davi diz que o seu "cálice transborda". Na realidade, a palavra salvação aparece na Bíblia hebraica no plural — salvações. Compreenderíamos melhor o significado se traduzíssemos a palavra como "libertações". O salmista está expressando louvor a Deus por suas abundantes e numerosas libertações. Assim, ele está dizendo literalmente: "No nome do Senhor, proclamarei". É a ideia de declarar, abertamente, que Deus é o seu Libertador.

Esta questão de fazer uma proclamação pública em honra do Senhor é importante. É boa. É saudável. É bíblica. Deus inunda nossas vidas com abundância, mas são poucos os cristãos que compartilham suas experiências publicamente. Poucos cristãos "proclamam os Seus benefícios". Devemos deixar de reter nosso louvor para nós mesmos. Compartilhe o seu Salvador; não sinta vergonha ou timidez. Se você deseja dar algo de valor ao Senhor, proclame os Seus benefícios! Você poderá se surpreender com o quanto isso ajudará você a viver além da opressão da tristeza e do pesar.

Fortalecendo esta Lição em sua Alma

Dedique algum tempo para rever as ocasiões em que Deus livrou você do perigo ou da dificuldade. Coloque algumas delas em forma de história, repetindo as narrativas em sua mente, como se as estivesse contando em um jantar. Então, peça que o Senhor dê-lhe oportunidades de contar as histórias da bondade de Deus com você. Esteja preparado! Ele proporcionará a você mais do que uma oportunidade.

Dia 4: Salmo 116

Uma Resposta Pública

O Salmo 116, um lamento de tristeza e pesar, adota um tom positivo, quando o compositor decide como reagirá à libertação do Senhor. Ele prometeu contar a história do resgate de Deus; agora, ele decide levar a sua declaração pública ao nível seguinte.

Cumprirei os meus Votos

Pagarei os meus votos ao Senhor,
agora, na presença de todo o seu povo. (v. 14)

Pagarei os meus votos ao Senhor;
que eu possa fazê-lo na presença de todo o meu povo,
nos átrios da Casa do Senhor,
no meio de ti, ó Jerusalém!
Louvai ao Senhor! (vv. 18,19)

Um voto é uma promessa solene à qual você compromete-se, diante de Deus. Os votos encontrados na Bíblia são bastante sérios e obrigatórios. Eu também percebo que os votos bíblicos eram sempre voluntários, mas, uma vez feitos, Deus tornava-os obrigatórios. Hoje podemos desejar esquecer os nossos votos, mas Deus nunca se esquece.

O salmista declara que pode expressar a sua gratidão ao Senhor, cumprindo as suas promessas, preferivelmente em público. Recentemente, descobri uma excelente passagem das Escrituras a respeito dos votos.

> Não te precipites com a tua boca, nem o teu coração se apresse a pronunciar palavra alguma diante de Deus; porque Deus está nos céus, e tu estás sobre a terra; pelo que sejam poucas as tuas palavras. Quando a Deus fizeres algum voto, não tardes em cumpri-lo; porque não se agrada de tolos; o que votares, paga-o. Melhor é que não votes do que votes e não pagues. Não consintas que a tua boca faça pecar a tua carne, nem digas diante do anjo que foi erro; por que razão se iraria Deus contra a tua voz, de sorte que destruísse a obra das tuas mãos? (Ec 5.2,4-6)

Sério, não é? A Bíblia diz que é melhor não fazer nenhum voto que fazer e não cumprir a sua palavra. Quando cumpre os seus votos, você honra a Deus. Quando rompe o seu voto, dá aos inimigos de Deus mais munição. O salmista decidiu mostrar a sua gratidão publicamente, honrando os seus votos.

Fortalecendo esta Lição em sua Alma

Quais promessas você fez, ao Senhor ou a outras pessoas? Um voto pode ser um acordo verbal, um contrato escrito, um compromisso implícito de continuar alguma coisa, até mesmo um dever que acompanha uma função ou posição. O que você pode fazer, esta semana, para cumprir suas promessas?

Dia 5: Salmo 116

DAS PROFUNDEZAS ÀS ALTURAS

Em alguns poucos versículos, o autor do Salmo 116 subiu, da completa profundeza da tristeza e do pesar, às alturas do louvor a Deus. No entanto, a sua jornada, sem dúvida, demorou vários meses. O cântico simplesmente narra a sua provação.

Embora o seu louvor a Deus assinale o pináculo de sua subida, também parece ser o seu meio para chegar ali. Ele não esperou até que se sentisse melhor para louvar ao Senhor.

Louvarei o seu Nome
Preciosa é à vista do Senhor
a morte dos seus santos.
Senhor, deveras sou teu servo;
sou teu servo, filho da tua serva;
soltaste as minhas ataduras.
Oferecer-te-ei sacrifícios de louvor
e invocarei o nome do Senhor. (vv. 15-17)

Finalmente, o salmista declara os seus agradecimentos e louva o nome de Deus, em apreço por toda a sua bondade. Estranhamente, no entanto, o autor do cântico menciona a "morte dos seus santos" como parte do seu louvor. Por quê? Eu penso que a resposta tem conexão com a sua trágica experiência, mencionada anteriormente nos versículos 3, 4, 6 e 8. Na verdade, acredito que o salmista fora livrado da morte, talvez como o único sobrevivente. No versículo 16, ele refere-se a si mesmo como "o filho da tua serva", de quem havia sido "solto". Em outras palavras, fora libertado dos laços da morte, se estou interpretando isso corretamente. Sugiro que a calamidade e a tristeza mencionadas anteriormente, talvez tenham tirado a vida de vários de seus entes queridos, quem sabe incluindo a sua mãe — o que resultou em suas lágrimas e em seu pesar (v. 8), tristeza e desilusão (vv. 10,11). Mesmo nessas circunstâncias, ele expressou o seu louvor a Deus.

Ele diz que a morte desses entes queridos é "preciosa" aos olhos de Deus. Não acho que isso signifique que Deus alegrava-se com o fato de que eles haviam morrido, mas que considerava as suas mortes honoráveis. Além disso, eles não morriam anonimamente, sem que o Senhor percebesse. Ele estava intensamente ciente da morte deles, e valorizava o sofrimento do salmista.

Nenhum indivíduo do povo de Deus passa deste mundo ao próximo sem que Deus perceba. Quando as pessoas morrem, Deus está presente, e se importa. Segundo outras passagens das Escrituras, a bondade de Deus torna-se uma possessão dessas pessoas, quando entram na Sua presença, para estar com Ele para sempre. Embora o compositor lamente a morte de seus entes queridos, e lamente o quanto ele sente falta de estar com eles, sabe que não terão mais que sofrer a opressão da tristeza e do pesar. Nunca mais derramarão lágrimas de tristeza.

Desta maneira, o salmista louvou a Deus, em meio à sua própria tristeza, porque sabia que o Senhor traria um amanhã maravilhoso das cinzas do hoje. É assim que deveria ser. O nosso louvor e agradecimento devem ser expressos, independente do que aconteça. Quando aprendermos a dar graças em tudo, descobriremos as lições mais básicas de Deus para nossas vidas — mesmo em tempos de aflição — mesmo em tempos de tristeza e angústia.

Fortalecendo esta Lição em sua Alma

Não espere que as circunstâncias melhorem antes de começar a louvar o Senhor. Lembre-se da sua libertação passada e reivindique a sua promessa de libertação futura. Faça do louvor a Deus uma decisão consciente e faça planos para se unir a outras pessoas em adoração. Quando será a sua próxima oportunidade?

Semana 19 • Salmo 119

A OPRESSÃO DA FALTA DE ENTUSIASMO

Álefe.

Bem-aventurados os que trilham caminhos retos
e andam na lei do Senhor.
Bem-aventurados os que guardam os seus testemunhos
e o buscam de todo o coração.
E não praticam iniquidade,
mas andam em seus caminhos.
Tu ordenaste os teus mandamentos,
para que diligentemente os observássemos.
Tomara que os meus caminhos sejam dirigidos
de maneira a poder eu observar os teus estatutos.
Então, não ficaria confundido,
atentando eu para todos os teus mandamentos.
Louvar-te-ei com retidão de coração,
quando tiver aprendido os teus justos juízos.
Observarei os teus estatutos;
não me desampares totalmente.
(Sl 119.1-8)

Mem.

Oh! Quanto amo a tua lei!
É a minha meditação em todo o dia!
Tu, pelos teus mandamentos, me fazes mais sábio que meus inimigos,
pois estão sempre comigo.
Tenho mais entendimento do que todos os meus mestres,
porque medito nos teus testemunhos.

Sou mais prudente do que os velhos,
porque guardo os teus preceitos.
(Sl 119.97-100)

Dia 1: Salmo 119

Precisando de Mais

Entusiasmo; que palavra interessante. Ela é derivada de dois termos gregos, *en* (que quer dizer "em") e *theos* (que significa "Deus"), transmitindo a ideia de ser inspirado. No sentido original da palavra, uma pessoa era tão arrebatada com a presença de Deus que mal conseguia conter a emoção. Isso faz sentido. A verdade de Deus, aplicada às nossas circunstâncias, traz uma explosão de entusiasmo que nada mais poderia provocar.

Novas casas, barcos, carros e roupas nos dão uma "emoção" temporária — até que os pagamentos oprimam-nos. Um emprego novo é emocionante, mas essa emoção esmorece em alguns meses. O casamento faz com que nos sintamos "emocionados" até que a opressão diária comece a erodir as lembranças divertidas de uma lua de mel de fantasia. Todas essas coisas podem fazer com que nos sintamos responsáveis, desapontados ou desiludidos, e às vezes até mesmo um pouco entediados. Precisamos de algo além daquilo que o mundo pode dar-nos, de algo mais substancial. Precisamos de uma "injeção de Deus".

O Salmo 119 — o cântico mais longo do antigo hinário — é um cântico que está repleto de declarações de "injeções de Deus". Ele afirma, repetidas vezes, a importância de termos a Palavra de Deus em nossa vida. Ele pondera sobre esse tema com um ritmo forte. Há uma declaração após outra, anunciando as alegrias, a motivação, os benefícios singulares do Livro de Deus em nossas vidas. Vamos entender todo o cântico antes de concentrar nossa atenção em algumas estrofes escolhidas.

A Passagem e seu Padrão

Este é o cântico mais longo. E não apenas isso, mas é o capítulo mais longo de toda a Bíblia, constituído de 176 versículos. Nenhum outro capítulo sequer aproxima-se de tal extensão.

O cântico tem uma característica incomum, que somente pode ser apreciada em hebraico. A maioria das Bíblias segue a estrutura original do cântico, dividindo-o em vinte e duas seções, de oito versículos cada uma. Cada seção tem um título, como "Álefe", "Bete", "Gímel", etc. Essas palavras, na realidade, não são palavras, mas as letras que compõem o alfabeto hebraico. Há vinte e duas letras, no total, o que explica a composição do cântico em vinte e duas seções. Em cada seção deste antigo hino, cada versículo começa com a mesma letra hebraica.

Em outras palavras, os oito versículos, na seção "Álefe" do salmo, começam com a letra "Álefe". Esta estrutura poética, chamada "acróstico", fazia com que o cântico fosse mais fácil de memorizar. O salmo transmite a Palavra de Deus como seu tema. Encontrei apenas alguns poucos versículos que não mencionam as Escrituras. O autor emprega vários sinônimos para Escrituras, em todo o cântico. Alguns deles são:

Palavra	Testemunhos
Lei	Juízos
Caminhos	Estatutos
Veredas	Mandamentos
Preceitos	Ordenanças

O propósito do salmo é dar louvor a Deus, pela sua Palavra, e demonstrar como devemos comportar-nos em relação às Escrituras. Uma antiga versão alemã da Bíblia coloca a seguinte descrição no início do Salmo 119: "Este é o ABC de ouro do cristão, para louvor, amor, poder e uso da Palavra de Deus".

Fortalecendo esta Lição em sua Alma

Tentar cumprir objetivos com falta de entusiasmo é como tentar correr com um conjunto de pesos presos à sua cintura. Quais questões ou dificuldades você está arrastando? Para ajudar a identificar o que está roubando o seu entusiasmo, pense em uma atividade ou responsabilidade, e então responda preenchendo as lacunas:

Eu gostaria de _____________ se _____________ não pesasse tanto em minha mente.

Por exemplo, "Eu gostaria de *ser pai* se *o medo do fracasso* não pesasse tanto em minha mente". Identifique todos os problemas que puder.

Dia 2: Salmo 119

Um Problema Espiritual

O longo poema do salmista a respeito da Palavra de Deus contém a chave para recuperar o entusiasmo. O Salmo 119 ajuda a identificar problemas que nos arrastam, para que possamos lidar com eles com a sabedoria do alto. Afinal, a falta de entusiasmo não é um problema de emoções, mas é um problema espiritual que não pode ser corrigido com uma conversa animadora, nem mesmo com uma experiência feliz.

Muitas pessoas bem-intencionadas estão procurando o que eu chamaria de uma "injeção espiritual" que, na realidade, nada mais é que uma distração emocional da dor de suas vidas doloridas e monótonas. Como resultado, você encontrará pessoas que dirigem muitos quilômetros para comparecer a reuniões noturnas, ou ficam em longas filas para sentir algum tipo de deleite que os enviará de volta para casa no auge do êxtase. Mas todos esses "altos", inevitavelmente, levam a profundos "baixos" emocionais.

Se pensarmos que o espírito precisa de alimento, o problema, frequentemente, é má nutrição. A Palavra de Deus — a sua verdade escrita — dá ao cristão todos os nutrientes e o verdadeiro entusiasmo que ele pode absorver. Combinada com o poder motivador do Espírito Santo habitando no nosso interior, a Palavra de Deus pode, praticamente, transformar uma vida. Mas os efeitos não são instantâneos. Você não consegue reverter os efeitos da inanição física com uma única refeição.

Os cristãos fiéis precisam voltar ao básico. O Salmo 119 diz que devemos estar dispostos a consumir uma dieta constante de verdade do seu Livro, e digerir os princípios que ele contém. Medite sobre ele. Ore a respeito dele. Leia-o. Estude-o. Memorize seções dele. Reflita sobre ele. Permita que ele sature o seu pensamento. Use-o, quando houver problemas. Filtre as suas decisões através dele. Não permita que haja um dia em que você não passe algum tempo a sós com Deus, ouvindo a voz silenciosa da sua Palavra eloquente.

Todos os outros esforços para obter crescimento espiritual levam à frustração. Eu sei, experimentei muitos deles. Com cada um deles, o meu entusiasmo esmorecia; com a Palavra de Deus, o meu entusiasmo cresce. Nada nos permite viver além da opressão do pouco entusiasmo como uma aplicação diária da sua Palavra à nossa situação —absolutamente nada!

Veja um exemplo. Leia Salmos 119.97-100. Quero reforçar o meu ponto de vista, considerando as palavras do compositor, a respeito dos benefícios da consistente informação das Escrituras.

> Oh! Quanto amo a tua lei!
> É a minha meditação em todo o dia!
> Tu, pelos teus mandamentos,
> me fazes mais sábio que meus inimigos,
> pois estão sempre comigo.
> Tenho mais entendimento do que todos os meus mestres,
> porque medito nos teus testemunhos.
> Sou mais prudente do que os velhos,
> porque guardo os teus preceitos.

Certa vez encontrei uma veemente citação feita por Daniel Webster que exemplifica o que o compositor está dizendo aqui, no versículo 97. Na presença do Professor Sanborn do Dartmouth College, o Sr. Webster tinha na mão uma cópia das Escrituras, quando disse: "Este é *o* Livro. Já li a Bíblia toda, muitas vezes. Agora tenho o costume de lê-lo uma vez por ano. É o Livro que está acima de todos os outros, tanto para advogados como também para sacerdotes. E tenho pena do homem que não consegue encontrar nele um rico suprimento de ideias e de regras de comportamento. Ele adequa o homem para a vida — e o prepara para a morte".[15]

Fortalecendo esta Lição em sua Alma

Usando um índice analítico ou um índice de temas, examine as passagens das Escrituras relativas aos problemas que você listou anteriormente. Se conhece um pastor ou alguém muito familiarizado com a Bíblia, peça que esta pessoa ajude você a encontrar respostas para os pesos espirituais que estão oprimindo-o. Descubra os princípios atemporais ensinados nas Escrituras, e aplique-os.

Dia 3: Salmo 119

Uma Falta de Conhecimento

Às vezes, a opressão da falta de entusiasmo é o resultado de não ter suficiente conhecimento para lidar com as dificuldades da vida. Embora um treinamento adicional em administração, em finanças ou em paternidade, ou ainda em talentos vocacionais, certamente possa ajudar, todo o conhecimento deve ser edificado sobre uma fundação de sabedoria espiritual. Nos versículos 98-100 do Salmo 119, o compositor fala da superioridade da Palavra sobre três fontes de verdade, que eram altamente estimadas pelo mundo.

1. A Palavra nos torna mais sábios do que os nossos inimigos.

Tu, pelos teus mandamentos, me fazes mais sábio que meus inimigos,
pois estão sempre comigo. (v. 98)

O mundo dá grande importância ao conhecimento obtido da experiência. Neste caso, o compositor menciona a experiência em lidar com os nossos inimigos. Mas ele diz que *aquele* que tem o conhecimento da Palavra é mais sábio que os seus inimigos. Às vezes, pessoas difíceis podem diminuir o nosso entusiasmo. A sabedoria divina nos ajudará a ficar acima dos efeitos negativos das pessoas que nos oprimem.

2. A Palavra nos dá um conhecimento maior do que o de todos os nossos professores.

Tenho mais entendimento do que todos os meus mestres,
porque medito nos teus testemunhos. (v. 99)

O mundo também enfatiza a importância de obter o conhecimento da educação. Embora o conhecimento adicional em um campo de estudo ou o treinamento em um talento particular nunca seja demais, o Senhor diz que aquele que conhece a Palavra possui mais conhecimento que os seus educadores. De que serve uma educação de altíssimo nível em administração ou em direito, se você não souber como viver sabiamente? Que adianta ter uma certificação vocacional se a tolice moral faz com que você se desvie?

3. A Palavra faz com que tenhamos mais entendimento do que os idosos.

Sou mais prudente do que os velhos,
porque guardo os teus preceitos. (v. 100)

Encorajo, de todo o coração, o respeito pelas pessoas idosas. Estou tornando-me uma delas! No entanto, observo que a idade não leva, necessariamente, ao entendimento. Ao contrário, tenho visto muitos idosos tolos e já aprendi com muitos jovens sábios. O versículo 100 declara que aquele que obedece à Palavra de Deus recebe mais entendimento do que aquele que passa muitos anos sem desfrutar os benefícios das Escrituras. Em Jó 32.8,9, encontramos uma observação similar:

Na verdade, há um espírito no homem,
e a inspiração do Todo-poderoso o faz sábio.
Os grandes não são os sábios,
nem os velhos entendem o que é reto.

O conhecimento e a aplicação das verdades escritas da Palavra nos equiparão melhor para a vida, do que as vantagens combinadas das experiências difíceis, professores dedicados e até mesmo décadas de vida. As Escrituras proporcionam mais que o mero conhecimento. Através da Bíblia, recebemos discernimento. O discernimento traduz-se em eficácia. A eficácia leva ao sucesso. O sucesso constrói confiança. E a confiança inspira o entusiasmo.

Fortalecendo esta Lição em sua Alma

Em uma escala de 0 a 100, como você classificaria o conhecimento que possui da profissão que escolheu? Usando a mesma escala, classifique o conhecimento que possui da Bíblia e dos seus princípios. E quanto ao seu nível de sabedoria espiritual? Quão importante é a inteligência social ou emocional em sua linha de trabalho? Quais são os benefícios práticos da verdade divina em sua profissão e em outras dimensões de sua vida, tais como casamento, família, finanças, etc.?

Dia 4: Salmo 119

A Palavra de Deus — a Cura

Examinando Salmos 119.98-100, vejo três benefícios obtidos por aqueles que absorvem a Palavra: sabedoria, discernimento e entendimento. Para mostrar o significado e a diferença entre eles, vou usar um diagrama simples.

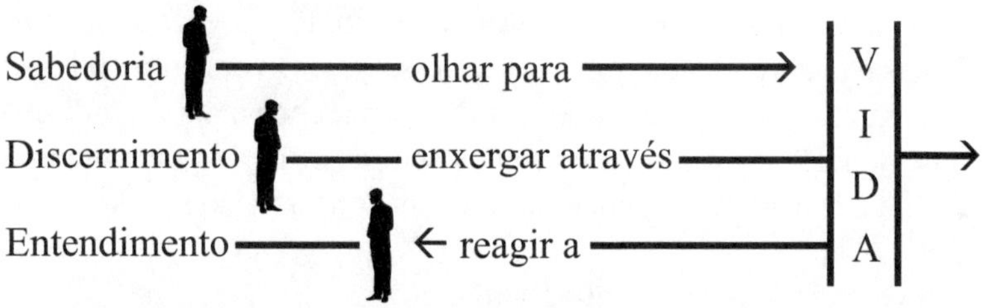

A sabedoria é a capacidade de *olhar para* a vida e suas dificuldades, do ponto de vista de Deus. À medida que aprendo mais da Palavra de Deus e começo a compreender os seus princípios práticos, também recebo a capacidade de olhar para a vida a partir de um ponto de vista celestial e eterno. Vejo o mundo através dos olhos de alguém que é infinitamente sábio, inteiramente bom e cuja agenda inclui o bem estar de todas as pessoas. Consequentemente, começo a ver minhas circunstâncias como oportunidades que Ele planejou, para me desenvolver e me treinar, como seu vaso. Isso remove a amargura e a irritação de minha vida, substituindo-as por gratidão e entusiasmo!

Discernimento é a capacidade de enxergar *através* da vida e das suas dificuldades, a partir do ponto de vista de Deus. Em outras palavras, à medida que cresço no conhecimento da Palavra, ganho a capacidade de ir além do nível superficial das irritações e dos problemas. Recebo discernimento para enxergar as verdadeiras causas de certas situações, da mesma maneira que Deus é capaz de ver aquilo que está debaixo de qualquer máscara externa (1 Sm 16.7). É como se eu pudesse ver as operações internas das situações, para que possa tomar decisões estratégicas, em lugar de simplesmente reagir. Não se engane, os professores podem transmitir conhecimento, mas somente a Palavra pode dar-lhe discernimento.

O entendimento é a capacidade de responder às situações e às dificuldades da vida a partir da compreensão holística e panorâmica do ponto de vista de Deus. À medida que entendo a Palavra, não apenas ganho discernimento para enxergar as operações internas das situações, mas descubro como reagir visando o melhor resultado. Consigo aprender com minhas decisões, mesmo quando as coisas não acontecem à minha maneira. Acredito que, para Deus, a minha atitude é tão importante quanto a minha atividade — e frequentemente, até mais!

Fortalecendo esta Lição em sua Alma

O pouco entusiasmo resulta da falta de esperança, que, normalmente, resulta de sentimentos de impotência ou desamparo. Segundo o Salmo 119, a interação regular com a Palavra de Deus é a cura para a impotência e para o desânimo. Esforce-se para ler um capítulo de Provérbios por dia, durante 31 dias.

Dia 5: Salmo 119

A Perspectiva da Verdade

Ao concluirmos o nosso exame extremamente breve do Salmo 119, vamos analisar *sabedoria, discernimento* e *entendimento* através do estudo de um caso.

Vamos imaginar que, recentemente, você conseguiu em emprego que, na verdade, provou estar aquém do que esperava. Você orou, pedindo um emprego, e eis que essa vaga apareceu. Ficou grato. Mas depois de algumas semanas, percebeu que as condições de trabalho deixam muito a desejar. Além disso, os seus colegas são todos não cristãos e mesquinhos. A sua primeira reação, que é a reação natural, é o desapontamento, e talvez até mesmo a desilusão. Isso levaria a irritações diárias e possíveis discussões com os outros. Em breve, a sua vida poderia estar consumida por ataques negativos e pessimistas aos outros — talvez até mesmo a Deus. Sai de cena a motivação, e entra o baixo entusiasmo.

Quão melhor é aplicar alguns princípios bíblicos básicos! Digamos que você estivesse aprofundando-se na Palavra de Deus, absorvendo sabedoria, cultivando discernimento, ganhando entendimento. Você descobre, em Romanos 8.28, que Deus usa todas as coisas para o seu bem, até mesmo as experiências desagradáveis. Também descobre, em Romanos 5.3-5, que Deus usa os tempos difíceis para nos ajudar a amadurecer na fé.

> E não somente isto, mas também nos gloriamos nas tribulações, sabendo que a tribulação produz a paciência; e a paciência, a experiência; e a experiência, a esperança. E a esperança não traz confusão, porquanto o amor de Deus está derramado em nosso coração pelo Espírito Santo que nos foi dado.

Esta verdade dá-lhe uma perspectiva diferente. Você é o "projeto" pessoal do Senhor. O seu plano é desenvolver em você uma pessoa amadurecida e estável. Ele deseja o seu bem. Nada é coincidência na vida cristã; todas as coisas (até mesmo o seu trabalho desagradável!) são instrumentos nas mãos de Deus, e Ele está moldando o seu caráter de uma forma amorosa. Você aprende a aceitar que o seu emprego, com todas as suas limitações e irritações, é um lugar perfeito para que Deus amadureça você e o torne mais semelhante ao seu Filho. Em vez de resistir ou procurar a primeira saída, você decide considerar cada dia como uma nova oportunidade para crescer na graça com relação aos outros e na submissão a Ele. A sabedoria ajuda você a considerar a sua situação a partir do ponto de vista de Deus.

Então, aqueles que trabalham à sua volta não lhe incomodarão tanto, porque a Palavra de Deus terá lhe ensinado a enxergar mais fundo, através dos problemas superficiais. Agora, você percebe que os ataques verbais deles indicam um problema mais profundo de inquietude interior. Você também aprende que não deve considerar pessoalmente os maus tratos, pois, na realidade, não são dirigidos a você, pessoalmente. Em breve, o seu discernimento evitará que se torne uma pessoa feia, irritadiça e retaliadora. Em vez de discutir com os outros, você encontrará maneiras de ajudar os seus colegas de trabalho.

Agora, você começou a reagir ao seu trabalho, antes tão irritante, com uma atitude positiva. O tempo dedicado à leitura da carta de Tiago, por exemplo, ensinou-lhe a ter cuidado com o que diz e como se comporta diante daqueles que não conhecem a Cristo pessoalmente. Além disso, ao realizar um trabalho diligente, independentemente das circunstâncias, obteve entendimento. E, para sua grande surpresa, na verdade você começou a gostar do desafio de sua situação e a aceitá-lo, porque você sabe que é exatamente onde o precioso e bendito Senhor deseja que você esteja. É um lugar ideal para fazer com que Cristo seja conhecido.

Não me entenda mal, não posso garantir que por meio da interação regular com as Escrituras você conseguirá transformar o seu ambiente. Algumas circunstâncias são irreversíveis. Acredite: como pastor nunca excluo a possibilidade de uma intervenção divina milagrosa, mas me tornei suficientemente sábio para reconhecer as minhas próprias limitações. Assim, não quero criar a impressão de que você possa mudar o mundo ao obter o entendimento espiritual. O que garanto, no entanto, é que *você* será transformado. E por meio do seu crescimento espiritual, o Senhor poderá melhorar, e muito, o seu ambiente. Seja como for, você será transformado. A sua atitude mudará. O entusiasmo preencherá o vazio criado pela impotência e pelo desânimo.

A Palavra de Deus é para você, meu amigo, não apenas para o teólogo ou para o pastor; ela é para você! Não há situação que não possa enfrentar se realmente levar a sério o compromisso de dedicar algum tempo, diariamente, à leitura do Livro dos livros! E um lugar excelente para começar é o Salmo 119, especialmente se a opressão do baixo entusiasmo já começou a fazer efeito.

Fortalecendo esta Lição em sua Alma

Crie o seu próprio caso para estudo, baseado na sua experiência. Descreva por escrito uma circunstância que você considera o seu maior desafio mental, emocional ou espiritual. Leia as seguintes passagens a respeito das provações: (Jo 14.26,27; Jo 17.13-21; Rm 8.18-25, 28-39; 2 Co 1.3-5; Fp 4.12,13; Tg 1.2-6, 12; 1 Pe 1.6-9; 4.12-16,19). A seguir, escreva uma descrição de como você acha que cada passagem poderia ou deveria ser aplicada à sua situação específica.

Semana 20 • Salmo 127 e 128

A OPRESSÃO DA VIDA FAMILIAR

Cântico dos degraus, de Salomão.

Se o Senhor não edificar a casa,
em vão trabalham os que edificam;
se o Senhor não guardar a cidade,
em vão vigia a sentinela.
Inútil vos será levantar de madrugada,
repousar tarde,
comer o pão de dores,
pois assim dá ele aos seus amados o sono.
Eis que os filhos são herança do Senhor,
e o fruto do ventre, o seu galardão.
Como flechas na mão do valente,
assim são os filhos da mocidade.
Bem-aventurado o homem que enche deles a sua aljava;
não serão confundidos,
quando falarem com os seus inimigos à porta.
(Sl 127)

Cântico dos degraus.

Bem-aventurado aquele que teme ao Senhor
e anda nos seus caminhos!
Pois comerás do trabalho das tuas mãos,
feliz serás, e te irá bem.
A tua mulher será como a videira frutífera
aos lados da tua casa;
os teus filhos, como plantas de oliveira,

à roda da tua mesa.
Eis que assim será abençoado o homem
que teme ao Senhor!
O Senhor te abençoará desde Sião,
e tu verás o bem de Jerusalém
em todos os dias da tua vida.
E verás os filhos de teus filhos
e a paz sobre Israel.
(Sl 128)

Dia 1: Salmos 127 e 128

Cânticos de Força Familiar

Talvez isso não pareça muito espiritual, mas alguns aspectos da vida familiar podem ser uma opressão! Criar uma casa com crianças agitadas, manter uma boa comunicação, viver de maneira altruísta com os outros, um dia após outro, sob o mesmo teto, permanecer positivo e firme, lidar com temperamentos fortes e lidar com alguns dos outros desafios domésticos, pode ser uma tarefa de primeira classe! Tiro o chapéu a todos os que fazem o melhor que podem. Falando claramente, essa tarefa vale todo o esforço. Um dia, pais, esses filhos "se levantarão e os chamarão bem-aventurados". Não imagine que isso vai acontecer em breve. Eu disse *um dia*. Alegro-me por descobrir, portanto, que os cânticos antigos no hinário eterno de Deus não omitem palavras de encorajamento para as famílias.

Periodicamente, encontramos salmos que se combinam, formando uma unidade ou uma progressão de pensamento. Isso é verdade, a respeito dos Salmos 22, 23 e 24. Também é verdade a respeito dos Salmos 90 e 91, bem como dos Salmos 111 e 112. Um salmo define o cenário, poderíamos dizer, ao passo que o salmo seguinte soluciona o drama.

Isso é precisamente o que encontramos nos dois cânticos que estamos destacando esta semana: os salmos 127 e 128. Os dois salmos têm a ver com a vida no lar. São salmos domésticos. Como sabemos?

Olhe para 127.1. As linhas iniciais referem-se à edificação da casa. A seguir, os versículos 3-5 mencionam os filhos. O terceiro versículo do Salmo 128 retrata a esposa, o lar e os filhos, novamente, e Salmos 128.6 registra até mesmo o avanço do tempo até os netos. Se você pensar neste tema, também observará a ideia do salmista de que a força familiar está conectada com a forte unidade familiar mostrada no Salmo 128.5. Uma nação permanece tão forte como as suas famílias. Uma vida familiar em frangalhos é um dos sinais de uma cultura em frangalhos.

O evangelista Billy Graham, em seu livro *World Aflame*, escreve palavras de discernimento muito sérias a respeito dos Estados Unidos:

> A lei imutável de semear e colher resiste. Agora, somos os impotentes possuidores da depravação moral, e procuramos, em vão, a cura. As ervas daninhas da indulgência cresceram mais do que o trigo da restrição moral. Nossos lares sofrem. O divórcio atingiu proporções epidêmicas. Quando a moral da sociedade é abalada, a família é a primeira a sofrer. O lar é a unidade básica de nossa sociedade, e uma nação somente é tão forte quanto os seus lares. A destruição de um lar não é uma manchete jornalística, normalmente, mas destrói, como cupins, a estrutura da nação.[16]

Como mencionei anteriormente, esses dois salmos formam uma progressão. Eles lembram-me um mural histórico que cobre as paredes de uma sala, retratando uma história progressiva. A progressão acontece desde o nascimento de um lar até as bênçãos de anos futuros. Deixe-me sugerir um esboço simples:

I. O Nascimento do Lar (127.1,2)
II. Os Filhos Nascem no Lar (127.3-5)
III. Liderando o Lar (128.1-3)
IV. Bênçãos dos Anos Futuros, além do Lar (128.4-6)

Fortalecendo esta Lição em sua Alma

Pense sobre a sua infância. A sua experiência pode ter sido positiva ou não, mas, ainda assim, pense em uma ocasião em que (a) se sentiu seguro, (b) estava firme, (c) aprendeu uma lição valiosa e (d) os seus entes queridos uniram-se em uma crise. Como você pode recriar essas experiências positivas em sua família agora? Seja específico.

Dia 2: Salmos 127 e 128

Edificando uma Fundação Forte

Os dois salmos sobre o lar, os salmos 127 e 128, começam com um exame da fundação. Como uma pessoa pode estabelecer um legado familiar que sobreviverá às crises inevitáveis, e então prosperar durante gerações?

O Nascimento do Lar
Se o Senhor não edificar a casa,
em vão trabalham os que edificam;
se o Senhor não guardar a cidade,
em vão vigia a sentinela.
Inútil vos será levantar de madrugada,
repousar tarde,
comer o pão de dores,
pois assim dá ele aos seus amados o sono. (Sl 127.1,2)

Esses dois versículos transmitem dois aspectos cruciais:

1. O próprio Senhor deve ser o centro do nosso lar (v. 1). A repetição enfática da expressão "se o Senhor" nos diz que o envolvimento de Deus é absolutamente essencial. Naturalmente, o Senhor jamais pega um martelo para "edificar a casa" literalmente, nem empunha uma arma para que possa, exatamente, "guardar a cidade". O significado é de que um relacionamento com Ele, baseado na obediência à sua Palavra, deve ser o guia definidor mental, emocional e espiritual para cada decisão, se o lar ou a nação espera permanecer firme. Ele deve ser o guardião invisível de uma cidade em quem todos os habitantes confiem completamente, antes que uma cidade possa ser considerada segura. Se não for esse o caso, tudo é "em vão" (expressão também mencionada duas vezes). Na realidade, na estrutura da sentença em hebraico as palavras "em vão" aparecem no início de cada sentença, enfatizando o vazio de tudo:

...em vão trabalham os que constroem a cidade.
...em vão se mantém desperto o vigia.

Trabalhe, lute, irrite-se, preocupe-se, planeje, esforce-se o quanto quiser, mas se um relacionamento com o Senhor não for o centro do seu lar, e se a obediência à Palavra dEle não guiar cada decisão, nenhuma quantidade dos seus esforços adicionais poderá impedir que o seu lar desmorone.

2. O próprio Senhor deve ser o centro de sua vida e obras (v. 2). Em conformidade com o contexto desses dois cânticos, o versículo 2 faz referência a ganhar o sustento —trabalhando horas longas e difíceis. O que o autor quer dizer é que as horas longas e duras, sozinhas, nunca resultarão em um lar piedoso e feliz — mas somente em "dores". E, por favor, observe que se o precioso e bendito Senhor estiver em primeiro lugar em nossas vidas, Ele recompensar-nos-á até mesmo em nosso sono. Uma vida piedosa inclui momentos de descanso e relaxamento.

Há um antigo provérbio grego que aprendi há muitos anos. "Você quebrará o arco, se o mantiver sempre curvado." Vale a pena pensar nisso! Escrevo a um pai que ficou ocupado demais, apressado demais ou estressado demais? Deus diz que o recompensará, até mesmo no seu sono! Embora possa sentir-se envolvido demais para recuar e descansar, você deveria fazer isso! Além disso, se o Senhor não for o núcleo da sua vida, nem mesmo todo o esforço e trabalho de uma vida inteira poderão ser substitutos para Ele. Longas horas e dores, levantando-se cedo e repousando tarde, jamais poderão substituir a sua lealdade ao Senhor e a presença dEle no seu lar. O dinheiro não pode substituir a Cristo! Nem podem fazê-lo as coisas, ou as promessas de que, "um dia", as circunstâncias mudarão.

Por esta razão, vamos deixar isso claro, bem no nível fundamental da instrução sobre um lar feliz: Cristo deve estar em primeiro lugar. Você deve crer no Senhor Jesus Cristo e se casar com uma pessoa que também creia, caso deseje estabelecer o seu lar com plena firmeza e estabilidade. Então, a obediência aos mandamentos e aos princípios das Escrituras deve tornar-se o valor definidor, se você espera construir uma família forte.

Fortalecendo esta Lição em sua Alma

Dedique algum tempo individualizado com cada membro da sua família, para conversar sobre o relacionamento dessa pessoa com Deus. Todos os membros aceitaram o seu dom gratuito da vida eterna, crendo e confiando em Jesus Cristo? Todos consideram a Palavra de Deus como o guia da família para tomar decisões e conduzir a vida?

Dia 3: Salmos 127 e 128

Os Tijolos e a Argamassa

Se o relacionamento com Deus é a fundação do lar, os filhos são os tijolos e a argamassa. O sábio rei Salomão continua a sua celebração do lar forte, com o foco na importância dos filhos.

Filhos Nascidos no Lar
Eis que os filhos são herança do Senhor,
e o fruto do ventre, o seu galardão.
Como flechas na mão do valente,
assim são os filhos da mocidade.
Bem-aventurado o homem que enche deles a sua aljava;
não serão confundidos,
quando falarem com os seus inimigos à porta. (Sl 127.3-5)

O autor do cântico chama a nossa atenção, com "Eis que". O que ele quer dizer, na verdade, é: "Prestem atenção... ouçam!" Esses três versículos levam-nos ainda mais adiante, tratando da atitude apropriada dos pais para com os filhos.

Observe três títulos que o autor dá aos filhos: (1) "herança", (2) "galardão" e (3) "flechas". Cada um deles requer um pouco de análise.

A palavra "herança" é uma tradução da palavra hebraica que significa "propriedade, posses, aquilo que é compartilhado ou designado". Os filhos são propriedades do Senhor. Os filhos pertencem a Ele. Misericordiosamente, Ele designa-os aos seus pais, ou os partilha com eles. Este terceiro versículo não fala de "alguns filhos", nem mesmo de "a maioria dos filhos", mas, simplesmente, "filhos", sugerindo *todos* os filhos... os seus filhos! Não há algo como "nascimento acidental" ou uma "gravidez surpresa", do ponto de vista de Deus. E sábios são os pais que reconhecem o fato de que o seu filho é um presente pessoal de Deus. Se você e eu verdadeiramente cremos que cada filho é "designado" por Deus, que diferença isso pode fazer em relação ao filho que não planejamos!

A palavra "galardão" transmite a ideia de prazer, algo dado como prova tangível de apreciação. Os filhos nunca devem ser considerados como uma punição pelo desprazer de Deus, mas exatamente o contrário! O fruto do ventre é um sinal do amor de Deus, a sua melhor recompensa ou galardão.

A palavra "flecha" é, igualmente, significativa. Você perceberá que a imagem é a de um guerreiro com flechas em sua mão. Imagine a cena. Um guerreiro, em meio à batalha, não faz uma pausa para fabricar suas flechas, nem as ignora. Ele usa-as. Ele dirige-as a um alvo. Um pai é responsável pela orientação de seus filhos. Um filho, como uma flecha, é incapaz de se orientar. A responsabilidade básica dos pais é orientar o início das vidas de seus filhos. Isso faz muito sentido quando você considera que um filho nasce em um ambiente de depravação e iniquidade interior. Você deve fazer uma pausa aqui, e ler Salmos 51.5, além de Salmos 58.3. Esses dois versículos confirmam que os filhos nascem em uma condição de iniquidade. As palavras de Salomão, em Provérbios 22.15, enfatizam esse fato: "A estultícia está ligada ao coração do menino, mas a vara da correção a afugentará dele". Os filhos precisam da autoridade paterna.

O que acontece quando um filho não recebe orientação? Provérbios 29.15 responde: "A vara e a repreensão dão sabedoria, mas o rapaz entregue a si mesmo envergonha a sua mãe". Por outro lado, veja, por um momento, Provérbios 22.6:

> Instrui o menino no caminho em que deve andar,
> e, até quando envelhecer, não se desviará dele.

Deus nos dá filhos com uma responsabilidade delegada de cuidarmos daquilo que Ele mais valoriza no universo: as pessoas. Cada filho, portanto, deve ser considerado e valorizado como uma herança, estimado como um galardão e orientado como uma flecha.

Fortalecendo esta Lição em sua Alma

Deus tem um propósito para cada vida que Ele cria, e cada propósito é tão exclusivo e singular como a impressão digital de cada indivíduo. Se você é um pai, escreva o nome de cada filho em uma folha de papel. Em um parágrafo, descreva os talentos, habilidades, interesses e temperamento de cada filho. A seguir, determine de que maneira pode encorajar melhor cada filho a cultivar seus pontos fortes. Isso pode levar a algumas conversas significativas!

Dia 4: Salmos 127 e 128

A Importância da Liderança

O cântico de Salomão a respeito da família forte, nos salmos 127 e 128, prossegue com uma ênfase na liderança. Depois de considerar a importância dos filhos, ele examina o papel da liderança no lar.

> ***Liderança no Lar***
> Bem-aventurado aquele que teme ao Senhor
> e anda nos seus caminhos!
> Pois comerás do trabalho das tuas mãos,
> feliz serás, e te irá bem.
> A tua mulher será como a videira frutífera
> aos lados da tua casa;
> os teus filhos, como plantas de oliveira,
> à roda da tua mesa. (Sl 128.1-3)

No Salmo 127, as flechas estão em nossas mãos, precisando de orientação. À medida que o autor do salmo continua seus pensamentos a respeito da família, no Salmo 128, diz que todo "aquele que teme ao Senhor" será bem-aventurado, ou feliz. Lembre-se de que contexto é a família — especificamente, os filhos que Deus nos dá. À medida que continua a progressão em Salmos 128.1,2, vemos como cada flecha deve ser cuidadosamente orientada: 1) no temor do Senhor, e 2) andando nos seus caminhos. Novamente, você verá, a felicidade continuará a estar na atmosfera ao redor ("Bem-aventurado").

Os pais que educam seus filhos segundo os princípios bíblicos têm a esperança da felicidade suprema. Na verdade, o versículo 2 diz que o seu investimento permitirá que você "coma do trabalho das tuas mãos" e diz que "feliz serás, e te irá bem". A imagem, novamente, é as mãos (como foi em 127.4). As mãos dos pais desfrutam do produto de seu trabalho, quando "colhem o fruto" do jardim doméstico que cultivaram. À medida que a submissão é observada, a obediência ensinada e o entendimento buscado, os dividendos aparecem!

O versículo 3 é uma imagem muito agradável. O pai olha para a mesa da ceia. Ele vê sua esposa ("uma videira frutífera") e seus filhos ("plantas de oliveira"). Percebo que os filhos não são chamados de "ramos", mas "plantas". Isso parece ressaltar que cada descendente é independente, singular, alguém que terá seus próprios descendentes no futuro. E a diferença também está no fato de que a mãe é retratada como uma videira, mas os filhos são plantas de oliveira. Esta é uma distinção boa e necessária.

Como pais, somos tolos em supor que nossos filhos serão exatamente como nós somos. Um pai, por exemplo, que é um atleta tem uma forte tendência de desejar que essa mesma qualidade surja em seu filho, chegando ao ponto de forçar essa situação. O mesmo acontece com uma mãe que é artística. Ela incentiva, persistentemente, esse talento em sua filha, mas com frequência esse não é o interesse da filha. Por quê? Respondendo com os símbolos do autor: nós somos videiras, mas nossos filhos são plantas de oliveira. No entanto, independentemente do talento de um filho (ou falta dele), a instrução que lhe damos deve ser a instrução espiritual (o "temor do Senhor"). Um filho deve ser orientado à fé no Senhor Jesus Cristo, e precisa receber uma enorme quantidade de instrução nos princípios das Escrituras.

Fortalecendo esta Lição em sua Alma

O que você está fazendo para dar treinamento espiritual e orientação aos seus filhos? O treinamento começa com a liderança; os filhos sabem que você estuda as Escrituras? Como você pode estabelecer e manter, no seu lar, uma cultura centrada na Bíblia, sem que ela se torne banal ou superficial?

Dia 5: Salmos 127 e 128

Um Investimento no Futuro

Os salmos 127 e 128 terminam com um olhar a um futuro distante, pintando o retrato de uma família saudável e madura. Da mesma maneira como um agricultor imagina a sua colheita, enquanto planta as sementes, Salomão ajuda-nos a imaginar o fruto do nosso trabalho e esforço no lar.

Anos Futuros no Lar

Eis que assim será abençoado
o homem que teme ao Senhor!
O Senhor te abençoará desde Sião,
e tu verás o bem de Jerusalém em todos os dias da tua vida.
E verás os filhos de teus filhos
e a paz sobre Israel. (Sl 128.4-6)

A cena doméstica agora chega à sua conclusão. Os filhos estão treinados, criados e deixaram o ninho. O salmista pinta um retrato agradável de serenidade, que inclui três aspectos da bênção:

1. Prazer pessoal (v. 4). O salmista diz que "assim" vem a felicidade. Assim, como? Por todo o trabalho árduo e treinamento consistente investido pelos pais, a felicidade vem, como a recompensa de Deus. Acredite em mim, se você se decidir a ter Cristo como a figura central de seu lar e a sua Palavra como a autoridade, na criação de seus filhos, você terá muito trabalho pela frente!

Você descobrirá que está em minoria, que seus vizinhos (e alguns professores) o ridicularizam e o acham estranho (a), e verá que é criticado (a), mal-interpretado (a) e tentado(a) a fazer concessões. As próprias forças do inferno liberarão a sua fúria contra você! Você estará de joelhos e na Palavra, regularmente. Mas, se conservar o padrão (com amor, gentileza e consistência), Deus promete que você olhará para trás, nos seus últimos anos de vida, e sentirá um prazer interior e pessoal. O inverso também é verdadeiro. Se você não cumprir as suas responsabilidades como pai ou mãe, pode esperar consequências tristes e sérias.

2. Benefícios cívicos (v. 5). Até mesmo Sião será abençoada! Jerusalém será próspera e forte! A questão é esta: a sua descendência será usada para influenciar a sociedade — para o bem! Todos os dias de sua vida futura, desfrutará do fato de que a sua orientação anterior e contribuição particular para a vida familiar de seus filhos trará ricos dividendos públicos.

3. Bênçãos nacionais (v. 6). Agora, em seu versículo final, os netos entram em cena. Você, o avô ou avó, os vê, e testemunha um investimento na segunda geração. Os seus próprios filhos transmitem um treinamento similar, de modo que toda a nação beneficia-se e é abençoada, porque o Senhor, originalmente, estava no centro de sua casa.

Fortalecendo esta Lição em sua Alma

Talvez o pensamento mais encorajador que resulta do nosso estudo desses dois cânticos é o de que estamos criando o futuro da nossa nação. Dedique algum tempo para falar sobre o futuro com cada filho sob seus cuidados — o que eles esperam tornar-se e o que gostariam de realizar. Então, encontre maneiras tangíveis de encorajar os sonhos de seus filhos.

Semana 21 • Salmo 131

A OPRESSÃO DA ARROGÂNCIA IMPACIENTE

Cântico dos degraus, de Davi.

Senhor, o meu coração não se elevou,
nem os meus olhos se levantaram;
não me exercito em grandes assuntos,
nem em coisas muito elevadas para mim.
Decerto, fiz calar e sossegar a minha alma;
qual criança desmamada para com sua mãe,
tal é a minha alma para comigo.
Espere Israel no Senhor,
desde agora e para sempre.
(Sl 131)

Dia 1: Salmo 131

HUMILDADE GENUÍNA

Com meros três versículos, o Salmo 131 é um dos mais curtos capítulos da Bíblia. Se for verdade que as boas coisas vêm em embalagens pequenas, este salmo é a prova disso. Charles Haddon Spurgeon — o príncipe dos pregadores — disse, a respeito deste cântico de Davi:

> Comparando todos os salmos a pedras preciosas, devemos comparar este a uma pérola: tão lindamente ele adornará o pescoço da paciência. É um dos salmos mais curtos para ler, mas um dos mais longos para aprender.

> Ele fala de uma criança pequena, mas contém a experiência de um homem em Cristo. A humildade está aqui, em conexão com um coração santificado, uma vontade subjugada à mente de Deus, e uma esperança que confia apenas no Senhor.[17]

Ele descreve, apropriadamente, este breve salmo. Ele passaria despercebido pelo leitor apressado, e seria considerado como tendo valor quase insignificante para alguém que se deixasse impressionar com o tamanho e a escolha de termos, mas, ainda assim, contém uma mensagem oportuna. Davi compõe uma estrofe que se refere a um hábito perigoso neste cântico: a arrogância impaciente. Ele está dizendo que não se orgulha, nem se interessa por ser visto, ouvido ou percebido. Na realidade, está anunciando o seu plano de se afastar dos holofotes e da atenção pública.

A humildade genuína não é algo que anunciamos com facilidade. Declarar esta virtude é, como regra, perdê-la. A humildade é a mais bela e mais rara flor que floresce. Exiba-a e ela, instantaneamente, murcha e perde sua fragrância! A humildade é uma característica que deveria ser algo "dito em segredo", como expressa W. Graham Scroggie,[18] e não algo que anunciamos do terraço. A humildade não é algo que deva ser anunciado. Ela pertence simplesmente à vida particular, ao registro privado do andar do indivíduo com Deus, e não a um livro que parece um testemunho, mas que se assemelha mais a uma "vanglória".

Davi, no entanto, não está se vangloriando no Salmo 131; ele escreve este cântico como parte da sua própria vida devocional. É uma conversa com o Senhor que somos convidados a ouvir, um breve poema em que declara suas convicções a respeito de seu afastamento da visão pública.

Não sabemos o que motivou a escrita deste cântico. Como já observamos, a oportunidade que levou à escrita de muitos dos antigos cânticos bíblicos ainda é um mistério. Podemos, no entanto, encontrar a oportunidade em nossa imaginação. Frequentemente, sentimo-nos humilhados e oprimidos depois de pecarmos e/ou cometermos uma série de erros — depois que "estragamos" tudo. Nessas ocasiões estamos genuinamente interessados em encontrar a cova mais próxima e rastejar para dentro dela. Em outras ocasiões, naquelas em que temos uma visão de nosso próprio orgulho e nos cansamos de nossos esforços enganosos para encobri-lo, caímos diante de Deus e pedimos para sermos afastados e obscurecidos. E então, há aquelas ocasiões de experiências de busca no coração: Ocasiões de doenças. Dias de profundo sofrimento. Dolorosa espera. Eventos desapontadores. A perda de um ente querido.

O afastamento de um amigo. Solidão. Pressão. Nessas encruzilhadas, o trânsito de pessoas parece opressivo, o brilho das luzes parece extremamente vão, e a multidão ruidosa, excessivamente repulsiva. Durante essas ocasiões, ansiamos por obscuridade, silenciosa e humilde comunhão com o Criador. Qualquer dessas ocasiões poderia ter impulsionado o doce cantor de Israel a escrever este cântico de humildade.

Fortalecendo esta Lição em sua Alma

Escreva suas próprias definições dos seguintes termos:

Arrogância

Impaciência

Humildade

Autocontrole

Ao lado de cada palavra, coloque o nome de uma pessoa proeminente que exibe essa qualidade. O que essa pessoa fez para merecer essa descrição?

Dia 2: Salmo 131

Um Coração: Soberbo ou Humilde

De uma maneira direta, Salomão se dirige ao Senhor no Salmo 131. No cântico, ele tem uma conversa com o seu Deus. Embora a humildade seja o assunto, o foco é ele mesmo. Nos dois primeiros versículos, usa oito vezes as palavras "eu" e "meu". O poema é um breve vislumbre ao diário pessoal de Davi.

Versículo 1

Senhor, o meu coração não se elevou,
nem os meus olhos se levantaram;
não me exercito em grandes assuntos,
nem em coisas muito elevadas para mim.

Você deve lembrar-se de que, na Bíblia hebraica, o que quer que apareça em primeiro lugar em uma sentença é, frequentemente, colocado nessa posição com o propósito de ênfase. Isso é especialmente verdadeiro, quando a sentença é rearranjada e escrita de uma maneira estranha. É precisamente isso o que encontramos no versículo 1. Há três negativas no início de três sentenças: "não se elevou", "nem... se levantaram" e "não me exercito". Davi está expressando a profundidade dos seus sentimentos. A estrutura das suas palavras revela uma forte paixão. Os termos que ele usa, também.

A palavra "elevou" origina-se de *gabah,* que significa "estar elevado, exaltado". Ele menciona, em primeiro lugar, o seu coração — a raiz do orgulho, em seu íntimo. Ele diz que, ainda que Deus possa desejar examiná-lo profundamente, não encontrará qualquer vestígio de uma atitude "elevada ou exaltada" dentro dele. Deus pode "sondar" e "conhecer o meu coração" (Sl 139.23) o quanto quiser, declara Davi.

A palavra "levantaram" tem um significado similar: "espaço". Esta palavra hebraica significa "ser erguido, levantado". Isto é, exatamente, o que diz Provérbios 30.11-13:

> Há uma geração que amaldiçoa a seu pai
> e que não bendiz a sua mãe.
> Há uma geração que é pura aos seus olhos
> e que nunca foi lavada da sua imundícia.
> Há uma geração cujos olhos são altivos
> e cujas pálpebras são levantadas para cima.

O "olhar altivo" tem a ver com olhos que são "levantados". Vemos isso entre os pseudosofisticados e nas máscaras de plástico, usadas por muitos dos astros de Hollywood e das celebridades da televisão. Davi declara que o seu coração e os seus olhos resistirão ao teste do escrutínio de Deus.

Há duas maneiras simples e rápidas pelas quais Deus diz que é revelada a verdadeira condição do coração. (Muitos de nós podemos pensar que conseguimos escondê-la, mas não podemos). A primeira é pelos olhos (como vemos aqui), e a segunda é pela boca (como Jesus diz, em Lc 6.45). Naturalmente, a vida de uma pessoa é outra prova da condição do seu coração, mas isso requer mais tempo de observação. Conselheiros preparados e pessoas sábias têm o cuidado de ouvir as palavras (o que é dito, bem como o que não é dito), e observar os olhos dos outros. Logo você percebe que o coração é como um poço e os olhos e a língua são como baldes que extraem água desse mesmo poço. Se não houver humildade verdadeira no coração, os olhos mostrarão isso.

Fortalecendo esta Lição em sua Alma

Dedique algum tempo para analisar como você é. Você precisa ser o centro das atenções para se sentir realizado? Os outros o considerariam uma pessoa cheia de segurança e confiante? Ou o descreveriam como alguém arrogante? Se você realmente quer um retrato completo de si mesmo, peça às pessoas mais próximas que lhe contem as suas impressões com a maior franqueza e honestidade possível.

Dia 3: Salmo 131

A Capacidade de Ser Ensinado

O cântico de Davi, preservado para nós como o Salmo 131, diz agora que ele não se envolve em grandes questões ou "coisas muito elevadas" para ele. Aqui, a ideia é que ele não busca posições de proeminência ou grandeza. Ele reconhece as suas próprias limitações, com base em uma avaliação honesta do seu conhecimento e das suas habilidades, e não sente a necessidade de bancar o herói. Ele simplesmente não tem nada a provar. Não somente está disposto, mas, na verdade, satisfeito por se afastar da plataforma pública do aplauso estimulante.

Isso me lembra de outro grande homem de Deus: Moisés. De acordo com Atos 7.22, ele foi educado nas melhores escolas que o Egito tinha a oferecer. Era dotado de uma personalidade poderosa. Era um homem impressionante, um poderoso guerreiro —corajoso, brilhante, até mesmo heroico. Para muitos, estava claro que estava destinado a ser o Faraó da terra. No entanto, aos 40 anos, matou um egípcio, e tentou livrar o seu povo (os judeus) por seus próprios meios. Êxodo 2.11-15 narra toda a história. O resultado disso foi a fuga de Moisés para o deserto de Midiã — um lugar quente, seco e esquecido; um lugar de obscuridade. Ele viveu entre pastores durante outros 40 anos, desconhecido e sem receber aplausos. Pense nisso! Moisés, um membro proeminente da família real, passando seus dias liderando ninguém, exceto rebanhos de ovelhas, totalmente afastado do seu povo: deixado de lado, marginalizado e silencioso. F. B. Meyer escreve a respeito desta experiência:

> Mas Moisés não estava em contato com Deus (no Egito). Por isso, fugiu, e cruzou o deserto que estava entre ele e a fronteira oriental; atravessou as passagens nas montanhas da península do Sinai, através das quais, depois de anos, ele deveria guiar o seu povo; e, por fim, sentou-se, cansado, junto a um poço, na terra de Midiã... e, finalmente, teve a vida tranquila de um pastor, nos calmos espaços abertos daquela maravilhosa terra que, em mais de uma ocasião, serviu como escola divina.
>
> Esse tipo de experiência acontece a todos nós. Corremos à frente, pensando levar tudo o que está diante de nós; desferimos alguns golpes, em vão; ficamos chocados com o desapontamento, e corremos de volta; nós tememos o primeiro sinal de desaprovação humana, e fugimos das cenas de nosso embaraço para nos escondermos, desgostosos. Então, nos escondemos da soberba do homem, no segredo da presença de Deus, e ali nossa visão se aclara: a lama escorre da correnteza de nossa vida, assim como do Reno, em sua passagem pelas águas profundas do lago de Genebra; a nossa vida egocêntrica morre; o nosso espírito bebe do rio de Deus, que está cheio de água; a nossa fé começa a agarrar o seu braço e a ser o canal para as manifestações do seu poder, e assim, por fim, passamos a ser a sua mão para liderar um Êxodo.[19]

Moisés não escolheu deixar a sua posição sublime, trocando-a pela vida de um humilde pastor; a sua própria ambição o levou à humilhação. Felizmente, o Senhor usou a sua experiência humilhante para ajudar o futuro líder a ganhar humildade. Há uma grande diferença entre estar humilhado e se tornar humilde. Deus usou a falha de Moisés para moldar um dos maiores e melhores líderes que o mundo já conheceu.

Diferentemente de Moisés, Davi fez uma escolha consciente de se afastar e não se envolver em questões de grandeza e glamour público. Durante algum tempo, pelo menos, a sua vida seria de isolamento e meditação.

Fortalecendo esta Lição em sua Alma

Não existe um momento melhor para sermos ensinados do que quando somos humildes. Na verdade, a capacidade de ser ensinado é a qualidade que define uma pessoa humilde. Que experiência humilhou você? Que bem resultou desse período de humildade? Em vez de esperar para ser humilhado pelas circunstâncias, por que não pedir ao Senhor um espírito humilde? Isso deixa você nervoso? Caso a resposta seja afirmativa, por quê?

Dia 4: Salmo 131

Composto e Quieto

Tendo decidido iniciar um período de quietude, afastando-se do público, Davi examina o efeito da humildade sobre a sua alma. O Salmo 131 prossegue trazendo várias analogias curiosas.

Versículo 2

Esse homem guerreiro capaz e apaixonado estaria irritado e aborrecido, porque fora reduzido de capitão do time a espectador? De maneira alguma. Ele declara:

> Decerto, fiz calar e sossegar a minha alma;
> qual criança desmamada para com sua mãe,
> tal é a minha alma para comigo.

Não percebo a mais leve irritação em suas palavras. A expressão "fiz calar" significa "estar estável, aplainado, nivelado". A mesma palavra hebraica usada aqui também aparece em Isaías 28.25, com referência ao campo de um agricultor que fora áspero e acidentado, mas agora estava semeado e "nivelado". Davi está dizendo que a sua alma não está agitada e tempestuosa, mas calma e tranquila. É uma bela descrição de tranquilidade e paciência. O resultado é que ele está "sossegado" interiormente, silencioso e tranquilo.

Depois da declaração que fala a sua condição de calma interior, Davi apresenta um belo exemplo de um bebê que descansa, tranquilamente, com sua mãe — e usa, duas vezes, a palavra "desmamada" para descrever a criança, que não mais luta nem se esforça para obter leite de sua mãe, não mais exige ou se inquieta. Tudo está calmo. A aspereza da teimosia foi suavizada e aplainada, e agora está calma e satisfeita.

Mas espere! Isso não se completa, a menos que você perceba como a analogia simbólica se encaixa na experiência de Davi. Vamos fazer isso, respondendo a três perguntas:

1. Quem é o filho? É o ser interior de Davi.
2. Quem é a mãe? É a sua vida pública.

3. De que ele foi desmamado? Claramente, da afirmação de notoriedade.

Davi não mais busca atenção. Ele está desmamado do desejo de proeminência, o lugar de honra — o foco dos holofotes. "Não mais preciso disso", diz Davi. "Estou desmamado!"

A palavra "desmamado" também transmite a conotação de "amadurecido". Davi não precisa mais do leite da mãe, da atenção pública, porque ele é maduro o suficiente para receber a alimentação sólida, conquistada pela humildade. Perceba que o filho ainda está conectado à mãe. A posição de Davi como rei o coloca necessariamente diante dos olhos do público. Ele não pode desempenhar suas funções sem comparecer diante do povo. No entanto, como um filho maduro, cortou o cordão umbilical. Não depende mais de sua mãe.

Fortalecendo esta Lição em sua Alma

O cântico de Davi retrata a necessidade de atenção pública como o apetite de uma criança. O que deve desenvolver-se, no interior de uma pessoa, para torná-la madura, não mais necessitada da afirmação ou adoração pública? Você amadureceu nesse aspecto? O que pode fazer para se desenvolver em áreas em que precisa de maturidade?

Dia 5: Salmo 131

Desmamado da Soberba

Como acontece com todos nós, em ocasiões especiais, Davi aprendera uma verdade que era tão emocionante que ele a tinha que compartilhar. Queria que toda a sua nação compartilhasse com ele dessa alegre experiência. Na conclusão do Salmo 131, Davi expressa o seu desejo para a nação que ele lidera.

Versículo 3

Espere Israel no Senhor,
desde agora e para sempre.

Permita-me inserir aqui um comentário pessoal. O breve cântico de Davi foi-me altamente consolador. Apreciei a sua calma e a sua tranquilidade. Precisava dessa mensagem. Talvez você também precisasse. É bem possível que Deus esteja "desmamando" você de toda fonte de soberba. Você pode ter confiado na prata fugaz e nos enfeites desde mundo, somente para vê-los manchados e derretidos em suas mãos. Pode ter acreditado em alguém, somente para que essa pessoa falhasse com você e até mesmo se voltasse contra você. É muito possível que tenha caído na armadilha da exaltação própria, e tenha, recentemente, fracassado miseravelmente. Talvez esteja acostumado à honra e ao reconhecimento público, mas (como Moisés), tudo isso passou, pelo menos, por enquanto. Quem sabe o seu talento não seja mais necessário, ou o seu trabalho não seja necessário agora, ou o seu conselho não seja mais procurado.

"Que está acontecendo?", você pode estar perguntando. A arrogância recusa-se a aceitar essas experiências humilhantes; a paciência deve assumir o controle e ordenar, conscientemente, que as nossas almas fiquem em silêncio em tais ocasiões. Mas "por que", você pode perguntar-se. Deus responde à sua pergunta no Salmo 131.

Talvez esteja sendo "desmamado" da mãe da importância, do prestígio, do aplauso do público, da honra, e (será que devo dizer isso?) da soberba. Quem quer ser desmamado? A criança? Não, jamais. O ato do desmame é feito à criança. Tudo o que podemos fazer é submeter-nos. Deus é responsável. Ele está removendo cada muleta em que você pudesse se apoiar, para que se apoie apenas nEle (veja Pv 3.5,6). Ele está alterando a sua dieta, para um novo tipo de alimento — do leite da imaturidade para a carne da humildade genuína. E quer que você aprenda isso "desde agora e para sempre".

Fortalecendo esta Lição em sua Alma

Você consegue pensar em alguém que você admira pela sua genuína humildade? Dê-se ao trabalho de escrever um cartão pessoal de "obrigado" que expresse a sua gratidão. Seja específico e detalhado. Não assine o cartão, e entregue-o de forma *anônima.*

Semana 22 • Salmo 137

A OPRESSÃO DAS CONSEQUÊNCIAS PROLONGADAS

Junto aos rios da Babilônia
nos assentamos e choramos,
lembrando-nos de Sião.
Nos salgueiros, que há no meio dela,
penduramos as nossas harpas.
Porquanto aqueles que nos levaram cativos
nos pediam uma canção;
e os que nos destruíram, que os alegrássemos, dizendo:
Cantai-nos um dos cânticos de Sião.
Mas como entoaremos o cântico do Senhor
em terra estranha?
Se eu me esquecer de ti, ó Jerusalém,
esqueça-se a minha destra da sua destreza.
Apegue-se-me a língua ao paladar
se me não lembrar de ti,
se não preferir Jerusalém
à minha maior alegria.
Lembra-te, Senhor, dos filhos de Edom
no dia de Jerusalém,
porque diziam: Arrasai-a, arrasai-a,
até aos seus alicerces.
Ah! Filha da Babilônia, que vais ser assolada!
Feliz aquele que te retribuir
consoante nos fizeste a nós!
Feliz aquele que pegar em teus filhos e der com eles
nas pedras!
(Sl 137)

Dia 1: Salmo 137

As Consequências das Más Decisões

Ninguém pode negar a dor incessante que resulta de suportar as consequências dos maus atos. Ela pode ser tão rápida e simples como a dor aguda que se segue ao tapa de um pai, ou tão prolongada e severa como uma sentença de prisão. Qualquer que seja o caso, no entanto, ela é difícil de suportar. A pessoa que trai o cônjuge e, mais tarde, abandona o casamento, deverá suportar as consequências. O filho que foge de casa em um ataque de raiva e rebeldia deverá viver com as dolorosas ramificações do seu ato. O político que assegura a seus eleitores promessas irreais e impossíveis de cumprir deverá, se eleito, enfrentar seus críticos depois da eleição. O ministro que faz concessões no campo da ética ou da moral deverá viver com a vergonha privada e a perda do respeito público. E esta lista continua sem parar.

Embora a nossa época seja caracterizada por uma erosão da responsabilidade pessoal e tentativas de minimizar ou encobrir as consequências dos erros, aqueles dias muito difíceis das consequências da desobediência são, ainda assim, realidades assustadoras. O pecado ainda produz frutos amargos. Consequências devastadoras ainda estão à espera do transgressor. As palavras "Não erreis: Deus não se deixa escarnecer; porque tudo o que o homem semear, isso também ceifará" (Gl 6.7) ainda estão no Livro. Poucas almas vivem vidas mais funestas que as pessoas que desobedeceram e agora devem suportar a opressão das consequências prolongadas.

O Salmo 137 é o cântico pesaroso de um povo que suporta a opressão das consequências prolongadas, depois de uma longa história de más decisões. O autor dá voz à angústia do povo do concerto de Deus, removido de sua Terra Prometida, privado de seu direito de primogenitura. Como um grupo de prisioneiros de guerra judeus, eles foram levados pelos babilônios a uma terra estrangeira. As primeiras linhas definem o cenário:

> Junto aos rios da Babilônia
> nos assentamos e choramos,
> lembrando-nos de Sião. (v. 1)

Você pode examinar, rapidamente, os oito versículos seguintes, e detectar, rapidamente, outros termos que revelam uma experiência como de prisão:

Versículo 3: "aqueles que nos levaram cativos... os que nos destruíram"
Versículo 4: "terra estranha"
Versículo 7: "Lembra-te, Senhor, dos filhos de Edom"
Versículo 8: "Ah! Filha da Babilônia, que vais ser assolada"

Por que um autor hebreu estava na Babilônia? Quais foram os eventos que fizeram com que ele e outros indivíduos se tornassem cativos dessa força estrangeira? Acredite, não foi acidente. Tudo aconteceu exatamente como Deus dissera por intermédio do Seu profeta, Jeremias:

> Portanto, assim diz o Senhor dos Exércitos: Visto que não escutastes as minhas palavras, eis que eu enviarei, e tomarei a todas as gerações do Norte, diz o Senhor, como também a Nabucodonosor, rei da Babilônia, meu servo, e os trarei sobre esta terra, e sobre os seus moradores, e sobre todas estas nações em redor, e os destruirei totalmente, e pô-los-ei em espanto, e em assobio, e em perpétuos desertos. E farei perecer, entre eles, a voz de folguedo, e a voz de alegria, e a voz do esposo, e a voz da esposa, e o som das mós, e a luz do candeeiro. E toda esta terra virá a ser um deserto e um espanto, e estas nações servirão ao rei da Babilônia por setenta anos (Jr 25.8,9, 11)

Durante séculos, o Senhor enviou profetas para advertir o povo de Judá, de que a idolatria e a desobediência contínuas levariam ao seu exílio. Mas eles persistiram em sua desobediência, durante mais de trezentos anos, desde os últimos dias do reinado de Salomão. O reino unido da nação judaica fora dividido, depois da morte de Salomão. Houve, então, uma guerra civil. Dez das doze tribos de Israel estabeleceram-se no norte, sob a liderança do rei Jeroboão. Duas instalaram-se no sul, sob o governo do rei Roboão, filho de Salomão.

O Reino do Norte é chamado "Israel", nas Escrituras; o Reino do Sul é chamado "Judá". Israel teve dezenove reis, durante mais de duzentos anos, antes de cair diante dos assírios, em 722 a.C. Judá teve vinte reis — somente oito deles foram justos. Durante muitos anos, Judá andou em um fino limite entre a obediência e a rebelião, até que o Senhor permitiu que os babilônios (também chamados caldeus) capturassem a nação e a conservassem em escravidão durante setenta anos, exatamente como Jeremias predisse. O Salmo 137 foi escrito durante (ou pouco depois) o cativeiro de Judá na Babilônia.

Fortalecendo esta Lição em sua Alma

O Senhor sempre adverte antes de punir. Você já recebeu advertências para abandonar um pecado habitual ou impenitente? Qual foi (ou é) a sua reação? O que acabou acontecendo? Se você estiver ouvindo advertências agora, pense em uma pessoa confiável, que possa ajudá-lo a obedecer, antes que seja tarde demais!

Dia 2: Salmo 137

A Perda das Bênçãos de Deus

Os antecedentes históricos do Salmo 137 são muito tristes. O povo de Deus não dera ouvidos a séculos de advertências, e se encontravam vivendo com as consequências da desobediência. Embora Deus não tivesse removido a sua comunhão — Ele amava o povo de Judá, tanto quanto antes — Ele os privou de suas bênçãos de concerto. Eles não mais viviam na terra prometida a Abraão e seus descendentes. Eles não mais podiam adorar no Templo em Jerusalém.

A sua experiência, suportando as consequências prolongadas de seus erros, tem muito a nos ensinar a respeito do nosso caminhar com Deus. Aqui está o meu esboço do cântico:

I. Lembranças do Cativeiro (vv. 1-3)
— seção pessoal —
II. Devoção ao Senhor (vv. 4-6)
— seção patriótica —
III. Apelo por Retribuição (vv. 7-9)
— seção apaixonada —

Poucos cânticos nas Escrituras começam com emoções mais fortes. O compositor sente-se completamente deprimido! Ele relembra a amarga humilhação, o dolorido sarcasmo que ele e seus companheiros sofreram. Ele até mesmo nos lembra de uma ocasião particular, em que um representante da Babilônia fez com que os judeus marchassem junto a um rio, e os acumulou de insultos.

> Junto aos rios da Babilônia
> nos assentamos e choramos,
> lembrando-nos de Sião.
> Nos salgueiros, que há no meio dela,
> penduramos as nossas harpas.
> Porquanto aqueles que nos levaram
> cativos nos pediam uma canção;
> e os que nos destruíram, que os alegrássemos,
> dizendo: Cantai-nos um dos cânticos de Sião. (vv. 1-3)

Você consegue imaginar essa cena? Com as cabeças baixas, os ombros encurvados e lágrimas correndo pelos rostos, esses judeus cativos sentaram-se em silêncio e rangeram os dentes. Isso é uma opressão diária! Esse era o poço dos poços. Consigo ouvir os insultos do guarda babilônio, olhando para o povo de Judá, abatido e deprimido: "Ei, que tal se todos vocês, judeus, cantassem um daqueles velhos hinos da fé! Vamos ouvir um hino dedicado ao seu grande Deus! Cantem agora... e, cantando, lembrem-se de Sião!"

Oh, como isso doeu! Doeu tão profundamente que o autor lembrava-se das palavras exatas do seu torturador.

Os que zombam e criticam o cristianismo nunca parecem mais altivos, nem gritam mais alto, que quando o povo de Deus cai, publicamente, em pecado e é forçado a sofrer as consequências da desobediência. Todos os exércitos de Satanás dançam com alegria, quando os cristãos fiéis fazem concessões, brincam com o fogo e então... queimam-se. Temos visto uma porção de situações desse tipo nos últimos anos, não é? Os meios seculares têm um dia feliz quando o povo de Deus é forçado a sofrer. Os cativos estavam recebendo exatamente o que mereciam, e sabiam disso. Não havia mais cânticos, nem brincadeiras, e nem riso naquele envergonhado acampamento de judeus em terra estrangeira. Um homem descreve a cena de maneira bastante vívida:

> Isso foi o mais amargo — saber que o sofrimento não precisaria ter existido; que ele resultava da imprudência e da inconsistência; que eles estavam colhendo o que haviam plantado; que o abutre que se alimenta dos órgãos vitais era cria do próprio povo. Ai de mim! Isso é dor! Há uma nêmese (um justo castigo, uma sorte merecida) que é inevitável na vida. As leis do coração, do lar, da alma e da vida humana não podem ser infringidas impunemente. O pecado pode ser perdoado; o fogo da punição pode ser convertido no fogo da provação; o amor de Deus pode parecer mais próximo e mais profundo do que nunca, mas, ainda assim, existe a terrível pressão da dor; o coração trêmulo; os olhos que falham e o anseio da alma; a harpa nos salgueiros; a recusa em entoar o cântico de Deus.[20]

Fortalecendo esta Lição em sua Alma

Você encontra-se em "terra estranha" hoje? As consequências dos seus pecados estão pressionando você? Deixe-me incentivar você a apresentar o seu coração perante o seu Senhor. Conte-lhe tudo. Esteja certo de que está confessando integralmente a causa da sua terrível experiência, de que não está ocultando nem negando nada. Depois de ter pedido o perdão do seu Senhor, deixe-me incentivar você a reivindicar a Sua presença e esperar, tranquilamente, o alívio. As consequências dos pecados — sim, até mesmo os pecados perdoados — são, frequentemente, difíceis e, às vezes, prolongadas. Mas o Senhor não é cruel; a sua graça é suficiente (2 Co 12.7-10).

Dia 3: Salmo 137

Lembre-se das Promessas de Deus

Depois de narrar a angústia das consequências prolongadas no Salmo 137, o autor faz uma breve autoanálise. A sua perspectiva deixa de se concentrar no exterior para o exame interior. Ele propõe uma pergunta razoável, no versículo 4: "Como entoaremos o cântico do Senhor em terra estranha?"

A questão aborda dois aspectos. Em primeiro lugar, os judeus entendiam a ocupação de Canaã como uma parte necessária do concerto de Deus com Abraão. Como eles poderiam cantar, legitimamente, a respeito da fidelidade de Deus, se o seu concerto não mais existia? Mas eles não entenderam que o seu exílio era temporário; setenta anos, como fora predito. Deus dissera, o tempo todo, que o controle que o povo teria da terra dependeria da obediência (Dt 28). Assim, para responder a pergunta deles: Guardem as minhas leis, e eu restaurarei a terra de vocês.

O segundo aspecto tem a ver com sinceridade. O cantar genuíno é espontâneo, não pode ser forçado. Também não irromperá, alegremente, de um coração rebelde ou de uma consciência culpada. Os judeus cativos não conseguiam cantar naturalmente com alegria; precisavam de ajuda sobrenatural. O mesmo é válido para todas as pessoas. Somos totalmente incapazes de sentir alegria, enquanto estivermos escravizados ao pecado. Mas quando libertados, pelo poder de Cristo…

Paulo e Silas estavam acorrentados, na prisão de Filipos, mas as melodias e cânticos cristãos, ainda assim, soavam. Fisicamente, eram cativos; espiritualmente, no entanto, eram livres. Consequentemente, podiam cantar sinceramente, com alegria, apesar de seu ambiente desanimador (At 16.25,26).

O Salmo 137 continua, com uma recusa em desistir da esperança. Embora a punição do povo fosse severa, o compositor não deixaria de confiar que Deus cumpriria as suas promessas. Com o zelo de um patriota judeu, o salmista declara a sua devoção ao seu Senhor e à capital de sua pátria, a terra incondicionalmente prometida aos descendentes hebreus de Abraão.

> Mas como entoaremos o cântico do Senhor
> em terra estranha?
> Se eu me esquecer de ti, ó Jerusalém,
> esqueça-se a minha destra da sua destreza.
> Apegue-se-me a língua ao paladar
> se me não lembrar de ti,
> se não preferir Jerusalém
> à minha maior alegria. (vv. 4-6)

Perceba que os pronomes passam de "nosso" e "nós" para "meu" e "eu". Ele diz que jamais se esquecerá das bênçãos e dos benefícios de ser um cidadão de Judá, e que o seu cântico seria silenciado para sempre — ele não agiria com habilidade ("a minha destra"), nem cantaria espontaneamente ("a minha língua") — caso se esquecesse dos benefícios maravilhosos da terra. Embora o compositor fale sobre si mesmo, não devemos nos esquecer de que escreveu este hino para que fosse entoado pelos fiéis de Judá. Quando eles unissem suas vozes, cada pessoa prometeria lembrar-se da promessa de Deus, independentemente das circunstâncias.

Se você crê em Jesus Cristo, nada pode romper o seu vínculo com Deus (Jo 10.28,29; Rm 8.28-39; 2 Tm 1.12). As consequências prolongadas dos erros, no entanto, podem fazer com que pense que Deus abandonou você. O povo de Judá recusou-se a aceitar essa falsidade, e eles encorajaram-se com as promessas de Deus. Concentraram-se na bondade infalível que Ele sempre demonstra, apesar da devoção vacilante deles.

Fortalecendo esta Lição em sua Alma

Dedique algum tempo para rever as promessas de Deus.

Jo 14.1-3	1 Co 15.51-54	1 Jo 5.13	Ap 7.15-17
Sl 32.5	Pv 28.13	Jo 3.17,18	1 Jo 1.9
Dt 7.9	Sl 86.15	Hb 8.12	Rm 8.28-39

Memorize as promessas que você julgar mais convincentes e cativantes, e recite-as, quando o desencorajamento começar a oprimir você.

Dia 4: Salmo 137

VOLTANDO PARA DEUS

O autor do Salmo 137 reconhecia a angústia de sua situação, confessando que Judá procurara essa punição para si mesma. Mas ele não permaneceu na depressão. Deixou o passado para se concentrar no caráter imutável de Deus, na sua fidelidade para cumprir promessas, no seu desejo de estender misericórdia com cada oportunidade. Finalmente, ele voltou seus olhos ao horizonte, para esperar o futuro.

> Lembra-te, Senhor, dos filhos de Edom
> no dia de Jerusalém,
> porque diziam: Arrasai-a, arrasai-a,
> até aos seus alicerces.
> Ah! Filha da Babilônia, que vais ser assolada!
> Feliz aquele que te retribuir
> consoante nos fizeste a nós!
> Feliz aquele que pegar em teus filhos e der com eles
> nas pedras. (vv. 7-9)

Não é necessário ser um estudioso da Bíblia para descobrir que essas são palavras extremamente emocionais. O autor sente-se inflamado a respeito dos inimigos de sua amada Sião. Ele menciona o antigo inimigo, Edom, no versículo 7, e a Babilônia, no versículo 8. Cheio de zelo, profere bênçãos sobre aqueles a quem Deus pode usar para exercer a vingança contra os inimigos, pela maneira brutal e inclemente como tratavam os judeus. Os críticos consideram isso (em especial, o v. 9) e atacam o Antigo Testamento, criticando o Senhor, como se Ele fosse "O Deus da ira". Se você e eu fôssemos daquela época, duvidaríamos que a letra do Salmo 137 parecesse bárbara.

Provavelmente, lembra-se do julgamento de Adolf Eichmann, no passado. Um de nossos jornais fez a cobertura detalhada do evento. O jornalista mencionava um judeu que perdera seus pais e outros parentes próximos nos horríveis campos de concentração nazistas. Ele levantou-se abruptamente, na plateia daquele tribunal, e amaldiçoou Eichmann. Ordenaram que ele se sentasse e se controlasse, o que recusou-se a fazer. Quando estava sendo retirado a força, da sala do tribunal, ele gritava essas palavras: "Deixe-me por as mãos nesse porco nazista... só por sessenta segundos... deixe-me torturá-lo com minhas próprias mãos!"

Ninguém criticou o homem que gritava essas palavras violentas. Na verdade, o jornalista expressou solidariedade. Por quê? Porque o homem sofrera uma perda extremamente terrível, a sua lembrança estava cheia de fúria. Ele ansiava por justiça.

Perceba que o salmista não pede a permissão divina para obter a vingança nos seus próprios termos, mas pede apenas que Deus possa trazer justiça sobre as cabeças de todos os que se comportavam de maneira cruel com relação à Judá. De acordo com Isaías 13.14-16, os babilônios assassinavam brutalmente as crianças judias diante dos olhos de seus pais. Com apelos apaixonados, o autor deste cântico conclui, com um pedido de justiça. No final do cântico, conclui a sua intervenção na presença de Deus.

Fortalecendo esta Lição em sua Alma

Pense em algumas consequências que você sofreu em razão do seu próprio erro ou tolice. Faça agora uma pausa para agradecer ao Senhor pela sua misericórdia. Ele poderia ter removido você da terra, mas o sustentou. Agradeça a Ele pela sua graça. As consequências não o destruíram, mas o ensinaram.

Dia 5: Salmo 137

Deus Responde

Deus respondeu ao apelo do Salmo 137? Certamente que sim! Depois de setenta anos no exílio, cada judeu que desejasse voltar para reconstruir a cidade de Jerusalém e restaurar o Templo teve permissão para fazê-lo. E os judeus aprenderam a sua lição. Embora não fossem um povo sem pecados, depois de sua punição nunca mais tiveram problemas com a questão da idolatria. E, até os dias de hoje, os judeus valorizam as Escrituras do Antigo Testamento, acima de tudo.

O Senhor também cumpriu a sua promessa de considerar a Babilônia responsável pelas suas atrocidades. Ele predisse que faria dessa enorme e poderosa cidade "um deserto perpétuo" (Jr 25.12). E, sem dúvida, os persas não apenas invadiram os babilônios, mas extirparam a Babilônia da face da terra. Somente restam os escombros da cidade. A Babilônia ainda é uma terra desolada, estéril, de silêncio, ao longo da ferrovia de Bagdá, pouco mais que uma parada flagelada pelo vento, para arqueólogos a caminho de uma escavação na acidentada terra deserta. A cidade é um testamento permanente da fidelidade de Deus de fazer o que prometeu.

O Salmo 137 é, certamente, relevante. Ele fala ao cristão fiel que sofre a consequência do seu pecado, que tenta, em vão, "entoar o cântico do Senhor em terra estranha". Ele dirige os nossos corações apenas ao Senhor, que pode satisfazer as nossas mais profundas necessidades. Ele nos dá um padrão a seguirmos quando formos tratados com severidade. Ele lembra-nos de que Deus é plenamente capaz de infligir a vingança sobre aqueles que nos insultam e perseguem, que dizem todos os tipos de maldades contra nós, falsamente. Como Romanos 12.19-21 lembra-nos, Deus pode lidar, e lidará, com cada desejo nosso de retribuição, e Ele pode fazer isso de uma maneira tão completa que só precisaremos afastar-nos e permitir que Ele trabalhe.

Se você está suportando a opressão das consequências prolongadas, depois de um período de desobediência em sua vida, entende este cântico. Ao lê-lo, lembre-se de que não está sozinho em seu sofrimento e agonia. A dor pode ser severa e prolongada, mas a boa notícia é esta: ela não é interminável.

Fortalecendo esta Lição em sua Alma

Examinando toda esta semana, ore por algum cristão que caiu, alguém de quem você se lembra. Um marido ou uma esposa, um político, um ministro, um líder, um amigo —qualquer pessoa. Peça que Deus traga esperança e restauração a essa pessoa. A seguir, pense em maneiras práticas pelas quais conseguirá ajudar a aliviar a opressão das consequências prolongadas.

Semana 23 • Salmo 139

A OPRESSÃO DA INSIGNIFICÂNCIA

Salmo de Davi. Ao regente do coro.

Senhor, tu me sondaste e me conheces.
Tu conheces o meu assentar e o meu levantar;
de longe entendes o meu pensamento.
Cercas o meu andar e o meu deitar;
e conheces todos os meus caminhos.
Sem que haja uma palavra na minha língua,
eis que, ó Senhor, tudo conheces.
Tu me cercaste em volta
e puseste sobre mim a tua mão.
Tal ciência é para mim maravilhosíssima;
tão alta, que não a posso atingir.
Para onde me irei do teu Espírito
ou para onde fugirei da tua face?
Se subir ao céu, tu aí estás;
se fizer no Seol a minha cama,
eis que tu ali estás também;
se tomar as asas da alva,
se habitar nas extremidades do mar,
até ali a tua mão me guiará
e a tua destra me susterá.
Se disser: decerto que as trevas me encobrirão;
então, a noite será luz à roda de mim.
Nem ainda as trevas me escondem de ti;
mas a noite resplandece como o dia;
as trevas e a luz são para ti a mesma coisa.
(Sl 139.1-12)

Dia 1: Salmo 139

Importante para Deus

Muitas pessoas lutam com sentimentos de insignificância, de tempos em tempos. Atletas colossais, astros do cinema e da televisão enormemente talentosos, estudantes brilhantes, cantores perfeitos, escritores capacitados, até mesmo ministros capazes podem fazer com que nos sintamos intimidados, ignorados e subqualificados. Para alguns, sentir-se insignificante não é simplesmente uma batalha periódica: é uma opressão diária! Lá no fundo, sabemos que somos valiosos, mas, quando nos comparamos aos outros, frequentemente, nos consideramos no lado inferior. Um segredo bem guardado é o de que muitos desses atletas, celebridades, autores e pregadores que parecem tão confiantes lutam com os mesmos sentimentos que atormentam seus admiradores.

Em razão da nossa rápida explosão populacional, estamos tornando-nos números e unidades estatísticas, em lugar de indivíduos significativos. Máquinas estão, lentamente, tomando o lugar dos trabalhadores. Os computadores podem fazer muito mais, muito mais rápido, e com maior precisão do que os especialistas, até mesmo em se tratando dos altamente habilidosos. A ciência não soluciona o problema. Os cientistas consideram que o universo é vasto, tão vasto que esta Terra é insignificante — uma partícula de matéria, rodeada por galáxias medidas por anos-luz, e não milhas ou quilômetros. A imensidão de tudo impressiona, às vezes, os terrestres, e nos força a fazer as antigas perguntas: quem sou eu? Por que estou aqui? Onde é o meu lugar? O que importa? Isso pode resultar em um colapso interior — que aumenta, em lugar de diminuir, à medida que ficamos mais velhos e a percepção do ambiente ao nosso redor expande-se. Talvez você esteja entre os muitos que estão passando por aquilo que é chamado de "crise de identidade".

Se você está passando por essa perplexidade, muito real e desconcertante, aqui está um cântico que é feito sob medida para você. É um dos melhores de Davi! Os seus versos descrevem a pessoa que está sozinha e em busca de respostas, sobre si mesma, o seu mundo e o seu

Deus. O salmo dá ao leitor uma calma certeza de que há um vínculo definido entre ele e o seu Senhor — que ninguém foi lançado ao acaso ou acidentalmente no tempo e no espaço. Este cântico antigo faz com que Deus pareça real, pessoal e envolvido porque, na verdade, Ele o está. Os problemas cruciais das questões internacionais e da "saturação global", de repente, não parecem tão cruciais e as dificuldades relacionadas à crise de identidade do indivíduo começam a diminuir, à medida que ele compreende este cântico maravilhoso.

A Passagem e o seu padrão

O Salmo 139 responde a quatro perguntas. Lendo todos os vinte e quatro versículos, vemos que ele se organiza em quatro seções, de quatro versículos cada. Cada seção trata de uma pergunta diferente. Um esquema poderia ser algo como o seguinte:

I. Quão bem Deus me Conhece? (vv. 1-6)
II. Quão próximo Deus Está de mim? (vv. 7-12)
III. Quão cuidadosamente Deus me Criou? (vv. 13-18)
IV. O quanto Deus me Protege/Ajuda? (vv. 19-24)

Todos os vinte e quatro versículos nos conectam — como criação de Deus — ao nosso Criador. Somos superimportantes para o nosso Criador. Não somos partículas sem importância no espaço, nem corpos insignificantes na Terra, mas somos objetos do seu cuidado e atenção pessoal. Se você dedicar o seu tempo e pensar a respeito de cada seção, descobrirá que as quatro perguntas lidam com quatro dos nossos problemas humanos mais básicos:

- Quão bem Deus me conhece? (o problema de identidade)
- Quão próximo Deus está de mim? (o problema da solidão)
- Quão cuidadosamente Deus me criou? (o problema da autoimagem)
- O quanto Deus me protege/ajuda? (o problema do medo/preocupação)

Um pensamento final, antes que iniciemos uma análise dos doze primeiros versículos (vamos examinar os doze finais na próxima semana): o tempo todo, nesses versículos, lemos a respeito do "Senhor", do "seu Espírito", de "Deus"... além de "eu", "meu". Para o salmista, Deus está ali; melhor que isso, Deus está *aqui.* É possível alcançá-lo, conhecê-lo, Ele está disponível e é real. São eliminadas todas as formalidades e o protocolo religioso. Ele não apenas está aqui, como está envolvido e interessado em cada indivíduo, nesta partícula de planeta, chamada Terra.

Fortalecendo esta Lição em sua Alma

Esta noite, saia de casa. Se o ar estiver limpo e o céu sem nuvens, olhe para as estrelas. Fique tempo suficiente para permitir que a sua mente capte a imensidão da galáxia acima de você. A seguir, lembre-se de que você é mais importante para o seu Criador que todas essas estrelas, combinadas. Elas desaparecerão; você é eterno.

Dia 2: Salmo 139

O Conhecimento Íntimo de Deus

Se você já fez parte de uma grande organização, como uma corporação de muitos bilhões de dólares, ou de uma agência governamental, ou de uma universidade, é improvável que tenha conhecido pessoas do topo da cadeia de liderança. Você pode ter ouvido seus nomes, ou lido suas comunicações, mas provavelmente não as conheceu, pessoalmente. E elas, sem dúvida, não teriam distinguido você de qualquer outra pessoa da organização. Assim, é apenas natural perguntar-se se o supremo Governante do universo tem a mais superficial ideia de quem você é.

Quão Bem Deus me Conhece?

Nos quatro primeiros versículos do Salmo 139, recebemos informação suficiente para descobrirmos que Deus é onisciente. Ele sabe tudo.

Senhor, tu me sondaste e me conheces.
Tu conheces o meu assentar e o meu levantar;
de longe entendes o meu pensamento.
Cercas o meu andar e o meu deitar;
e conheces todos os meus caminhos.
Sem que haja uma palavra na minha língua,
eis que, ó Senhor, tudo conheces. (vv. 1-4)

O autor do cântico diz que Deus o busca. A palavra hebraica que leva a essa tradução significava, originalmente, "explorar" e, às vezes, transmitia a ideia de escavar algo. A ideia é de que Deus explora, escava e me examina completamente. Na sentença seguinte, Davi retrata-se em duas fases da vida — passiva (assentado) e ativa (levantado). Os nossos momentos mais comuns e casuais são completamente familiares ao nosso Senhor. Além disso, até mesmo os nossos pensamentos são um livro aberto. Pensamentos vêm às nossas mentes por meio de uma série de conceitos distantes e fugazes, da mesma maneira que os nervos microscópicos conectam-se uns aos outros, no cérebro, por meio de um processo complicado de conexões. E o nosso Senhor sabe até mesmo esses pensamentos. É isso o que Davi quer dizer com "de longe entendes o meu pensamento".

Podemos ver pensamentos entrando nas cabeças das pessoas, quando seus rostos "se iluminam" ou, de alguma outra maneira, indicam a entrada de ideias. Podemos ouvir pensamentos, quando deixam a mente das pessoas, por intermédio de suas bocas. Mas não podemos ver o que acontece entre a entrada e a saída. Deus pode. Na verdade, Deus entende o que nos motiva a ter certos pensamentos. Portanto, entende os motivos ocultos e não declarados por trás de nossos atos.

Certo Natal, compramos uma "cidade de formigas" para nossas crianças. Era uma base plástica, preenchida com uma fina camada de areia, e montada em um material transparente que permitia que víssemos as atividades dos insetos. Normalmente, tudo o que você consegue ver, em um formigueiro no solo, são essas pequenas e ocupadas criaturas entrando e saindo de seus buracos. Mas essa interessante "cidade de formigas" permitiu que observássemos o que acontecia depois que as formigas entravam em seus buracos — podíamos observar esses pequenos insetos andando por seus túneis. É exatamente isso o que o versículo 2 está dizendo a respeito da nossa vida de pensamentos perante Deus. Ele monitora todo o processo.

Gosto da tradução da versão New American Standard Bible para o terceiro versículo: "Esquadrinhas o meu caminho". O verbo "esquadrinhar" traduz a palavra hebraica que significa "peneirar". É a ideia de submeter-se a um escrutínio detalhado. Deus "peneira" cuidadosamente nossas escolhas e decisões. Como resultado desse conhecimento fenomenal, Ele está total e perfeitamente familiarizado conosco — quero dizer, *perfeitamente*! Para dar os toques finais nos fatos a respeito da onisciência de Deus, Ele conhece as nossas palavras antes mesmo que as digamos, o que faz com que Davi escreva: "Tudo conheces". Deus conhece todas as palavras, de todos os idiomas, de todos os seres humanos, em todos os continentes, em todos os momentos, de todos os dias. Pense nisso!

Mateus 10.30 traz o clímax: "E até mesmo os cabelos da vossa cabeça estão todos contados". Não é que Deus esteja interessado por trivialidades mentais e verbais; simplesmente, Ele é onisciente, é plena e completamente ciente de tudo, em todos os momentos, das coisas visíveis, bem como das invisíveis, das públicas e também das particulares.

Quão bem Deus conhece você? Esses quatro primeiros versículos dizem-nos que Ele não poderia conhecer você melhor! Caso a opressão da insignificância ainda o esteja manipulando, pondere sobre o fato de que você é objeto da atenção do Deus vivo, em todos os momentos de todos os dias de sua vida!

Fortalecendo esta Lição em sua Alma

O fato de que Deus conhece tudo a seu respeito traz-lhe consolação, ou faz com que se sinta desconfortável? Também é verdade que Deus ama você. Como esse fato influencia a sua resposta? Se pudesse esconder dEle alguma coisa, como isso afetaria o seu relacionamento com Ele?

Dia 3: Salmo 139

Deus Controla os Detalhes

À medida que continua o cântico de Davi a respeito dos maravilhosos atributos de Deus, ele maravilha-se com a capacidade de Deus de continuar no completo controle do seu universo.

Tu me cercaste em volta
e puseste sobre mim a tua mão.
Tal ciência é para mim maravilhosíssima;
tão alta, que não a posso atingir. (vv. 5,6)

O Senhor continua em completo controle dos menores detalhes da sua criação; Ele é onisciente e Todo-Poderoso. Conhecendo-nos como nos conhece, Ele "instala" os controles necessários em nós. O fato de que Ele nos "cerca" pode ser mal-interpretado. Esta é a tradução de uma palavra hebraica, usada a respeito do cerco de uma cidade em batalha — fechando todas as rotas de fuga. Um estudioso hebreu diz que o significado é "costurar no interior". A ideia é que Deus tem-nos em situações das quais não podemos escapar e ali nos conserva, orienta-nos, restringe-nos, e nos impede de fugir delas. Isto explica por que a sua boa mão está sobre nós. Talvez o apóstolo Paulo estivesse em uma dificuldade desse tipo, quando disse que ele e seus companheiros estavam "agravados mais do que podíamos suportar" (2 Co 1.8). A versão King James traduz essas palavras como: "Estávamos pressionados de maneira desmedida". A palavra grega quer dizer "estar esmagado". É a ideia de pressão intensa: "Estávamos sob tremenda pressão". Hoje em dia, em situações de pressão, Deus fecha todas as rotas de escape, mas permanece perto de nós e nos conserva com a sua boa mão, para que você e eu possamos aprender lições valiosas, em vez de fugir da dificuldade. Annie Johnson Flint descreve cenas familiares a todos nós — ocasiões de pressão às quais não é possível escapar:

> Pressionada de maneira desmedida, e pressionada todo o tempo; Pressionada tão intensamente, que parece ser além das minhas forças. Pressionada no corpo e pressionada na alma; Pressionada na mente até que surja a escuridão; Pressionada por inimigos, e pressionada por amigos; Pressão sobre pressão, até que a vida quase acabe. Pressionada a amar o bastão e a vara; Pressionada a conhecer nenhum outro Auxiliador, exceto Deus. Pressionada à liberdade, onde nada me prende; Pressionada à fé em coisas impossíveis. Pressionada a viver uma vida no Senhor; Pressionada a viver uma vida derramada por Cristo.[21]

Depois de contemplar todas essas verdades, Davi exclama algo como "Isso me deixa perplexo!" (v. 6). Tão maravilhosas eram essas provas do conhecimento e do controle de Deus, que Davi não conseguia sequer começar a conter suas emoções. O seu problema de identidade começou a diminuir tão logo o autor do cântico percebeu que Deus considera suas criaturas importantes e significativas. Ele conhece-nos. Ele esquadrinha a nossa vida. Ele estuda-nos e nos sustenta vinte e quatro horas por dia. Embora fiquemos perplexos, tentando compreender isso, é verdade. Quão bem Deus me conhece? *Completamente*!

Fortalecendo esta Lição em sua Alma

Como se sente a respeito da ideia de que Deus mantém limites à sua volta? Qual você acha que é a relação entre a liberdade e a maturidade? Consegue pensar em um bom exemplo de como o amor e as restrições trabalham juntas, para o bem de alguém ou de alguma coisa?

Dia 4: Salmo 139

Deus Está sempre Perto

Tudo bem, então Deus conhece-me e me controla; Ele pode fazer isso a distância, a milhões e milhões de anos-luz de distância. Mas Ele está perto? Segundo o Salmo 139, o cântico de Davi a respeito dos espantosos atributos de Deus, sim.

Quão Próximo Deus Está de mim?

Deus não é uma divindade distante, preocupada. Na verdade, Ele é onipresente. No versículo 7, Davi declara isso, na forma de duas perguntas:

Para onde me irei do teu Espírito
ou para onde fugirei da tua face?

Jonas, o profeta rebelde, deve ter se perguntado: *Posso encontrar algum lugar que me isole de Deus?* Ele descobriu, da maneira mais difícil, que a resposta é um enfático "Não!" Davi explica em termos que qualquer pessoa consegue entender.

Se subir ao céu, tu aí estás;
se fizer no Seol a minha cama,
eis que tu ali estás também;
se tomar as asas da alva,
se habitar nas extremidades do mar,
até ali a tua mão me guiará
e a tua destra me susterá.

Na Bíblia hebraica, os pronomes que se referem a Deus são abruptos e enfáticos: Se eu subir ao céu — TU! Se eu descer à sepultura — TU!

O versículo seguinte leva-nos ao vasto oceano, sobre "as asas da alva". É uma bela expressão, mas o que significa?

Muito provavelmente, ela descreve os raios do sol da manhã que percorrem o céu. Talvez pudéssemos parafrasear a expressão de maneira mais técnica, dizendo: "Se eu pudesse viajar a velocidade da luz". Pense nisso! Viajando em tal velocidade, eu chegaria à luz em menos de dois segundos — *Tu!* (Deus encontrar-me-ia). Nessa velocidade, seriam necessários cerca de quatro anos para alcançar a primeira estrela, e, novamente — *Tu!* (Deus também estaria ali). Onipresença significa, simplesmente, que não existe lugar onde Ele não esteja.

E o gigantesco volume de água que chamamos de oceano pode fazer com que eu pareça insignificante e remoto — mas, ainda assim, Ele está ali. Ele nunca me deixa sozinho —"até ali a tua mão me guiará".

Na primeira vez em que compreendi a magnitude desses versículos, estava nos Fuzileiros Navais, em um navio para transporte de soldados, que cruzava o oceano Pacífico, rumo ao Oriente. A viagem levou dezessete dias. As ondas, em dias de tempestade, chegavam a 12 ou 15 metros de altura. E, quando o nosso navio estava na base dessas ondas, a crista acima de nós parecia um edifício com uma cúpula gigante, prestes a cair sobre nós. Quando subíamos à crista da onda, nada podíamos ver, exceto água à nossa volta — ondas profundas, azuis escuras, intermináveis por todo o horizonte à nossa volta. Lembro-me de abrir minha Bíblia bem cedo, certa manhã, em Salmos 139.7-10, e, honestamente, quase gritei. De repente, senti-me tranquilo na sua presença. A minha solidão parecia ser completamente tola. A sua mão estava guiando-me, a sua mão direita estava sustentando-me, exatamente ali, na "extremidade do mar". Embora fosse, literalmente, insignificante, em comparação à vasta amplidão das águas ao meu redor, um sentimento de calma e segurança invadiu-me.

É isso o que Davi está dizendo aqui. Deus nunca está ausente.

Fortalecendo esta Lição em sua Alma

Deus está em todos os lugares, mas em quais lugares sente-se mais isolado dEle? Quais circunstâncias fazem com que se sinta distante dEle? Como a leitura do Salmo 139 muda a sua perspectiva? Como pode levar a verdade deste cântico a lugares e circunstâncias em que se sente isolado do Senhor?

Dia 5: Salmo 139

Nada Está Escondido de Deus

Nos versículos 11 e 12 do cântico de Davi, a respeito da magnificência e da proximidade de Deus, Ele anuncia que nem mesmo a escuridão afeta a presença dominante de Deus.

Se disser: decerto que as trevas me encobrirão;
então, a noite será luz à roda de mim.
Nem ainda as trevas me escondem de ti;
mas a noite resplandece como o dia;
as trevas e a luz são para ti a mesma coisa.

Durante a minha infância, houve ocasiões em que sentia medo à noite. (Você pode se lembrar de ter tido sentimentos similares). Nessas ocasiões, agarrava as cobertas e as puxava sobre minha cabeça. Ainda consigo lembrar-me de afundar debaixo delas, pensando que estaria a salvo do mal. Como isso era infantil, e, no entanto, tão parecido com os adultos! Em um sentido figurado, fazemos isso, quando pensamos que, de alguma maneira, alguma coisa feita em segredo escapará à percepção do Senhor. Este cântico antigo lembra-nos de que Deus tudo vê! Mesmo a escuridão não é escura para o Senhor. Segundo Hebreus 4.13, não há criatura alguma encoberta diante dEle.

No lado encorajador da questão, jamais precisamos sentir-nos sozinhos. O nosso Pai Celestial vê tudo e todos. Ele entende as nossas complexidades e excentricidades; aprecia as dificuldades singulares que enfrentamos; Ele entende-nos melhor que os nossos companheiros mais íntimos. E, o melhor de tudo, Ele importa-se.

Graças ao excelente Salmo 139, de Davi, podemos entender dois dos atributos de Deus que parecem estar em conflito. Ele é transcendente, o que significa que existe fora do universo, além do escopo do espaço, tempo e das leis da física. Ele é imensamente maior e mais poderoso do que toda a massa e toda a matéria do universo combinadas. No entanto, Deus também é imanente, o que quer dizer que Ele relaciona-se íntima e pessoalmente com cada pessoa e todas elas.

Ele controla o universo, e, no entanto, conhece cada detalhe minúsculo de sete bilhões de vidas individuais. Acho que isso é fascinante!

Fortalecendo esta Lição em sua Alma

Espero que ache consolador saber que Deus conhece você, entende-o e se interessa por você. Pode ser surpreendente saber que as pessoas da sua vida — especialmente, se você é um líder — querem ter o mesmo sentimento a seu respeito. Como você está ocupado, isso pode requerer certo planejamento. Assim, estabeleça um cronograma que o permita passar algum tempo conhecendo as pessoas à sua volta — pessoalmente e de maneira significativa.

Semana 24 • Salmo 139

A OPRESSÃO DA INSEGURANÇA

Pois possuíste o meu interior;
entreteceste-me no ventre de minha mãe.
Eu te louvarei, porque de um modo terrível
e tão maravilhoso fui formado;
maravilhosas são as tuas obras,
e a minha alma o sabe muito bem.
Os meus ossos não te foram encobertos,
quando no oculto fui formado
e entretecido como nas profundezas da terra.
Os teus olhos viram o meu corpo ainda informe,
e no teu livro todas estas coisas foram escritas,
as quais iam sendo dia a dia formadas,
quando nem ainda uma delas havia.
E quão preciosos são para mim,
ó Deus, os teus pensamentos!
Quão grande é a soma deles!
Se os contasse, seriam em maior número do que a areia;
quando acordo, ainda estou contigo.
Ó Deus! Tu matarás, decerto, o ímpio!
Apartai-vos, portanto, de mim, homens de sangue.
Pois falam malvadamente contra ti;
e os teus inimigos tomam o teu nome em vão.
Não aborreço eu, ó Senhor, aqueles que te aborrecem,
e não me aflijo por causa dos que se levantam contra ti?
Aborreço-os com ódio completo;
tenho-os por inimigos.
Sonda-me, ó Deus, e conhece o meu coração;
prova-me e conhece os meus pensamentos.

E vê se há em mim algum caminho mau
e guia-me pelo caminho eterno
(Sl 139.13-24)

Dia 1: Salmo 139

O Talento de Deus como Criador

Vamos começar esta semana com algumas palavras de revisão. O Salmo 139 conecta-nos com Deus. Este cântico nos conecta diretamente e intensamente com o nosso Criador, tornando-se uma das passagens devocionais mais importantes das Escrituras. Você se lembra de que ele responde a quatro das perguntas mais frequentemente propostas que vêm às nossas mentes, a respeito de Deus:

I. Quão bem Deus me Conhece? (vv. 1-6)
II. Quão próximo Deus Está de mim? (vv. 7-12)
III. Quão cuidadosamente Deus me Criou? (vv. 13-18)
IV. O quanto Deus me Protege/Ajuda? (vv. 19-24)

Você pode não ter expressado as perguntas exatamente dessa maneira, mas, em algum ponto, sem dúvida, você as fez. Elas são as perguntas mais básicas da vida. Em cada um de nós, está embutida uma curiosidade que anseia por ser satisfeita, especialmente a respeito daquEle que criou este mundo.

Na semana passada, examinamos os doze primeiros versículos deste cântico excelente. Com os seis primeiros, descobrimos que Deus conhece-nos completamente e perfeitamente. Deus é *onisciente.* Além disso, aprendemos que Deus tem total controle. Nada acontece fora do campo da sua vontade soberana. Deus é *onipotente.* Depois, nos seis versículos seguintes, descobrimos que aquEle que nos conhece está sempre perto de nós. Deus é *onipresente.*

Agora, vamos considerar o talento de Deus, como Criador.

Quão cuidadosamente Deus me Criou?

O cântico apresenta uma bela poesia e declara uma teologia excelente, mas como podemos ter certeza de que tudo isso é verdade?

Uma incerteza sutil ainda oprime a muitos de nós. Uma das melhores provas de que Deus existe e de que Ele faz todas essas coisas é o corpo humano. Considere a maneira cuidadosa como Ele criou você. Os versículos 13-16 abordam esse assunto. Em minha opinião, esta seção da verdade bíblica é uma das mais notáveis revelações de todas as Escrituras. Lembre-se, o cântico foi escrito por Davi, em uma época em que a anatomia e a embriologia eram assuntos relativamente desconhecidos — na melhor das hipóteses, primitivos. No entanto, aqui, neste cântico antigo, é estabelecido o estágio pré-natal do desenvolvimento, com fenomenal simplicidade e discernimento. O que Davi declara é isto: somente um Deus que nos conhece e que está perto de nós poderia estar tão intimamente envolvido em nos criar.

O versículo 12 nos fala das trevas e da incapacidade da humanidade de se esconder de Deus. Os versículos anteriores falam de lugares ocultos ou remotos como sendo bem conhecidos por Deus e sob a sua vigilância perpétua. O versículo 13 vai além disso e nos transporta ao útero, um lugar de intimidade e escuridão. É aqui que o autor do cântico constrói os seus argumentos.

> Pois possuíste o meu interior;
> entreteceste-me no ventre de minha mãe.

A palavra "Tu" (subtendida), em cada declaração, é muito enfática. A ideia é "Tu, Tu mesmo, e ninguém mais". Não é a "natureza", nem a "Mãe natureza", que realiza o milagre no útero; é somente Deus, e ninguém mais. Concentre-se na palavra "possuíste". Quando este verbo aparece, no texto original hebraico, frequentemente transmite a ideia de "originar". Deus origina o nosso interior. Você pode ficar surpreso ao saber que essa palavra — interior — significa, literalmente, "rins". Nos tempos antigos, os rins simbolizavam todos os nossos órgãos vitais — rins, coração, pulmões, fígado, etc. Na verdade, esse versículo diz, ainda, que Deus "entreteceu-me" no útero. O verbo *sanak* sugere a ideia de tricotar ou tecer, como uma massa tecida ou um bosque cerrado. Deus está envolvido em juntar todos os órgãos e as várias partes do nosso corpo, de uma maneira tão organizada, de modo que formem um "bosque cerrado" de músculos, tendões, ossos, sangue, veias e artérias.

Deixe-me parafrasear o versículo 13, para trazer parte da vida do texto original: "Pois somente tu, Deus — ninguém mais —originaste meus órgãos vitais; tu teceste o meu ser interior no útero de minha mãe".

Fortalecendo esta Lição em sua Alma

Davi escolheu palavras comumente usadas no mundo dos artistas e artesãos. O que isso sugere, a respeito do desígnio de Deus para a humanidade? O que isso indica a respeito da formação de cada indivíduo? O que o retrato que Davi apresenta da vida humana indica, a respeito da importância de cada pessoa? A presença de defeitos de nascença modifica o valor de uma vida humana?

Dia 2: Salmo 139

Uma Espécie de Maravilhas

O cântico de Davi, a respeito dos atributos do Senhor, continua com uma celebração da vida humana, prova da genialidade criativa de Deus.

Eu te louvarei, porque de um modo
terrível e tão maravilhoso fui formado;
maravilhosas são as tuas obras,
e a minha alma o sabe muito bem. (v. 14)

Isso não é verdade? Somos uma espécie de maravilhas. Ninguém refutaria que o corpo humano é uma combinação fenomenal de força, beleza, coordenação, graça e equilíbrio, externamente. Mas se você acha que o exterior é notável, dê uma espiada no interior. Isso é maravilhoso! O versículo 15 descreve a nossa origem.

Os meus ossos não te foram encobertos,
quando no oculto fui formado
e entretecido como nas profundezas da terra.

Às vezes, referimo-nos a nossa forma humana como nossa "estrutura". O termo "ossos", no hebraico original, usado aqui, significa "substância óssea" ou "esqueleto". Os nossos esqueletos não estavam ocultos de Deus, quando foram criados no oculto... nas profundezas da terra. Esta é uma expressão idiomática para um lugar protegido, um lugar oculto e seguro — onde alguém poderia esconder o seu tesouro, enterrando-o. Sem dúvida, esse lugar "oculto" é uma referência ao útero. A palavra hebraica traduzida como "entretecido" significa, literalmente, "diversificado", como um tecido de várias cores. Moisés usou a mesma palavra hebraica no livro do Êxodo, quando se referiu à confecção das cortinas no antigo Tabernáculo. A ideia é similar a uma peça bordada de tapeçaria ou uma obra de bordado. A imagem deve incluir o conceito de nossas veias e artérias, "bordadas" como fios variados pelo corpo. Deus está envolvido a esse ponto com a feitura de nossos corpos. Ele é como um artista cuidadoso e talentoso, que se esforça muito com cada cor e cada pincelada. Novamente, uma paráfrase: "O meu esqueleto e os meus ossos não estavam escondidos de ti, quando fui criado naquele lugar oculto de proteção, quando minhas veias e artérias foram habilidosamente bordadas em variadas cores, como um fino bordado".

Compreendi a verdade de tudo isto, há vários anos, em uma conversa que tive com um jovem que estava fazendo sua prática em residência médica. Ele estava estudando para ser um cirurgião, e comentou sobre o belo "esquema de cores" que Deus colocou no interior de nossos corpos. Ele disse que há cores definidas em nossos vários órgãos, que as veias e artérias quase fazem com que a rede interna apareça de cores "variadas". Ele sorriu, quando lhe disse que Davi usou essas mesmas palavras no seu cântico, muitos séculos antes.

A seguir, Davi conclui essa série de pensamentos, com uma declaração a respeito da soberania de Deus.

> Os teus olhos viram o meu corpo ainda informe,
> e no teu livro todas estas coisas foram escritas,
> as quais iam sendo dia a dia formadas,
> quando nem ainda uma delas havia. (v. 16)

Os olhos de Deus estavam fixos sobre o "meu corpo ainda informe", diz Davi. A palavra hebraica de que esta declaração descritiva é extraída quer dizer "dobrar, envolver". Em sua forma nominal, ela aparece apenas aqui, no Antigo Testamento, e quer dizer "embrião". Em outras palavras, Davi está dizendo: "Nas minhas primeiras horas e dias de vida, depois da concepção — quando ainda estava envolto em uma forma embrionária — Deus estava cuidando de mim. Ele não estava ausente nem desinteressado".

Olhando para a vida, do ponto de vista privilegiado de Deus, Davi diz que o nosso Pai celestial "marca" os nossos dias e os "escreve", antes mesmo do nosso nascimento. A palavra original traduzida como "escrever" é usada, frequentemente, no Antigo Testamento, em conexão com um oleiro que forma barro em sua roda, moldando e pressionando e amassando, até que o barro assuma a forma que o oleiro tem em mente. Deus forma os nossos dias, para que sejam exatamente o tipo de dias que deveríamos ter para nos tornar o tipo de pessoa que Ele quer que sejamos. Haverá pouco espaço para insegurança, quando entendermos o seu constante interesse em nossas vidas.

Fortalecendo esta Lição em sua Alma

Pense nas implicações desta seção (vv. 13-16). Por que ela é tão prejudicial à proposta de que o aborto é moralmente permissível? Examine os versículos atentamente, e tente pensar em um argumento contrário à posição bíblica de que a vida humana tem início na concepção.

Dia 3: Salmo 139

Nada Escapa ao Cuidado de Deus

O cântico de Davi a respeito de Deus dá uma atenção minuciosa ao seu projeto para o corpo humano, e para o cuidado individual que Ele dedica a cada concepção. Nenhuma vida individual escapa ao seu cuidado, e Ele dota cada pessoa com um propósito. O Salmo 139 leva Davi ao auge do êxtase, quando exclama:

> E quão preciosos são para mim, ó Deus,
> os teus pensamentos!
> Quão grande é a soma deles!
> Se os contasse, seriam em maior número do que a areia;
> quando acordo, ainda estou contigo. (vv. 17,18)

Deixe-me combinar essas palavras inspiradas, de modo que a paráfrase inclua grande parte do que descobrimos até agora:

> Pois somente tu, Deus — ninguém mais — originaste meus órgãos vitais; tu teceste o meu ser interior no útero de minha mãe... O meu esqueleto e os meus ossos não estavam escondidos de ti quando fui criado naquele

lugar oculto de proteção, quando as minhas veias e artérias foram habilidosamente bordadas em variadas cores, como um fino bordado. Teus olhos cuidaram de mim quando eu era apenas um embrião; e no teu livro, os dias que devo vivenciar estão todos escritos e registrados — o tipo de dias que devem fazer de mim o tipo de pessoa que queres que eu seja — mesmo antes que eu nascesse. Quão inestimáveis, poderosos, vastos e numerosos são os teus pensamentos sobre mim, ó Deus! Se eu tentasse contá-los, seriam mais numerosos que os grãos de areia na praia. E o teu plano não está limitado apenas a esta vida. Se eu morresse, despertaria a salvo nos teus braços — estaria contigo mais do que estive antes.

Isso leva Davi a considerar o seu futuro. Se Deus dedicou um planejamento tão detalhado a respeito do seu nascimento, tendo projetado o seu corpo e o tendo dotado de um propósito, então, certamente, o Senhor não teria dedicado menos atenção ao seu futuro.

O quanto Deus Deseja me Proteger e me Ajudar?

A opressão da insegurança começa a diminuir quando entendemos quão perfeitamente Deus projetou cada um de nós, e, especialmente, quando compreendemos o quanto Ele ajuda-os. O autor do cântico não mede suas palavras, nestes versículos:

Ó Deus! Tu matarás, decerto, o ímpio!
Apartai-vos, portanto, de mim, homens de sangue.
Pois falam malvadamente contra ti;
e os teus inimigos tomam o teu nome em vão.
Não aborreço eu, ó Senhor, aqueles que te aborrecem,
e não me aflijo por causa dos que se levantam contra ti?
Aborreço-os com ódio completo;
tenho-os por inimigos. (vv. 19-22)

Em seis ocasiões diferentes, Davi refere-se aos inimigos de Deus com os termos mais fortes. Eles não eram adversários moderados e passivos do Senhor, mas desprezavam descarada, aberta, odiosa e flagrantemente a Deus e ao povo de Deus. A associação com eles contaminaria o testemunho de qualquer santo — e Davi declara ser independente deles, especialmente quando afirma: "tenho-os por inimigos" (v. 22b).

O que Davi pede, exatamente, a Deus? "Mata o ímpio!" (v. 19a). Para ele, o Deus do céu é maravilhoso, puro, santo, justo e bom. O seu desejo era ser a mesma coisa —exatamente como nos é dito em Efésios 5.1, que diz: "Sede, pois, imitadores de Deus, como filhos amados".

Fortalecendo esta Lição em sua Alma

Com quem você passa a maior parte do seu tempo? Quão próximo você está dos que desafiam e negam o nome do seu Salvador? Quão profunda é a amizade que você tem com pessoas que são inimigos completos da justiça? Como a associação contínua com os inimigos de Deus afeta os sentimentos de insegurança que temos?

Dia 4: Salmo 139

A Ira contra os Inimigos de Deus

Ao pensar sobre o projeto intrincado da humanidade, no Salmo 139, e ao pensar no amor leal do Senhor por cada indivíduo que Ele teve o cuidado de formar e dotar de propósito, o rei Davi irou-se, com os inimigos de Deus. Que ingratos, que desleais! Que ultrajante que se rebelassem!

Ele fervia com justa ira contra os ímpios. Davi queria imitar a Deus. Ele ansiava por ser um homem devoto — talvez mais que qualquer outro rei da história de Israel — o que pode explicar por que ele era chamado "varão conforme o coração de Deus". A palavra "aborrecer", ou odiar, indica uma decisão de rejeitar alguma coisa em favor de outra. Diferentemente da palavra inglesa, aqui não há o desejo de mal nem enfermidade a outra pessoa; o conceito hebraico de "ódio" envolve um afastamento. Odiar alguém, no Antigo Testamento, é dar as costas a essa pessoa.

A palavra traduzida como "aflijo", no entanto, é profundamente emocional, e quer dizer "estar angustiado, sentir repugnância". O amor de Davi por Deus é tão grande que ele mal pode suportar pensar naqueles que odeiam a Deus. E, como está ao lado do Senhor, os inimigos de Deus são, necessariamente, seus inimigos. Mas em vez de tomar o assunto nas próprias mãos e destruir os inimigos de Deus, ele pede para ser afastado deles.

Isso não deve ser interpretado como um apelo sanguinário e brutal ou um gesto fanático e superespiritual. Ele estava supremamente interessado em ser um homem de Deus, qualquer que fosse a circunstância. No seu zelo por justiça, pediu a ajuda de Deus, protegendo-o dos que eram contrários às coisas que ele estimava. Para Davi, um homem de guerra, a única solução para Deus era "matar o ímpio". Ele não hesitou em pedir isso a Ele.

Charles Spurgeon escreveu: "Os homens ímpios não são o material de que podem ser feitos os verdadeiros amigos".[22] Palavras verdadeiras! Embora eu não esteja encorajando que nos isolemos de todas as pessoas perdidas, estou dizendo que uma comunhão íntima com pessoas que odeiem a Deus será muito prejudicial à nossa vida espiritual. O vírus do coração degenerado é perigosamente contagioso, e você não pode passar muito tempo perto dos que o têm sem acabar sofrendo da mesma doença. Isto é verdade, tanto para o adolescente que quer popularidade a qualquer preço como para o homem de negócios que prostitui suas convicções por um centavo a mais. A concessão espiritual é um problema mortal! Já examinamos 1 Coríntios 15.33 em mais de uma ocasião, mas vale a pena repetir aqui essa passagem: "Não vos enganeis: as más conversações corrompem os bons costumes".

Em Salmos 139.20, Davi lista duas características que identificam os inimigos de Deus:

1. Eles falam contra Deus (são irreverentes).
2. Eles tomam o seu nome em vão (usam de profanação).

Não é interessante notar que as pessoas ímpias revelem a sua iniquidade por meio de suas línguas? A irreverência e a profanação são as marcas registradas de profundos problemas no coração. Anote: uma língua grosseira e irreverente é o resultado secundário de um coração grosseiro e irreverente.

Como Davi confiava que Deus o protegeria, matando seus inimigos, não tentou tomar o assunto nas próprias mãos, e nunca tentou consertar as vidas dos inimigos de Deus. As duas coisas teriam sido esforços inúteis. Ele deixou a decisão final com o seu Senhor —aliás, uma ação muito sábia e bíblica.

Fortalecendo esta Lição em sua Alma

Davi sentia uma associação tão íntima com o Senhor que os inimigos de Deus tornavam-se seus inimigos, e aquilo que Deus detestava, Davi também detestava. Quão próximos você diria que os seus valores estão dos valores do Senhor? Quanto de suas emoções está de acordo com as de Deus com respeito ao bem e ao mal?

Dia 5: Salmo 139

ABERTO PARA DEUS

Antes de concluir o hino 139, Davi faz um último pedido a Deus, nos versículos 23,24. As palavras são familiares a muitos cristãos.

> Sonda-me, ó Deus, e conhece o meu coração;
> prova-me e conhece os meus pensamentos.
> E vê se há em mim algum caminho mau
> e guia-me pelo caminho eterno.

Davi não olha mais para cima (como nos vv. 1-18), nem à sua volta (como nos vv. 12-22). Agora, ele olha para dentro. Ele quer ser um homem de Deus, a qualquer preço, e por isso convida o Senhor a examiná-lo completamente no seu interior, até o fundo. A palavra "sondar" foi usada anteriormente, no versículo 1. A ideia básica do verbo hebraico original, você deve lembrar-se, quer dizer "explorar, cavar, examinar". Davi quer que Deus ultrapasse o seu revestimento exterior, e penetre profundamente no seu interior. Ele revela o seu interior, até onde habitam, em segredo, os pensamentos não proferidos e os motivos não declarados, e convida a luz refletora de Deus.

Agora Davi vai ainda mais longe. Ele pede que o Senhor o examine para descobrir quaisquer pensamentos perturbadores. Em outras palavras, ele está dizendo: "Descobre quais pensamentos podem afastar-me da comunhão contigo, ó Deus. Mostra-os a mim para que eu possa entendê-los e o efeito que têm no meu andar contigo". Este era o desejo dele. A insegurança deixou a cena quando ele passou a estar aberto diante do seu Senhor.

O resultado desejado deste exame é declarado no último versículo, onde Davi pede que Deus veja se há nele algum caminho de dor ou pesar. Não é para que Deus possa saber os resultados, mas para que ele mesmo — Davi — possa saber o que Deus descobriu. Quando você submete-se ao bisturi de um cirurgião, para uma operação exploratória, você não o faz apenas por causa do médico, mas quer saber o que foi encontrado, não quer? Tem interesse no que foi descoberto. Finalmente, Davi declara que o seu desejo é ser guiado pelo caminho eterno, que é o caminho da justiça. Ele queria ser um homem de Deus, independentemente dos custos.

Você quer ser uma pessoa cujo andar com Deus é íntimo e profundo? Honestamente, agora, o cristianismo, para você, é simplesmente uma passagem para o céu, ou é a raiz e fundação da sua vida? Esse negócio de leitura ou estudo da Bíblia, oração, comparecimento à igreja, batismo, testemunho, a Ceia do Senhor e entoar os hinos é apenas alguma coisa para aplacar a sua culpa e/ou ocupar os seus domingos? Por outro lado, se Cristo obteve um sólido controle sobre a sua vontade, e se você tornou-se genuinamente sério a respeito das coisas espirituais, então tomará a verdade desses versículos sobre a sua vida, e permitirá que ela enraíze-se em sua vida. Tornar-se uma pessoa piedosa requer tempo; mas, ao longo do caminho, inclui ocasiões em que expõe todo o seu ser interior ao exame de Deus, e acolhe, de bom grado, cada instrução que Ele possa dar-lhe, independentemente da dificuldade envolvida em encarar tal instrução. Com o passar do tempo, a opressão diária da insegurança diminuirá, e você dirá ao Senhor: "Abro, alegremente, todos os espaços da minha vida — todas as salas e todos os cantos. Esquadrinha os meus pensamentos e examina os meus motivos, Senhor. Mostra-me o que precisa de atenção. Revela-me o que lhe traz dor na minha vida".

Fortalecendo esta Lição em sua Alma

A bênção final do cântico (vv. 23,24) é uma oração que requer uma grande dose de coragem. Você considera a possibilidade de fazer esse mesmo pedido ao Senhor nesta semana? Não seja leviano a esse respeito, mas não deixe que isso o assuste. Confie que o Senhor fará exatamente o que for correto e melhor para você, e que Ele cuidará de você. Expresse as palavras em voz alta. Preste atenção à medida que Deus "sonda" você e o "prova".

Semana 25 • Salmo 142

A OPRESSÃO DA DEPRESSÃO

Masquil de Davi. Oração que fez quando estava na caverna.

Com a minha voz clamei ao Senhor;
com a minha voz ao Senhor supliquei.
Derramei a minha queixa perante a sua face;
expus-lhe a minha angústia.
No caminho em que eu andava,
ocultaram um laço.
Olhei para a minha direita e vi;
mas não havia quem me conhecesse;
refúgio me faltou;
ninguém cuidou da minha alma.
A ti, ó Senhor, clamei;
eu disse: tu és o meu refúgio
e a minha porção na terra dos viventes.
Atende ao meu clamor,
porque estou muito abatido;
livra-me dos meus perseguidores,
porque são mais fortes do que eu.
Tira a minha alma da prisão,
para que louve o teu nome;
os justos me rodearão,
pois me fizeste bem.
(Sl 142)

Dia 1: Salmo 142

Uma Caverna no Abismo

Quem não teve dificuldades com essas seções humilhantes de profunda tristeza? Todos sofrem angústia e tristeza, de vez em quando. Mas a depressão é algo diferente. Como uma doença, é muito comum, mas não é "normal". A depressão é um estado de espírito caracterizado por intensa tristeza, que, muito provavelmente, não desaparece por si mesma. Ela requer atenção.

Ela afeta os indivíduos de maneiras diferentes. Alguns se abatem tanto e durante tanto tempo que decidem que acabar com suas vidas é melhor que as suportar ainda mais. Outros parecem ter altos e baixos, descer e depois subir novamente. A depressão tem sido descrita como um buraco negro, uma caverna no abismo. Certamente, inclui sentimentos desencorajadores, que se recusam a desaparecer. Conheço algumas pessoas que travaram uma batalha contra a depressão durante vários anos. Anteriormente, comentamos a opressão do desânimo. A depressão é muito mais profunda, mais complicada e, normalmente, dura mais tempo. Com o desânimo sentimo-nos apáticos, tristes e desencorajados, mas a depressão é um sentimento de severa opressão que é muito mais grave. Se não desaparecer, é necessário procurar ajuda profissional.

Embora espere que este estudo ajude a sua situação, não vou fingir que o que tenho a transmitir, neste breve espaço, solucionará o seu problema. Se a sua depressão já persiste por um período prolongado de tempo, seja inteligente, contate um conselheiro, psicólogo ou psiquiatra cristão qualificado, e faça o trabalho espiritual e emocional necessário para combater esta grave dificuldade. Enquanto isso, a minha esperança é que este cântico, que se originou da pena de Davi, traga alguma luz, muito esperada, à sua caverna de depressão.

Antes que comecemos a estudar o primeiro versículo deste grande hino, encontramos alguma informação útil, no sobrescrito: "Masquil de Davi. Oração que fez quando estava na caverna".

Esta declaração inicial tem quatro partes importantes:

1. "Masquil". Treze dos cânticos do hinário hebraico são assim designados. Como vimos anteriormente, esta palavra origina-se do verbo hebraico *sakal,* que quer dizer "ser prudente, sábio, fornecer instrução e discernimento". É um salmo instrutivo, que pretende dar-nos ajuda e discernimento em determinada área da vida. Ele nos auxiliará para que possamos saber como lidar de maneira sensata com uma situação particular.

Uma vez que o Salmo 142 lida com um período de depressão na vida do seu autor, é um *masquil* destinado a nos fornecer discernimento para lidarmos com ocasiões de intensa e esmagadora aflição.

2. "de Davi". Davi escreveu o hino. Embora não tenha escrito todos os salmos, Davi escreveu mais no antigo hinário de Israel do que qualquer outra pessoa.

3. "Oração". Spurgeon escreveu: "As cavernas são bons ambientes para oração, sua situação sombria e isolada são úteis para o exercício da devoção".[23] Este salmo é, na realidade, uma oração, e por isso devemos considerá-lo com respeito. As orações não estão registradas nas Escrituras para análise, mas para fornecer discernimento e encorajamento. Este é um bom salmo a considerar, quando você se encontrar no mesmo estado de espírito que Davi. Falando francamente, ele estava, novamente, na pior situação possível.

4. "quando estava na caverna". A expressão a respeito da "caverna" aparece também em um único outro sobrescrito, o do Salmo 57. Infelizmente, Davi não indica qual é essa caverna. Duas possibilidades vêm-nos à mente. Davi passou muito tempo na caverna de En-Gedi (1 Sm 24) e na caverna de Adulão (1 Sm 22). É muito provável que o salmo refira-se à última.

Fortalecendo esta Lição em sua Alma

Se você está em uma "caverna" hoje, descreva a situação. Passe alguns minutos pensando na razão pela qual você submergiu sob tão sombrios sentimentos e tão desanimadora perspectiva. Considere uma perda significativa, uma ira prolongada, um conflito não solucionado, um ressentimento continuado, uma mudança dramática.

Dia 2: Salmo 142

Clamando, em Voz Alta, a partir da Escuridão

É muito provável que a depressão de Davi fosse o resultado de um período de tensão incomumente longo. O sobrescrito do

Salmo 142, que identifica que Davi estava na "caverna", possivelmente refere-se à caverna de Adulão. Para apreciar o contexto, observe os dois primeiros versículos de 1 Samuel 22:

> Então, Davi se retirou dali e se escapou para a caverna de Adulão; e ouviram-no seus irmãos e toda a casa de seu pai e desceram ali para ele. E ajuntou-se a ele todo homem que se achava em aperto, e todo homem endividado, e todo homem de espírito desgostoso, e ele se fez chefe deles; e eram com ele uns quatrocentos homens.

Isso é somar insulto à ofensa! Aqui está nosso amigo Davi, fugindo do louco Saul para poupar sua vida, e, finalmente, encontrando alívio e isolamento em uma caverna escura. No entanto, o seu alívio é de curta duração, pois sua solidão é invadida por um grupo sólido de "todo homem que se achava em aperto, e todo homem endividado, e todo homem de espírito desgostoso... uns quatrocentos homens". Imagine! Quatrocentos fracassados. Quatrocentos descontentes. Quatrocentos mais um: Davi.

Os quatrocentos eram um grupo desorganizado, ineficiente, deprimido, sem um líder, e por isso se apegaram a Davi. Imagine a cena em sua mente. Com um pouco de imaginação, você consegue ver o quanto ele deve ter estado deprimido. Certamente, ele suspirava, ao pensar, *Que vou fazer agora?* Ou *Por que eu?* Nas profundezas da aflição, tendo chegado ao fundo do poço, Davi falou com o seu Senhor a respeito da sua situação desesperadora.

Nos dois primeiros versículos, encontramos Davi à entrada da caverna sombria. A profundeza de sua angústia é expressa claramente. Ele comparece diante do seu Deus, em oração. Duas vezes, invoca "o Senhor", e duas vezes traz suas queixas "perante a sua face".

> Com a minha voz clamei ao Senhor;
> com a minha voz ao Senhor supliquei.
> Derramei a minha queixa perante a sua face;
> expus-lhe a minha angústia.

O que é traduzido, no primeiro versículo, como "clamei" significa, literalmente, "gritei". A palavra hebraica original significa "soar como um trovão, urrar". Do interior daquela caverna, Davi urra suas necessidades patéticas, com gemidos desoladores. A palavra "supliquei" poderia ser melhor traduzida como "implorei por benevolência". A sua autoimagem fora atacada. Ele sentia-se despojado, indigno, inútil e completamente deprimido. Por isso, pede evidência da benevolência de Deus. Ele precisa sentir-se necessário. Ele não tinha mais honra ou respeito; a autoestima parecia ter sido removida para sempre.

Quando chegamos ao fundo do poço, é assim que nos sentimos. A nossa autoimagem é abalada! Para sermos eficazes, devemos considerar-nos como Deus nos vê: favorecidos, amados, úteis e necessários. Descobri que o meu primeiro passo para uma solução é voltar-me "ao Senhor" e comparecer "perante a sua face", como fez Davi. Permanecer no fundo, lamber minhas feridas e rolar em infelicidade somente leva a um desespero ainda mais profundo. Invoque-o — grite, se precisar — mas não fique sentado durante dias, no isolamento e no silêncio da depressão. Deus anseia por ouvir as suas palavras. A sua declaração honesta, direta e sincera é exatamente aquilo que a oração é: uma disciplina que possibilita resultados incríveis.

Fortalecendo esta Lição em sua Alma

As pessoas deprimidas frequentemente se sentem envergonhadas de sua dificuldade. A vergonha e o isolamento somente fazem com que a depressão seja mais aguda. A melhor reação é ser aberto e honesto a respeito da sua situação, primeiramente com o Senhor. Expresse os seus sentimentos e emoções a Deus; seja tão sincero, direto e "inapropriado" quanto necessário. Não se preocupe; Ele já ouviu coisa pior.

Dia 3: Salmo 142

Abrindo-se para Deus

A emoção pura da oração de Davi, no salmo 142, é claramente evidenciada pela sua escolha de palavras. Na caverna de Adulão, o futuro rei aflito lutava contra a depressão e gritava em direção ao céu.

Eu costumava perguntar-me por que precisamos proferir palavras na oração, quando Deus já conhece todos os nossos pensamentos (Sl 139.4). Então, certo dia, deparei-me com Oseias 14.1,2.

> Converte-te, ó Israel, ao Senhor, teu Deus;
> porque, pelos teus pecados, tens caído.
> Tomai convosco palavras e convertei-vos ao Senhor;

dizei-lhe: Expulsa toda a iniquidade e recebe o bem;
e daremos como bezerros os sacrifícios dos nossos lábios.

Você percebeu a instrução do profeta? A sua instrução é "tomai convosco palavras". Falar dos nossos pensamentos mais perturbadores — expressar os nossos sentimentos mais profundos em palavras — esta é uma forma eficaz de terapia. É útil expressar esses sentimentos deprimentes; esta é uma maneira de ressuscitá-los do cárcere do limbo de nosso ser interior. Davi fez exatamente isso. Ele "tomou consigo palavras" ao lidar com a sua depressão.

No segundo versículo do Salmo 142, o homem declara, abertamente, seu problema a Deus.

Derramei a minha queixa perante a sua face;
expus-lhe a minha angústia.

Veja a palavra "angústia". Ela origina-se do verbo hebraico que significa "estar amarrado, firmemente atado, restrito, apertado, limitado" — ou, como dizemos hoje, "estou em um aperto". Quando ele diz, "expus-lhe a minha angústia", a palavra hebraica para "expor" significa, literalmente "fazer com que seja evidente". Davi não queria nada oculto.

Combinando todas as ideias precedentes, os dois primeiros versículos poderiam ser: "Gritei com minha voz ao Senhor; imploro benevolência, com minha voz, ao Senhor. Derramo diante dEle a minha queixa; torno evidente diante dEle a minha situação limitada e restrita".

Você realmente diz honestamente a Deus como se sente e o que está atravessando? Você é vividamente específico? Ele quer ser o seu amigo mais íntimo, o seu mais precioso conselheiro. Ele quer que você não esconda nada dEle. Infelizmente, muitos que sofrem longas batalhas contra a depressão não expressam o que os atormenta. Alguns acham quase impossível expressar pensamentos que estão cheios de dor, hostilidade, ou pesar. Muitos falam consigo mesmos, e, ainda assim, muito pouco. Davi falou abertamente sobre a sua angústia.

Fortalecendo esta Lição em sua Alma

A depressão frequentemente leva a vítima a buscar o isolamento, até mesmo em relação a Deus. Se você tem dificuldades para orar, peça a ajuda de amigos. Tome a iniciativa de ter, regularmente, pessoas à sua volta — literalmente — que orem por você. Ouvir as orações sinceras delas por você será algo que fará maravilhas com a sua perspectiva.

Dia 4: Salmo 142

Confessando o Desespero

No sombrio cântico de depressão de Davi, registrado como o Salmo 142, o rei confessa os seus mais profundos sentimentos de isolamento e desespero.

> Quando o meu espírito estava angustiado em mim,
> então, conheceste a minha vereda.
> No caminho em que eu andava,
> ocultaram um laço (v. 3)

Davi sente-se envolvido por sua depressão, a tal ponto que o seu espírito está desanimado e frágil. Enquanto confessa seus mais sombrios sentimentos de desespero, reconhece que Deus conhece tudo, até mesmo os pensamentos e as emoções que não partilhou com nenhuma outra pessoa. Davi acrescenta, então, que as coisas do lado de fora da caverna são tão deprimentes como as do interior. Saul e seus homens instalaram armadilhas. Havia espiões por todas as partes. Davi era um homem marcado.

O versículo 4 complementa a imagem sombria:

> Olhei para a minha direita e vi;
> mas não havia quem me conhecesse;
> refúgio me faltou;
> ninguém cuidou da minha alma.

Ele convidou o Senhor a olhar à sua direita — o lugar onde deveria estar um protetor e defensor — mas não havia ninguém ali. Em termos humanos, estava sozinho. Ele não podia escapar. Sentia que não havia ninguém que o entendesse ou cuidasse da sua alma.

Talvez se sinta abatido hoje, pensando que não há mais esperança, que Deus abandonou você, que o fim chegou. Sim, você pode sentir essas coisas, mas isso não quer dizer que os seus sentimentos sejam verdadeiros. O Senhor do céu conhece a pressão dos seus sentimentos.

Entende a profundeza da sua aflição. E, o melhor de tudo, Ele está ali. Ele se importa. Ele entende.

A oração de Davi retrata um homem que se recusa a permitir que os seus sentimentos impeçam o acesso ao Senhor e à ajuda que Ele promete.

A ti, ó Senhor, clamei;
eu disse: tu és o meu refúgio
e a minha porção na terra dos viventes.
Atende ao meu clamor,
porque estou muito abatido;
livra-me dos meus perseguidores,
porque são mais fortes do que eu. (vv. 5,6)

A sua oração inclui a expressão "a minha porção na terra dos viventes". Essa é uma expressão de duplo sentido. A "terra dos viventes" refere-se à existência deste lado da sepultura. O que esta expressão poética quer dizer, na verdade, é: "Tu, Senhor, és minha vida e razão para viver". A expressão também se refere à parte de Davi do direito hebraico de primogenitura, dado ao povo de Israel por Deus, por meio do seu concerto com Abraão. Assim, Davi lembrou, respeitosamente, ao Senhor que a Terra da Promessa pertence aos fiéis. Davi fora fiel. Saul, que continuava a desfrutar os privilégios da realeza, era desobediente. Ele pediu ao Senhor que fizesse o que era justo: que destronasse os seus perseguidores e lhe desse o trono.

Fortalecendo esta Lição em sua Alma

Nunca é errado pedir que o Senhor faça o que prometeu ou que faça o que está de acordo com a sua vontade. Se você identificou, pelo menos, algumas das questões que provocam a sua depressão, peça ao Senhor o que você quer. Apresente razões a Ele, não para convencê-lo, mas para o seu próprio benefício. Depois que você tiver expressado os seus desejos, submeta-os à vontade dEle, à maneira dEle e ao cronograma dEle.

Dia 5: Salmo 142

Pedindo a Ajuda de Deus

O cântico sombrio de Davi, o Salmo 142, termina com um último pedido e uma predição corajosa.

> Tira a minha alma da prisão,
> para que louve o teu nome;
> os justos me rodearão,
> pois me fizeste bem. (v. 7)

Nos versículos 5,6, Davi pediu que o Senhor alterasse as suas circunstâncias: que lidasse, de maneira justa, com os seus perseguidores, e que honrasse a sua promessa de fazer de Davi o rei. Mas Davi também reconheceu a necessidade maior de que Deus mudasse o seu estado de espírito. Ele pediu que fosse libertado da prisão mental e emocional da depressão. Então, o seu cântico muda, dramaticamente. É improvável que a sua atitude tivesse mudado antes de concluir o hino. Ainda assim, ele decidiu mudar o tom — literalmente. As duas últimas linhas do salmo usam um recurso literário hebraico em que o tempo passado do verbo prevê um evento futuro. É como dizer: "O que o Senhor fará no futuro, é como se já tivesse acontecido". Olhando para o futuro, Davi declara: "os justos me rodearão, pois me fizeste bem" (v. 7).

Que fé! Davi está olhando à frente e declarando, pela fé, uma ocasião de genuína vitória. Ele está declarando que Deus o usará novamente, e fará com que outras pessoas o rodeiem e procurem a sua liderança. Por quê? Porque ele confia que Deus usará esses dias de aflição e dificuldade para dar-lhe maturidade, força interior e estabilidade. Ele descansa com a certeza de que, um dia, a cura virá.

Tenha certeza, Deus não nos usa nas vidas de outras pessoas porque nós *fazemos* coisas, mas porque nós *somos* algo. As pessoas não desejam estar junto a alguém que *faz* muitas coisas, tanto quanto desejam estar perto de alguém que *é* aquilo que admiram. É a grandeza de caráter e uma vida com profundidade que conquista o respeito dos outros. Os que são retificados e espancados, feridos e derretidos na fornalha da aflição e então ressurgem com estabilidade emocional e força interior — essas são as pessoas que têm um ministério na vida de outras pessoas.

Então, em resumo, se você está na caverna da depressão, invoque o Senhor Jesus Cristo. Não oculte nada. Pode confiar que Ele lidará com o que quer que você lance na sua direção. Diga a Ele exatamente como a sua situação está afetando você. Se conseguir, expresse precisamente o que necessita, nessa ocasião. Confie nEle. Não duvide, e não hesite. Permaneça firme.

Lembre-se, você está na sua sala de aula. Ele é o professor. Ele está fazendo em você um extenso exame no crisol do sofrimento, e ninguém pode fazer um exame mais completo que o nosso Senhor! Eu recomendo este cântico a todos os que estão sofrendo a opressão diária da depressão. Ele é alimento para a sua alma na caverna, enquanto a tempestade continua a rugir.

Busque ajuda. E não desista, meu amigo. Ele está preparando você para uma mensagem singular e um ministério invejável. Quer você acredite ou não, essa caverna escura da depressão, que parece interminável, faz parte do seu plano divino. Ela era para Davi, e é também para você.

Fortalecendo esta Lição em sua Alma

Deus diz que usará todas as coisas para o bem dos que são seus (Rm 8.28). Como você acha que Ele poderia usar esta dificuldade para preparar um futuro melhor para você? Como você poderia usar esta experiência para ajudar outras pessoas? Como você pode aprender com outras pessoas que sofreram depressão e emergiram saudáveis e íntegras? Quando você vai procurar ajuda?

Semana 26 • Salmo 149

A OPRESSÃO DOS TEMPOS INGLÓRIOS

Louvai ao Senhor! Cantai ao Senhor um cântico novo e o seu louvor, na congregação dos santos.

Alegre-se Israel naquele que o fez, regozijem-se os filhos de Sião no seu Rei.

Louvem o seu nome com flauta, cantem-lhe o seu louvor com adufe e harpa.

Porque o Senhor se agrada do seu povo; ele adornará os mansos com a salvação.

Exultem os santos na glória, cantem de alegria no seu leito.

Estejam na sua garganta os altos louvores de Deus e espada de dois fios, nas suas mãos, para tomarem vingança das nações e darem repreensões aos povos, para prenderem os seus reis com cadeias e os seus nobres, com grilhões de ferro; para fazerem neles o juízo escrito; esta honra, tê-la-ão todos os santos. Louvai ao Senhor!

(Sl 149)

Dia 1: Salmo 149

O Significado do Louvor

Há momentos em que as palavras mais difíceis de proferir são "Louvai ao Senhor!" (também traduzidas como "Aleluia!"). Nesses momentos, estas palavras simplesmente não fluem de nossos lábios. Na verdade, há momentos em que estamos "desligados" mesmo quando outros a nossa volta usam as palavras! Interessante é que cada um dos últimos cinco salmos do antigo livro de canções hebraicas começa com esta exclamação de louvor. Ao nos concentrarmos em um dos cinco, é possível que descubramos algumas coisas que nos ajudarão a vencer a opressão dos tempos inglórios.

Se você for um cristão e tiver passado grande parte da sua vida em igrejas e grupos cristãos, já ouviu "Aleluia!" dezenas, até mesmo centenas de vezes. Mas o que isso realmente significa? Nós ouvimos e proferimos esta expressão sem compreender o seu significado. Nas próximas páginas, quero explorar o significado desta expressão com você. Estes cinco "salmos aleluia" conclusivos compõem o cenário mais belo do último trecho de nossa viagem através do antigo hinário — uma jornada que muitas vezes incluiu momentos de tristeza, pecado, melancolia, solidão, angústia e depressão.

Lembro-me de voltar para os Estados Unidos, após uma longa viagem de serviço militar em Okinawa e outras ilhas e países orientais. À medida que nosso navio navegava sob a bela ponte Golden Gate, lágrimas vieram aos meus olhos! Toda a solidão, tristeza e angústia dos meses anteriores, passados longe da minha terra, da minha esposa e da minha família diminuíram de importância por causa deste trecho final rumo ao porto de São Francisco. E o mesmo acontece em nosso estudo das canções das Escrituras. A beleza e o encanto da cena final tendem a nos fazer esquecer os muitos dias em que os compositores enfrentaram a mágoa e a tristeza.

"Aleluia" é um termo que vem do hebraico. É uma palavra composta formada por dois termos menores — *halal*, que significa "gloriar", e *yah*, uma versão encurtada de YHWH, o nome pessoal de Deus. Ao colocá-los em conjunto, o significado exato de *aleluia* é o mandamento: "glorie-se no Senhor (YHWH)!" Gloriar-se significa "falar de, ou afirmar, com orgulho excessivo". Normalmente, isso tem a ver com uma exibição de orgulho de si mesmo. No entanto, a expressão "ALELUIA!" denota uma exibição de orgulho ou uma afirmação de glória e de honra ao Senhor. Deste modo, sempre que dizemos "Aleluia!" estamos afirmando: "Demos glória e louvor ao Senhor — e a mais ninguém!"

Isso explica por que algumas versões da Bíblia preferem traduzir "Aleluia!" como "Louvai ao Senhor!" O nosso ego é deixado de lado. Exaltar ao Senhor é o único interesse destes últimos cinco salmos. Devemos ter em mente o significado da expressão "Aleluia!" todas as vezes que a proferirmos. Durante tempos inglórios, geralmente preocupamo-nos apenas com a nossa vida e com o nosso bem estar. Concentrarmo-nos totalmente em Deus torna-se uma tarefa quase impossível.

Ao observar o Salmo 149 como um todo, encontro três pontos importantes que nos interessam:

1. Este salmo foi escrito para crentes — pessoas que realmente buscam um relacionamento pessoal com Deus, não apenas seguidores nominais de uma religião. Os versículos 1,5 e 9 mencionam especificamente os "santos".

2. Este salmo foi escrito para crentes judeus. Isso se torna evidente quando examinamos termos como "Israel" (v. 2), "filhos de Sião" (v. 2), "seu povo" (v. 4) e "nações" (uma referência aos gentios, v. 7).

3. O salmo pode ser dividido em três seções. Cada seção está relacionada com certos momentos em que devemos louvar ao Senhor: (a) versículos 1-3, tempos de bênção; (b) versículos 4-6, tempos de sofrimento; (c) versículos 7-9, tempos de guerra.

Fortalecendo esta Lição em sua Alma

Quais são as opressões "inglórias" mais comuns em sua vida? Em outras palavras, quando sente menos disposição e vontade de louvar ao Senhor? Seja específico. Procure descobrir um padrão. Converse sobre isso com sua família, amigos próximos ou com um líder espiritual.

Dia 2: Salmo 149

Em Tempos de Bênçãos

O salmo 149 é um dos cinco salmos de Louvor ao Senhor que concluem o antigo hinário dos hebreus. Assim como os outros quatro, este salmo começa com o mandamento "Aleluia, Louvai ao Senhor", e conduz a um momento de exaltação à bondade de Deus. Neste caso, o povo de Deus é convocado a louvá-lo em resposta a três situações diferentes: tempos de bênçãos, tempos de sofrimento, e tempos de guerra.

Louve ao Senhor em Tempos de Bênçãos

Louvai ao Senhor!
Cantai ao Senhor um cântico novo
e o seu louvor, na congregação dos santos.

Alegre-se Israel naquele que o fez,
regozijem-se os filhos de Sião no seu Rei.
Louvem o seu nome com flauta,
cantem-lhe o seu louvor com adufe e harpa. (vv. 1-3)

Tempos de bênçãos devem incentivar o louvor espontâneo. Quando os alimentos enchem as nossas despensas, quando cada um de nós está livre de doenças ou lesões, quando não há inimigos nem tragédias nos ameaçando, é natural que cantemos em agradecimento e expressemos brados de louvor. Consequentemente, o compositor nos fornece três mandamentos, à medida que examina os tempos de bênçãos. Ele nos instrui a cantar (v. 1), a ser felizes (v. 2) e a louvar o seu precioso nome (v. 3). Observemos cada mandamento e meditemos sobre o que Deus está dizendo.

Em primeiro lugar, o salmista exorta-nos a cantar um cântico novo. Quando Deus traz a bondade à vida do seu povo, Ele se compraz em observá-los reagindo com expressões novas e espontâneas de deleite. Melhor ainda é quando nos reunimos com outros "santos" para celebrar a bênção do Senhor. Afinal de contas, compartilhamos abertamente os nossos momentos de estresse e aflições — exatamente como deveríamos fazer. Por alguma razão, no entanto, raramente reunimos os nossos amigos para celebrar as bênçãos abundantes de Deus.

Em segundo lugar, o compositor convoca o povo de Deus a alegrar-se. Tempos de prosperidade e elevação nunca devem causar culpa. Se a prosperidade vier da mão de Deus, nós devemos nos alegrar! Infelizmente, alguns cristãos começaram a acreditar que sofrer é algo mais espiritual, ou que somente as pessoas materialistas podem prosperar. Que péssimo testemunho a respeito de um Deus amoroso! Embora o Senhor use o sofrimento para cultivar o caráter divino, Ele também tem prazer em dar boas coisas ao seu povo. Louvado seja Deus quando as bênçãos fluírem! As bênçãos vêm de Deus. O Salmo 75.6,7 deixa isso claro:

Porque nem do Oriente, nem do Ocidente,
nem do deserto vem a exaltação.
Mas Deus é o juiz;
a um abate e a outro exalta.

Em terceiro lugar, o compositor chama-nos a louvar. Na prática, o terceiro versículo ordena que nos "soltemos". Não sufoque o seu louvor; deixe-o fluir! Nos dias do salmista, era bastante comum o povo de Deus dançar de alegria (literalmente) e tocar instrumentos musicais nos momentos de grande alegria e louvor. Davi dançou na rua quando a arca foi trazida de volta para a cidade de Jerusalém (2 Sm 6.12—15). De maneira semelhante, Miriã, irmã de Moisés, dançou em louvor a Deus depois que os israelitas cruzaram o Mar Vermelho a pés enxutos (Êx 15.20—21). As danças registradas na Bíblia foram realizadas em louvor a Deus por suas bênçãos e livramentos.

A ideia principal destes três primeiros versículos do Salmo 149 é que devemos desfrutar plenamente os nossos momentos de bênçãos. Devemos oferecer exclamações de louvor vigorosas e irrestritas ao nosso Senhor quando Ele decidir derramar as suas bênçãos abundantes sobre nós.

Fortalecendo esta Lição em sua Alma

De que forma você costuma comemorar a prosperidade, como por exemplo, uma grande promoção, uma bonança financeira, um relatório encorajador de um médico, ou um evento familiar alegre? Quando algo maravilhoso acontecer, considere adicionar um momento de ação de graças e louvor à sua celebração. Este momento não precisa ser necessariamente um culto na igreja. Você pode oferecer simplesmente uma oração de agradecimento ou conduzir os seus amigos em uma canção de louvor.

Dia 3: Salmo 149

Em Tempos de Sofrimento

O Salmo 149 é um cântico de celebração. É como um grito de guerra, convocando todo o povo de Deus a louvar ao Senhor, independentemente das circunstâncias individuais. Isto inclui momentos em que as pessoas não estão naturalmente inclinadas a exultar em Deus.

Louve o Senhor em Tempos de Sofrimento

Porque o Senhor se agrada do seu povo;
ele adornará os mansos com a salvação.
Exultem os santos na glória,
cantem de alegria no seu leito.
Estejam na sua garganta os altos louvores de Deus
e espada de dois fios,
nas suas mãos. (vv. 4-6)

A palavra "porque", no início do versículo 4, é uma boa tradução do termo hebraico e ajuda a separar o versículo 4 da seção anterior. Ela também ajuda a esclarecer o que o salmista quer dizer à medida que a música passa a tratar de momentos de sofrimento.

Embora as circunstâncias difíceis sejam inevitáveis na vida, o Senhor sempre se compraz em seu povo. Em outras palavras, o sofrimento *não* é, de forma alguma, resultado do desgosto de Deus.

Observo duas declarações, no versículo 4, a respeito da maneira como Deus vê aqueles que são afligidos pelo sofrimento:

1. Deus tem prazer em seu povo. O termo hebraico é *ratzah*, que significa "aceitar favoravelmente, agradar-se de, estar satisfeito com". Muitas vezes, a pessoa que é colocada de lado sente-se completamente inútil — e até mesmo rejeitada. Essa pessoa não faz nenhuma contribuição porque não é capaz de fazê-la. Acreditando não ser capaz de produzir, ela começa a sentir como se não fosse nada além de um empecilho, uma responsabilidade enfadonha. É por isso que o sofrimento é geralmente uma opressão inglória! Mas este versículo diz exatamente o oposto! O salmista diz que Deus "nos aceita favoravelmente" — Ele "agrada-se de nós", mesmo quando somos colocados de lado e nos tornamos totalmente improdutivos. Esse fato por si só deveria encorajar todas as pessoas que sofrem dores e são deixadas de lado por causa de enfermidades. Pode ser que você esteja em um quarto de hospital ou sozinho em casa. Anime-se e tenha coragem! Deus continua a amá-lo e a olhar para você com favor, mesmo que você não seja capaz de produzir qualquer coisa neste exato momento.

2. Deus embeleza o seu povo. Para ser técnico sobre o assunto, o versículo diz que Deus "adornará os mansos com a salvação" (livramento). Isso é bem verdade. O termo hebraico traduzido como "adornar" significa "embelezar, glorificar, enfeitar". Eu acredito que a palavra tenha dois significados neste contexto. O primeiro significado é literal. Quando o livramento chega, quando a cura acontece, quando a luz do sol da esperança respinga por todo o espaço anteriormente sombrio, a beleza retorna. As longas linhas faciais do stress começam a desaparecer, a luz retorna aos olhos, toda a feição é elevada. Deus a embeleza!

Entretanto, em um sentido mais amplo e não literal, gostaria de sugerir que Deus traz glória a muitos que vivem longos anos de aflição. Algumas das pessoas mais bonitas que conheci são pessoas cujas vidas foram marcadas por enfermidades, dores e paralisia. Colocados sobre suas camas, ou limitados a uma cadeira de rodas, estes "belos sofredores" têm um esplendor que brilha como o feixe de um farol silencioso e constante através de águas turbulentas. Muitas vezes eu vou até eles para ministrar, mas logo descubro que a beleza de suas vidas ministra para mim! A atitude dessas pessoas em relação ao sofrimento inspira-me a louvar a Deus. O Senhor também adornará e glorificará os seus santos que estão aflitos através da libertação final: a eternidade com Ele em um lugar onde não há sofrimento, dor, doenças, morte e lágrimas.

Fortalecendo esta Lição em sua Alma

Louvar a Deus não é uma reação natural em tempos de sofrimento. Isso requer ajuda sobrenatural, bem como a ajuda de pessoas queridas. Não recomendo a tentativa de animar as pessoas aflitas ajudando-as a enxergar o "lado bom" ou citando Romanos 8.28. Em vez disso, devemos ajudá-las a se unirem a outras pessoas no louvor e na adoração. Mergulhe-as em uma atmosfera de louvor. Se você não puder levá-las a um culto, traga um culto até elas!

Dia 4: Salmo 149

Em Tempos de Guerra

O Salmo 149 não consiste apenas em um chamado para louvar ao Senhor em tempos de bênção e um encorajamento para louvá-lo em momentos de sofrimento. Este salmo também é um apelo às armas!

Louve ao Senhor em Tempos de Guerra

Estejam na sua garganta os altos louvores de Deus
e espada de dois fios, nas suas mãos,
para tomarem vingança das nações
e darem repreensões aos povos,
para prenderem os seus reis com cadeias
e os seus nobres, com grilhões de ferro;
para fazerem neles o juízo escrito;
esta honra, tê-la-ão todos os santos.
Louvai ao Senhor! (vv. 6-9)

No versículo 6, o povo de Deus recebe a seguinte instrução: "Enquanto vocês estiverem entoando louvores, mantenham suas espadas à mão!" Esta pode ser uma figura de linguagem extraída dos dias de Neemias, quando os judeus que reconstruíam os muros de Jerusalém entoavam louvores enquanto trabalhavam, ficando de prontidão para combater saqueadores. A imagem visual é a de um trabalhador que segura uma colher de pedreiro em uma das mãos e uma espada na outra. Em outras palavras de incentivo: "Não baixe a guarda, não desanime e não desista! A vitória é inevitável para aqueles que permanecem fiéis".

Em termos práticos, a mensagem é: "Permaneça fiel à Palavra de Deus — a espada do Espírito (Ef 6.17), a espada de dois gumes (Hb 4.12)." Se não formos capazes de alimentar os nossos pensamentos com a Palavra de Deus, as enfermidades e os sofrimentos tendem a enfraquecer a nossa fé. Assim como uma flor perfumada, o louvor murcha rapidamente. A pessoa que está sofrendo é aconselhada a agarrar-se à espada da verdade — este é um bom conselho. Esta é uma das razões por que uma visita àqueles que estão doentes deve incluir a leitura de um trecho da Bíblia, o livro vivo. A leitura bíblica ajuda a pessoa que está sofrendo a segurar a espada de dois gumes com firmeza!

Os versículos 7-9 são os mais difíceis de compreender. Como declarei anteriormente, é importante que interpretemos este salmo historicamente, tendo em mente os crentes judeus. Lembre-se de que os inimigos de Israel eram inimigos de Deus, então Israel foi treinada para ser uma força militante e agressiva contra o mal (e ainda é assim!). Após os israelitas receberem a terra de Canaã, Deus nunca permitiu que conquistassem outras terras, permitindo apenas que o seu povo defendesse a sua terra.

A terra dada a Abraão e aos seus descendentes hebreus era considerada solo sagrado, um território pertencente ao Reino de Deus. Portanto, os invasores estavam sujeitos ao juízo de Deus. Consequentemente, Deus usou Israel "para tomar vingança das nações e dar repreensões aos povos" que profanaram o Reino de Deus. Esta obra de juízo foi realmente "escrita" (v. 9) em passagens como Deuteronômio 32.41-43, Joel 3 e Zacarias 14.

Na prática, no entanto, os versículos 7-9 exortam os cristãos de hoje a lutar e assumir uma posição firme contra Satanás e todos os seus exércitos de demônios. A nossa guerra não se concentra no reino visível, mas no invisível; não no reino tangível de armas e bombas, mas no reino espiritual de engano e tentações pecaminosas que vem de Satanás. Isto é precisamente o que 2 Coríntios 10.3-5 está dizendo:

> Porque, andando na carne, não militamos segundo a carne. Porque as armas da nossa milícia não são carnais, mas, sim, poderosas em Deus, para destruição das fortalezas; destruindo os conselhos e toda altivez que se levanta contra o conhecimento de Deus, e levando cativo todo entendimento à obediência de Cristo.

Por isso, devemos ser tão agressivos e militantes contra o nosso inimigo espiritual quanto Israel foi contra os inimigos de sua nação. Afinal, esta é uma honra para todos os seus santos (v. 9). Pensar que Deus nos permite ser uma parte de sua unidade de combate é, de fato, uma honra! Que Ele seja louvado por nos equipar para a batalha, capacitar-nos para a luta e nos incentivar com a promessa absoluta da vitória. Muitas vezes, os tempos inglórios são tempos de guerra demoníaca, mas a vitória é nossa!

Fortalecendo esta Lição em sua Alma

Não se engane, nós estamos em guerra. De que forma você já experimentou o ataque do inimigo? Como você reagiu? Quando o engano ou a tentação atacarem você, mude a sua localização física por um período de tempo e comece a louvar a Deus imediatamente, seja através da música seja por meio da oração. Antes de retornar, leia algum trecho da Palavra de Deus.

Dia 5: Salmo 149

Louve-o em Todos os Momentos

O salmo 149 encoraja o povo de Deus a louvá-lo em todos os momentos, independentemente das circunstâncias. Em tempos de bênção, louve-o! Em tempos de sofrimento, louve-o! Em tempos de guerra, louve-o! Quando chegarmos a essa posição invejável em nossa experiência cristã, poderemos dizer honestamente: "Louvai ao Senhor!" em todas as situações — e o faremos de forma genuína — teremos assimilado o pleno ímpeto deste magnífico hino de louvor — e de *todos* os cânticos das Escrituras. Que esse dia chegue logo, e que nunca tenha fim.

Durante o século XVIII, Charles Wesley escreveu muitos hinos. Estima-se que o autor tenha composto mais de oito mil hinos durante toda a sua vida! "O for a Heart to Praise My God," uma de suas melhores e mais antigas canções, foi colocada sobre a melodia familiar de "O for a Thousand Tongues to Sing," outro hino de Wesley. Esta é uma conclusão adequada para o nosso estudo dos cânticos das Escrituras.

Oh como desejo ter um coração para louvar o meu Deus,
Um coração liberto de pecados,
Um coração que sempre sente o teu sangue
Derramado tão espontaneamente por mim!
Um coração resignado, submisso, manso
O trono do meu grande Redentor,
Onde só Cristo fala e é ouvido,
Onde Jesus reina com exclusividade.
Um coração renovado em cada pensamento,
E cheio de amor divino;
Perfeito, e correto, e puro, e bom,
Uma cópia do teu coração, Senhor!

Fortalecendo esta Lição em sua Alma

Leia as seguintes promessas do Novo Testamento e exulte:

> Portanto, meus amados irmãos, sede firmes e constantes, sempre abundantes na obra do Senhor, sabendo que o vosso trabalho não é vão no Senhor. (1 Co 15.58)
>
> E graças a Deus, que sempre nos faz triunfar em Cristo e, por meio de nós, manifesta em todo lugar o cheiro do seu conhecimento. (2 Co 2.14)
>
> E, quando vós estáveis mortos nos pecados e na incircuncisão da vossa carne, vos vivificou juntamente com ele, perdoando-vos todas as ofensas, havendo riscado a cédula que era contra nós nas suas ordenanças, a qual de alguma maneira nos era contrária, e a tirou do meio de nós, cravando-a na cruz. E, despojando os principados e potestades, os expôs publicamente e deles triunfou em si mesmo. (Cl 2.13—15)
>
> Sujeitai-vos, pois, a Deus; resisti ao diabo, e ele fugirá de vós. (Tg 4.7)
>
> Filhinhos, sois de Deus e já os tendes vencido, porque maior é o que está em vós do que o que está no mundo. (1 Jo 4.4)

Notas

Introdução

1 "Without a Song" letra e música de Edward Eliscu, William Rose, e Vincent Youmans. Copyright © 1929 (renovada 1957) Miller Music Corporation e Vincent Youmans Co., Inc. Publicada por Miller Music Corporation em acordo com Vincent Youmans Co., Inc. Todos os direitos de Miller Music Corporation atribuídos a SBK Catalogue Partnership. Todos os direitos administrados por SBK Miller Catalogue e Vincent Youmans Co., Inc. Copyright internacional assegurado. Feito nos Estados Unidos da América. Todos os direitos reservados. Usada com permissão.

2 Haddon W. Robinson, *Psalm Twenty-Three: A Devotional* (Chicago: Moody Press, 1968), 52.

3 F. B. Meyer, *The Shepherd Psalm* (New York: Fleming H. Revell Company, 1895), 162.

4 Haddon W. Robinson, *Psalm Twenty-Three: A Devotional* (Chicago: Moody Press, 1968), 59.

5 Dr. e Sra. Hudson Taylor, *Hudson Taylor's Spiritual Secret* (Chicago: Moody Press, 1958), 107.

6 William G. Braude, *The Midrash on Psalms*, vol. 1 (New Haven, CT: Yale University Press, 1959).

7 Arthur Porritt, *John Henry Jowett* (Londres: Hodder and Stoughton, 1924), 290.

8 Martinho Lutero (1529), "Castelo Forte" .

9 Amy Carmichael, *If* (Londres: S.P.C.K.; Fort Washington, PA: Christian Literature Crusade, 1938), 13, 44, 471.

[10] Howard G. Hendricks, em um sermão não publicado, proferido no Dallas Theological Seminary, em Dallas, Texas.

[11] A. W. Tozer, *The Pursuit of God* (Camp Hill, PA: WingSpread, 8006), 17.

[12] Herbert Wolf, *"haga 467"* em *Theological Wordbook of the Old Testament*, ed. R. Laird Harris, Gleason L. Archer, Jr. e Bruce K. Waltke, edição eletrônica (Chicago: Moody Press, 1999), 205.

[13] Robert Robinson [1757], "Come Thou Fount of Every Blessing"

[14] Charles Haddon Spurgeon, *The Treasury of David,* vol. 5 (Nova York: Funk & Wagnalls, 1882), 281-282.

[15] Daniel Webster, citação na obra de Stephen Abbott Northrop, *A Cloud of Witnesses: The Greatest Men in the World for Christ and the Book* (Fort Wayne, IN: The Mason Long Publishing Co., 1894), 491.

[16] Billy Graham, *World Aflame* (Nova York: Pocket Books, 1967), 19.

[17] C. H. Spurgeon, *The Treasury of David, Volume 6: Psalms 120–150* (Bellingham, WA: Logos Research Systems, Inc., 2009), 136.

[18] Graham Scroggie, *The Pslams,* ed. rev. (Londres: Pickering & Inglis, 1967), 273.

[19] F. B. Meyer, *Moses* (Grand Rapids: Zondervan Publishing House, 1954), 32-32.

[20] F. B. Meyer, *Christ in Isaiah* (Grand Rapids: Zondervan Publishing House, 1960), 9,10.

[21] Annie Johnson Flint, "Pressed," em *Poems That Preach,* compilado por John R. Rice (Murfreesboro, TN: Sword of the Lord Publishers, 1952).

[22] C. H. Spurgeou, *The Treasury of David, Volume 6: Psalms 120-150* (Bellingham, WA: Logos Research Systems, Inc., 2009), 265.

[23] C. H. Spurgeon, *The Treasury of David, Volume 6: Psalms 120-150* (Bellingham, WA: Logos Besearch Systems, Inc., 2009), 323.

Sobre o Autor

Há mais de quatro décadas, Charles R. Swindoll tem se dedicado a duas paixões: um compromisso inabalável com a comunicação e a aplicação práticas da Palavra de Deus, e uma devoção incansável a ver vidas transformadas pela graça de Deus. Chuck formou-se no Seminário Teológico de Dallas com a distinção *magna cum laude*, e desde então foi honrado com quatro doutorados. Por seu ensino *Insight for Living*, o autor recebeu os prêmios Program of the Year e Hall of Fame do National Religious Broadcasters, bem como vários prêmios literários. Chuck e Cynthia, casados há mais de 50 anos, moram no Texas. Você pode conhecer mais sobre Chuck em www.insight.org.